信息技能
形成性评价系统研究

XINXI JINENG XINGCHENGXING PINGJIA XITONG YANJIU

冀付军 著

首都经济贸易大学出版社

Capital University of Economics and Business Press

·北京·

图书在版编目（CIP）数据

信息技能形成性评价系统研究/冀付军著. —北京：首都经济贸易大学出版社，2017.4

ISBN 978 - 7 - 5638 - 2600 - 1

Ⅰ.①信…　Ⅱ.①冀…　Ⅲ.①信息技术—研究

Ⅳ.①G202

中国版本图书馆 CIP 数据核字（2016）第 314765 号

信息技能形成性评价系统研究
冀付军　著

责任编辑	赵　侠	
封面设计	**风得信·阿东** FondesyDesign	
出版发行	首都经济贸易大学出版社	
地　　址	北京市朝阳区红庙（邮编 100026）	
电　　话	(010) 65976483　65065761　65071505（传真）	
网　　址	http://www.sjmcb.com	
E - mail	publish@cueb.edu.cn	
经　　销	全国新华书店	
照　　排	北京砚祥志远激光照排技术有限公司	
印　　刷	北京京华虎彩印刷有限公司	
开　　本	710 毫米×1000 毫米　1/16	
字　　数	299 千字	
印　　张	16.75	
版　　次	2017 年 4 月第 1 版　2017 年 4 月第 1 次印刷	
书　　号	ISBN 978 - 7 - 5638 - 2600 - 1/G·391	
定　　价	46.00 元（随书赠送光盘）	

作者导师简介

何克抗 男，1937 年生，广东省大埔县人，1963 年于北京师范大学物理系无线电专业研究生毕业，现为北京师范大学现代教育技术研究所所长。1993 年 12 月被国务院学位委员会批准为我国第一位教育技术学博士生导师。自 1978 年以来，先后六次获国家科技进步奖或北京市科技奖，其中二等奖四次，三等奖二次；1992 年被国务院授予"有突出贡献专家"称号；1993 年被评为"北京市优秀教师"；2006 年获得北京市高等学校教学名师奖；2007 年获全国宝钢优秀教师奖；2012 年 12 月被评为"首都教育界十大有影响人物"。2001 年 6 月至 2006 年 5 月任教育部高等学校教育技术学专业教学指导委员会主任；目前担任全国教师教育信息化专家委员会主任，中国教育技术协会副会长兼学术委员会主任，全球华人计算机教育应用学会（GCCCE）第一副主席，国际计算机教育应用学会（ICCE）执行委员，国际著名刊物 JCAL（Journal of Computer Assisted Learning）编委。

顾　明 清华大学软件学院教授，本科毕业于国防科技大学，硕士毕业于中国科学院研究生院。担任国家服务外包人力资源研究院副院长，曾任清华大学软件学院主管科研的副院长，专业领域为中间件技术、分布式应用系统支撑平台、电子商务等，对建筑、通信、金融等行业有深刻的理解，同时也是深受学生欢迎的教师。主持参与的项目包括："基于定理证明的可信嵌入式软件建模与验证平台研究"（国家自然科学基金重点项目）、"嵌入式系统仿真与验证平台开发"（国家自然科学基金国际合作项目）、"产品设计软件系统的部件级可验证性理论研究"（国家 973 计划课题）、"面向集团企业的可重构信息集成平台研发及应用"（国家 863 计划）、"基于个人生物特征的分布式数据安全系统"（国家发改委信箱安全专项）等。

高大勇 国际低温生物工程学会主席，是该学会的第一位华人院士，亦为该学会的第一位华裔主席（前几十任均为美国人），美国华盛顿大学（西雅图）机械工程系和生物工程系（兼）终身正教授，中国科学技术大学大师讲席（II）教授，中国教育部"长江学者"，中国科技大学特聘教授，中国科学院"百人计划"支持专家，北京大学兼职教授，中国军事医学科学院、浙江大学、中国人民解放军总医院等荣誉或客座教授。获中国科技大学学士学位（1982），加拿大 Concordia University 工程博士学位（1991）。曾任美国肯塔基大学机械工程系和生物医学工程系 Alumni Professor 讲席教授和 Baxter Healthcare Corp Chair 终身讲席正教授。已发表 300 多篇学术论文，取得 10 多项美国专利，主著、编或参与撰写了 17 部著作或专集，是低温生物工程和低温保存领域的国际知名科学家和主要领军人物之一。

前 言

计算机信息技能包括信息获取技能、信息处理技能和信息应用技能，其中，信息处理又包括专业信息处理和通用信息处理。在信息化社会中，一个公民如果没有基本的信息获取、处理和应用技能，没有基本的信息素养，则可以称得上信息文盲。大学信息技能教育作为一门扫盲课程，对于我国教育信息化的推进、对于我国公民信息技能的掌握和信息素养的培养起到重要作用。信息技术学科掌握技能的教学高要求以及高精度自动测评的高难度，使得信息技能教学中能有总结性评价已属不易，形成性评价则一直处于缺失状态。这就导致大学信息技能教育课程中，每个学生不能同步得到个别化的即时学习反馈，教师在机房中针对学生千种万样的问题只能逐个指导而分身无术，无法在课堂中立即掌握所有学生的信息技能掌握状况，导致信息技能教师过度疲劳，且无法根据现有技能掌握水平分布数值制定出下一步有针对性的教学策略。信息技能形成性评价缺失的关键在于没有适应信息学科特点的形成性评价工具或系统，这种缺失影响了计算机基础课程教学质量和效果的稳步提高，国家倡导的发展性评价、情境评价实际上正是迎合大学计算机信息技能形成性评价发展的客观迫切需要。

本书分析了我国信息技能评价的现状，针对大学信息技能教育形成性评价缺失的问题，提出并实现了面向信息技能的形成性评价系统。在先进理论的指导下，界定了信息技能形成性评价的相关概念，设计了信息技能形成性评价系统的构建原则，并提出了信息技能形成性评价系统的体系建构和总体设计，给出了信息技能形成性评价系统实现中的关键技术，以 Visual Basic 为主要开发语言，进行系统开发和具体实现。

本研究的创新点主要在于提出了面向信息技能的形成性评价系统，解决了现有信息技能教学只有总结性评价而形成性评价缺失的问题。从教学上看，形成性评价比总结性评价重要得多，信息技能形成性评价系统的研究应用将有效提高信息技能的教学质量和效率。从工具层面讲，本研究实现了信息技

能形成性评价系统工具的创新，弥补了现有信息技能教学只有总结性评价工具的不足，推动信息技能教学评价手段往前迈出了关键一步。

在信息技能形成性评价系统的教学应用方面，本书提出了适应信息技能教学的双轨螺旋锥教学结构，并将该系统应用在作者任教班级中，以实践检验该教学结构。通过学前和学后成绩对比及与全体同级学生的对比，统计数据表明了应用信息技能形成性评价系统实践该教学结构的有效性（呈现极其显著的差异），且在信息技能评价系统的发展方向和趋势方面，给出了作者自己的看法。

本书是一部研究信息技能形成性评价系统并配以相应系统光盘的专著。从理论、技术开发与应用实践等层面介绍了信息技能形成性评价系统研究方面的成果。全书共分为七章，第一章对信息技能形成性评价的理论基础进行概述，介绍了信息技能形成性评价的相关概念和理论。第二章对信息技能形成性评价系统的研究进行了综述，对本研究的研究缘起以及国内外相关研究的现状进行了汇总和分类综述。第三章提出了信息技能形成性评价系统的总体设计，包括提出了该系统的设计原则、设计内容和关键技术。第四章介绍信息技能形成性评价系统的开发实现，主要从该系统的测试开发、出卷开发和统计开发方面提供了代码实现方法。第五章将信息技能形成性评价系统进行实践应用，提出了信息技能形成性评价方法的实施步骤和实践案例，并分析了实践效益。第六章进行了信息技能形成性评价系统的使用说明，包括系统推荐配置、客观题说明、操作题说明、主观题说明和系统使用帮助。第七章总结了信息技能形成性评价系统的创新点，并指出了信息技能形成性评价的发展方向和趋势。

本书可供高等学校计算机、教育技术等相关专业学生阅读，也可作为相关领域科技工作者的参考书，对从事信息技术教育和教育软件研究开发的人员也具有指导意义和参考价值。本书附带光盘载有信息技能形成性评价系统的安装包，安装后可以直接用于信息技能的形成性评价；由于该系统开放了出卷等功能，因此也可以用于其他学科客观题目的形成性评价。这意味着信息技术或计算机基础一线教师或其他学科一线教师、需要辅助学生学习的家长或培训机构，甚至自主学习者个人均可以使用本光盘的形成性评价系统，对学习内容不断进行形成性评价，直到完全掌握，从而取得更好的学习效果和成绩。

本书的出版得到首都经济贸易大学出版基金的资助，在此特别表示感谢！限于作者水平和时间，书中不当之处实属难免，还望大家多提宝贵建议或意见！（请反馈至 jfj@ cueb. edu. cn 或 jifujun@ tsinghua. edu. cn，来信请注明单位和姓名，对于好的建议或意见，作者将在本书再版时致谢。）

冀付军　于北京

2016 年 8 月

目 录

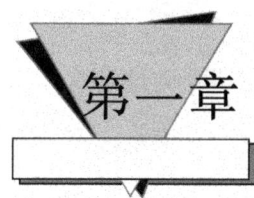

第一章

信息技能形成性评价理论基础概述

第一节　信息技能形成性评价相关概念

一、信息技能

（一）信息技术

信息技术可从广义、中义、狭义三个层面来解释：就广义而言，信息技术是指能充分利用与扩展人类信息器官功能的各种方法、工具与技能的总和；就中义而言，信息技术是指对信息进行采集、传输、加工、表达的各种技术的总和；就狭义而言，信息技术是指利用计算机、网络等各种硬件设备和软件工具与科学方法，对图文声像各种信息进行获取加工、存储、传输与使用的技术之和。本书所说的信息技术主要是指狭义的利用计算机及其相关设备进行信息获取、处理和输出等各项处理的技术。

（二）信息技能构成

关于信息技能构成，一般认为，信息技能不同于知识，不但需要理解知识，更加需要掌握知识和应用知识，进行相关操作、设计和开发。信息技能包括操作性知识和开发性知识，信息技能的掌握不仅需要学习理论，而且更重要的是进行操作实践。如程建伟认为，青少年的信息技能是一个三维结构，由信息获取技能、信息加工技能、信息交流技能三个方面组成[①]。

信息技能是信息素养的核心，掌握信息技能可以改善学生的学习态度和学习成绩。随着信息技术教育教学的深入开展，需要对我国中小学生信息技能发展的现状展开科学的调查和评估，并以此来制定出更适合他们的教育方法和对策。因此，程建伟运用自编的《中小学生信息技能评估问卷》对深圳市城区6所中小学的1 273名中小学生进行了问卷调查，研究结果发现：中小学生的信息技能总分随年级的升高而提高；信息技能总分在总体上没有性别差异；不同年级的女生与男生的信息获取技能、加工技能和应用技能存在差异[②]。程建伟等在教育部《中小学信息技术课程指导纲要（试行）》和对部分中小学师生访谈的基础上，提出了中小学生信息技能的定义及其评估指标体系。其研究认为，中

---

①　程建伟.青少年的互联网使用偏好、信息技能及其对学业成绩的影响［D］.华中师范大学，2008.

②　程建伟，刘华山，黄国辉.中小学生信息技能现状调查与对策研究［J］.中国电化教育，2010（5）：102－105.

小学生的信息技能是学生通过获取信息、加工信息和应用信息来解决信息问题的一种认知技能，包括获取信息的技能、加工信息的技能和应用信息的技能。其中，获取信息是指搜索信息和储存信息；加工信息是指评价信息和处理信息；应用信息是指使用信息和交流信息。其具体评估指标体系如表 1−1 所示①。

表1−1　中小学生信息技能构成指标体系

目标	指标层		
	一级指标	二级指标	三级指标
信息技能 U	U1 信息获取技能	U11 搜索信息技能	U111 能够通过图书馆及多种媒体获得信息（报纸、广播、电视等）
			U112 熟悉常用的搜索引擎，并十分熟练地应用搜索工具进行关键词、条件查询
		U12 储存信息技能	U121 能够采用不同的方式保存信息（摘抄、复印、下载、保存在邮箱等）
			U122 能够将信息分门别类地保存（按载体形态、学科、主题）
	U2 信息加工技能	U21 评价信息技能	U211 能够明确从信息资料的作者、出处、日期、组织机构、具体内容等多个角度判别信息资源的真实可靠性
			U212 能客观评价自己使用信息的效果
		U22 处理信息技能	U221 能够利用 Word 进行文字处理，组织、编辑各种需要的信息
			U222 能够利用数据处理类软件（如 Excel）对自己学习生活中的问题进行制表、计算等
			U223 能够利用相关软件，进行多媒体作品（如 PPT、动画等）的制作
	U3 信息应用技能	U31 使用信息技能	U311 能利用所获取的信息支持和辅助自己的学习活动
			U312 能利用所获得的信息为日常生活提供便利
		U32 交流信息技能	U321 能够运用多种形式组织和表达所要交流的信息内容，如利用 Word 进行文字编辑、制作多媒体作品进行展示等
			U322 能够通过多种渠道、多种手段与外界交流自己获得的信息，如网上论坛、电话、公告栏、广播、邮件、聊天工具等

---

① 程建伟，刘华山．中小学生信息技能评估体系的研究［J］．中国电化教育，2008（6）：22−27．

赵国庆从事高校信息技术教育多年，体会到大学生在学习信息技术时的不正常。一是入学时信息技术方面的"佼佼者"，到了课程结束时却落后于那些真正"零起点"的学生。由于前者在中小学学习过信息技术，高校信息技术公共课程的内容在中小学阶段也基本都有覆盖，于是他们会对大学的信息技术课不屑一顾，认为自己已然精通。但由于高校信息技术公共课的信息量和深度远非中小学能比，于是这群"佼佼者"都无意中成了"温水中的青蛙"。二是学生操作能力不差，考试能力也强，但应用信息技术解决实际问题的意识薄弱。遇到查找公交路线、购书、查阅学术资料等实际问题时，却总也想不起信息技术的存在。新课标指出，中学开设信息技术课程的主要目的是为了全面提升学生的信息素养，培养学生学会如何获取、处理信息以及综合运用信息技术来分析、解决实际问题①。

（三）信息技能教育与信息素养

大学信息技能教育是指学习、利用信息技术，培养信息素养，促进教与学优化的理论与实践。大学信息技能教育的本质是利用信息技术培养信息素养，这不等同于软硬件知识的学习，而是要使学生通过掌握包括计算机、网络在内的各种信息工具的综合运用方法，来培养信息意识、情感、伦理道德，提高信息获取、处理、创新的能力，为适应信息社会的工作、学习和生活打下良好的基础。

由大学信息技能教育的定义可知它包括三个方面的含义：一是指学习与掌握信息技术的教育（Learn about IT）；二是采用信息技术进行学习的教育（Learn from IT）；三是学生自主利用信息技术对信息进行获取、处理、创新的学习（Learn with IT）。

让学生自主利用信息技术对信息进行获取、处理、创新的学习是大学信息技能教育追求的目标，它可使学生掌握学习技能，培养学生的创新精神与实践能力，并满足学习终身化、学习社会化的要求。

所谓信息素养，是指个体认识到何时需要信息，能够检索、评估和有效地利用信息的综合能力。它既包括利用信息技术工具和信息资源的能力，还包括获取识别信息、加工处理信息、传递创造信息的能力，更加重要的是以

---

① 赵国庆. 信息技能及问题解决意识培养——信息技术教育的双重使命［J］. 中国信息技术教育，2008（8）：1.

独立自主学习的态度和方法、以批判精神以及强烈的社会责任感和参与意识，将这些能力用于实际问题的解决和进行创新性思维的综合的信息能力，它是大学信息技能教育的核心。①

二、形成性评价

（一）信息技能的教育测评

教育测评是指运用适当的测验、仪器和技术搜集信息的过程，获得的信息将用于描述和分析学生的学习与行为状况，并对学生的课程、教学方法和培养方案做出决策。

一个完整的测评过程包括测量和评价两方面。测量主要是搜集资料数据的过程；评价则是指对测验结果的解释，包括解释测验分数，合成多种测量手段得到的资料，做出主观的判断和说明等。

提到教育测评，人们总会习惯地想到测量、评定和测验。三者大致的关系是：测验是测量的工具，测量则是评价的主要依据。测量是对学生在测验中的反应行为进行客观量度；评定则是对学生的反应行为和已有的水平进行分析、评价和判断，是一种建立在客观描述基础上的主观活动。

信息技能的教育测评，则是指针对信息技术技能方面进行的教育测评。信息技术技能作为学习内容，也同样需要运用适当的测验、仪器和技术搜集信息的过程来获得信息，并用于描述和分析学生的学习与行为状况，对学生的课程、教学方法和培养方案做出决策。

（二）布卢姆教育评定分类及作用

布卢姆依据教育评定在教学工作中的作用，将其划分为三类：诊断性评定、形成性评定和总结性评定。教师使用形成性评定可以了解教学的结果，探索教学中可能存在的问题或缺陷。②

布卢姆这里的评定与评价有着类似的含义。对于教学而言，与其他评定相比，形成性评定占有更加重要的地位和作用。因此，信息技术的测评系统除了支持总结性评价之外，还要能够支持形成性评价，而对后者的支持显得尤为重要。然而，当今社会上大部分考试软件研制的目的是为了支持总结性

---

① 何毅.学校信息技术教育的思考［OL］. http：//itedu. dgzx. net/Article_ show. asp？ Articleip = 5782.

② 陈琦，刘儒德.当代教育心理学［M］.北京：北京师范大学出版社，2001：63，345.

评价，而不支持形成性评价。在这方面，迫切需要信息技能形成性评价系统，它不仅能有效地对课堂教学进行支持，而且仍然能够进行总结性的评价。

然而，在教育现实中，对学习评价的重视度并不够，尽管在各科课程标准中，都把评价作为重要的部分进行专门论述。例如：①评价的目的是为了全面了解学生的学习状况，激励学生的学习热情，促进学生的全面发展。评价也是教师反思和改进教学的有力手段。②形成性评价和总结性评价都是必要的，但应加强形成性评价。定性评价和定量评价相结合，更应重视定性评价。实施评价，应注意教师的评价、学生的评价与学生间互相评价相结合。③强调评价的诊断和发展功能，弱化评价的甄别和选拔功能。④课堂教学中我们很难看到有效评价的身影。即使有，大部分也表现为教师为了阐明某个观点让同学间互评后的总结式点评，更多的则直接采用传统教学中的试卷式或测验式的总结性评价。①

如今，科技的发展，尤其是计算机、网络技术的发展使得新型的评价工具的出现成为现实。综合考查社会上出现的一些测评工具，评价测量工具的创新应该从两个基本方面考虑：第一，新型计算机技能测评工具是先进教学理论指导下的产物；第二，它要真正能够解决一线教育教学的实际情况，最大限度地给教育教学和管理提供方便，要能够支持形成性评价。

（三）形成性评价与总结性评价

1. 形成性评价

形成性评价是在某项教学活动的过程中，为使活动效果更好而不断进行的评价，它能及时了解阶段教学的结果和学生学习的进展情况、存在的问题等，以便及时反馈，并及时调整和改进教学工作。形成性评价进行得比较频繁，是大学信息技能教育教学质量提高的重要方法。

形成性评价一般是由学生完成一些与教学活动密切相关的测验，也可以让学生对自己的学习状况进行自我评估。形成性评价获得的资料，可以说明学生在学习过程中达到的教学目标的程度。进一步分析数据，有助于教师了解本阶段教学与教法上的得失，检查教学的质量，考查学生学习进步的情况，提供给学生本阶段学习成效的反馈，以便师生及时调整教和学。此外，形成性评价还能诊断学习困难学生的问题所在，掌握个别差异的状况，以提供个

---

① 乌美娜. 教学设计［M］. 北京：高等教育出版社，2001：225.

别辅导或补偿教学的依据。可见，形成性评价是学习过程中的一个部分，对师生在教学中的活动有着不可忽视的影响，也是教师对其教学工作进行管理和设计的重要方法。

2. 总结性评价

总结性评价又称事后评价，一般是在教学活动告一段落时，为把握活动最终效果而进行的评价。它注重的是教与学的结果，借以对被评价者所取得的较大成果做出全面鉴定、区分登记和对整个教学方案的有效性做出评定。

总结性评价只能告诉我们，学生与其他学生相比处在什么水平，而不能说明他的弱点和优势。就教学来说，动态评价模式和课本评价模式与教学的关系较为紧密。因此，在更多的时候，教师有责任使用形成性评价来及时了解学生的学习情况，以便适时调整教学。形成性评价根据教学目标可多次进行，然后比较多次的得分，可以获得学生学习变化的指标，用曲线表示就是学习发展的趋势图。

3. 对于提高教学质量而言，形成性评价更具实际意义

教学设计活动中进行的评价主要是形成性评价，如对新的教学方案进行评价通常是在该方案的试行过程中进行的，目的是为修改方案收集有力的数据和资料，同时也可为学生巩固查漏提供有效的方法。形成性评价进行得比较频繁，如一个章节或一个单元后的小测验，甚至课堂作业。对于提高教学质量来说，重视形成性评价比重视总结性评价更有实际意义。

三、信息技能形成性评价

（一）信息技能形成性评价内容概述

信息技术技能形成性评价的主要目标，就是针对信息技术技能，运用形成性评价方法和手段，对学生的信息技术技能知识和操作能力，不断进行查漏补缺，促其不断掌握和提高。信息技能形成性评价的主要内容，就是针对信息技能进行形成性评价，包括对其基础知识和信息获取、信息加工和信息应用等具体技能进行评价。借鉴程建伟等的"中小学生信息技能构成指标体系"，信息技能形成性评价的具体内容包括基础知识、IE、Outlook Express、Word、Excel、PowerPoint、Windows 和打字等具体操作技能。

从本质上看，信息技能形成性评价也是一种认知工具与练习测试型资源。认知工具是支持、指引、扩充学习者思维过程的心智模式与设备。它可以是

问题/任务表征工具、静态/动态知识建模工具、绩效（performance）支持工具、信息搜索工具、协同工作工具、管理与评价工具等中的一种或几种的组合。练习测试型资源是指存储在计算机中的同某学科、知识点或专题相关的动态交互性在线作业和试题。它是按照一定的教育测量理论，在计算机系统中实现的某个学科题目的集合，是在教学模型基础上建立起来的教育测量工具，也可以是可用于进行多种类型测试的典型成套试题。

（二）信息技能形成性评价用于课堂

1. 信息技能课堂测评的含义

课堂测评中的课堂对信息技能测评是一个限定，它要求教师对所有学生进行信息技能测评后能够当堂给出反馈，并可以依据反馈当堂进行考评讲解或者实现全面的、个别化的教学策略。它其实属于形成性评价。[①]

2. 信息技能课堂测评的重要性

课堂测评有助于教师了解本节课教学与教法上的得失，检查教学的质量，考查学生学习进步的情况，提供给学生本节课学习成效的反馈，以便师生及时调整教和学。此外，还能诊断学习困难学生的问题所在，掌握个别差异的状况，作为个别辅导或补偿教学的依据。可见，作为形成性评价的一种，课堂测评是学习过程中的一个部分，对师生在教学中的活动有着不可忽视的影响，也是教师对其教学工作进行管理和设计的重要方法。

总结性评价只能告诉我们学生与其他学生相比处在什么水平，因此，在更多的时候，教师有责任使用课堂测评来及时了解学生的学习情况，以便适时调整教学。[②]

由此可见，对于教学而言，与总结性评价相比，形成性评价占有更加重要的地位和作用。大学信息技能教育课堂测评的重要地位和作用不言而喻。

合适的测评工具要能够体现出新课程标准中的教学思想，恰当的测评工具的广泛使用，势必大大减少信息技能一线教师单调劳动的工作量，而对测量效果的及时反馈分析，将使得教师能够更加快捷、准确地调整教学策略，提高教学质量和效率。因此，测评工具的改进，课堂测评的实施，实际上将教师从单调劳动的束缚中解放出来，从而在一定程度上解放了教育生产力。

---

① 冀付军，何克抗. 信息技术教育课堂测评问题探索［J］. 中国远程教育，2004（1）.
② 陈琦，刘儒德. 当代教育心理学［M］. 北京：北京师范大学出版社，2001：63，345.

3. 大学信息技能教育课堂测评严重缺乏

真正适应大学信息技能教育特点的测评只有技能评价和作品评价，其他的评价方式都可以作为补充。如果仅仅使用作品评价，学生制作作品的时间较长，并且对于作品的评价往往是采取人工评价，不可能做到当堂测试、当堂反馈，具有一定的反馈滞后性。而不限制时间、评价不以量化为依据，可能会导致某种不公平，并且很难杜绝学生复制作弊的嫌疑。所以，技能性评价比作品评价能更好地用于课堂测评，而作品评价用于在课堂上展示学生的优秀作品往往也能收到很好的激励效果。

然而，在大学信息技能教育课堂现实中，课堂练习往往还是以纸笔测试、客观题练习、作品评判为主。与课堂测评要求教师对所有学生进行信息技能测评后能够当堂给出反馈，并可以依据反馈当堂进行考评讲解或者实现全面的、个别化的教学策略相比，这三种都不能够算是实现了课堂测评。有的系统可以进行技能性考核，但是如果只能用于期末考试，而不能为平常教学所用的话，仍然不能认为实现了课堂测评。为平常的教学所用，至少意味着学生个人在测评后应该能够看到自己的详细答题情况，以便进行个别化学习。

当今社会上大部分考试软件研制的目的是为了支持总结性评价，而不支持形成性评价，也就不支持课堂测评。在教育现实中，对有效学习评价的重视度仍有待加强，计算机课堂教学测评中的有效评价也并不多见，而由于测评技术开发的高难度，理想的课堂测评工具还非常少。

因此，大学信息技能教育课堂测评严重缺乏，对一个好的能够在课堂或机房进行形成性评价或测验的工具的需要就显得日益迫切。

（三）信息技能形成性评价多种题型

1. 客观题

客观题一般包括单选题、多选题和判断题，其题目和选项一般以文本的形式呈现。系统可以完全自动准确评判。因为填空题和复合题目在大学信息技能教育考评中不如单选题、多选题和判断题比率大，再加上这两类题目都可以方便的转换为单选题、多选题和判断题，所以在此仅考虑单选题、多选题和判断题这三种题型。

文本是以文字和各种专用符号表达的信息形式，它是现实生活中使用得最多的一种信息存储和传递方式。用文本表达信息能给人充分的想象空间，它主要用于对知识的描述性表示，如阐述概念、定义、原理和问题，以及显

示标题、菜单等内容。文本的不同格式我们可以根据文件名的后缀来加以区别，文本的常见格式有：TXT（纯文本文件）、DOC（Word 文件）、RTF（Rich Text Format 格式文件）、WPS（WPS 文件）、WRI（写字板文件）等。如果是纯文本文件，就不支持图形等特殊符号。所以，客观题可以使用 RTF 格式文件，以便支持图形等特殊符号和声音等。客观题的题型如下：

● 单选题

给定题目和四到六个选项，让学生选出其中一个答案。只能选一个。

● 多选题

给定题目和四到六个选项，让学生选出其中的正确答案。可以选一个，也可选多个。

● 判断题

给定题目和两个对错选项，让学生选出其中一个。只能选一个。

2. 打字题

打字题包括中文打字和英文打字以及混合打字。包含中文打字时，一般不限制学生使用的输入法。对于输入法专项的考核，则须限制。打字一般有样本在上方，录入者将样本文字内容录入到下方，不能将样本复制或移动到录入框内。这主要考核速度和正确率，系统可以自动评判给分。

3. 操作题

操作题是指除客观题和打字题以外的需要考生操作鼠标和键盘来完成的题目，一般需要打开相应程序。操作题做题步骤主要包括三步：查看题目呈现要求，考生启动相应程序按照题目要求进行操作，最后将操作结果保存。一般操作完毕提交后，系统会自动评判。考虑到信息技能构成，操作题主要针对基础知识、IE、Outlook Express、Word、Excel、PowerPoint、Windows 和打字等具体操作技能进行出题和评判。操作练习题所提供的评价方式是逐个或一批批地向学生提出问题，当学生回答问题或进行操作后，计算机判断其正误情况，并根据学生回答的情况给予相应反馈，以促进学生掌握某种知识与技能技巧。当学生答对时，计算机予以适当鼓励，强化学生的理解与记忆；当学生答错时，计算机给予适当提示与帮助，或者让学生再试一遍。使用形成性评价方法，尽管操练与练习的问题相当多，但是可以要求学生对该知识或技能的掌握达到要求为止。这种信息技能形成性评价像教师提问一样，可帮助学生有效地查缺补漏，进而复习和巩固好已学知识。

4. 主观题

主观题是指由教师人工批改的题目。从这个意义上讲，如果操作题都是由教师评判的话，那么主观题也可以包括操作题，这就属于作品题的人工评判了。另外，像简答题、论述题等也可称为主观题，因为这些题只能由教师人工批改。主观题目呈现给考生后，考生在做完题目后，一般都可以文件形式将做题结果上传到服务器，再由教师人工批改。

（四）信息技能形成性评价组卷策略

1. 随机策略

教师仅仅指定考核知识点、考核题型和考核题量以及分值，具体使用哪个题目，教师让系统从库中随机抽题，不同学生抽取的题目可能完全不同。但是，要保证一定的难度，且在相同的考核知识点范围之内。随机策略又可以分为两种情况：一种是随机从库中抽取；另一种是随机从试卷集中抽取一套。

随机从库中抽取是指，练习时直接按照抽题规则随机从题库中即时抽出试题组成试卷。其优点在于在练习开始前学生的计算机上不存在试卷，并且，不同学生抽到同样题目的概率较小，便于保密。但是，这需要事先将题库自动传输到学生的计算机上或者直接调用服务端题库。

随机从试卷集中抽取一套是指，考试前由服务器事先生成一套或几套试卷或者服务器上有试卷库，开始考试时，由学生机自动按照规则随机向服务器取其中一套试卷。采用这种方法时不同学生抽到同样题目的概率比第一种大。

2. 固定策略

练习中所有的题目均为教师指定，所有学生抽到的题目完全相同。但是每位学生呈现的题目顺序、选项顺序可能都不一样。在固定策略中，还包括三类组卷策略：第一类是客观题和操作题全部由教师指定，定义为全固定策略；第二类为客观题随机而仅仅操作题由教师指定，定义为客观随机操作固定策略；第三类为客观题由教师指定而操作题随机从系统中抽取，定义为操作随机客观固定策略。其实与固定策略相对的随机策略，是指客观题和操作题目全部由系统随机抽取的策略，可定义为全随机策略，也可以将全固定策略和全随机策略以外的两种策略定义为半固定策略或半随机策略。

● 题目、选项随机生成

不同学生机上呈现的题目顺序和选项顺序随机化，以最大限度地杜绝作弊。例如，某位同学的第一题，在另外一位同学那里可能就是第十题，这是

题目随机；同样的题目，对于一位同学而言选 A 是对的，但是对于另一位同学而言可能选 D 才对，这是选项随机。

● 随机从依据该固定策略生成的试卷集中抽取一套

练习或考试前，由服务器事先根据固定策略所涉及的题目生成一套或几套试卷。开始练习或考试时，由学生机自动向服务器随机取其中一套试卷。这种方法从杜绝作弊的可能性上讲不如前面的有效。

第二节　信息技能形成性评价相关理论

教育领域内的信息技能测评系统不仅涉及系统，还涉及教育教学，涉及信息技术，其支持理论不可能是单一的，必然是多元的，且是多元的融合。

一、理论概述

（一）现代教育理论的发展成为实施大学信息技能教育的必要条件

信息技术是现代教育理论的先决条件，现代教育理论是大学信息技能教育的理论基础。近代的学习理论出现了三次大的演变，每一次演变都与信息技术的发展相联系。

第一次是以行为主义学习理论为理论基础，其代表人物是斯金纳，他认为学习是对外部刺激做出的适应性反应，即刺激—反应理论。此时在教学活动中成功地引进了以"程序教学"为核心的信息技术。

第二次是以认知主义学习理论为理论基础，其代表人物是布鲁纳，他认为学习是学习者对外部刺激所提供的信息做出的有选择的信息加工过程，即刺激—反应—刺激理论。此时的教学活动是围绕教师的"教"而展开的，重点研究教师"如何教"的问题，从而必然地引进了以 CAI 课件演示为主的信息技术。

第三次是以建构主义学习理论为理论基础，其代表人物是皮亚杰，他认为知识不是教师传授而得的，学生是认知的主体，"情境"、"协作"、"会话"和"意义建构"是学习环境中的四大要素或属性。此时教育教学活动更侧重于以"学生为中心"，重点研究学生的"学"。因此，引进以网络资源为核心的信息技术成为营造学生学习情境、提供协作式学习、实现意义建构的必然。

这三次演变既充分说明了大学信息技能教育对学习理论的依赖，也证明

了学习理论的演变提出了在教学活动中引进信息技术的必然。随着多媒体技术与互联网应用的日益普及，我们也越来越清晰地看到大学信息技能教育的实施既能转变学校教师的教育教学观念，更能促进现代教育教学理论的应用与研究，使素质教育的实现成为可能。

（二）培养"创新人才"成为实施大学信息技能教育的充分条件

第三次全教会指出："把增强民族创新精神提到关系中华民族兴衰存亡的高度来认识。教育在培育创新精神和培养创造型人才方面肩负着特殊的使命。"所谓"创新人才"，即指具有创新意识、创造性思维和创新能力的人才，其核心是创造性思维。创造性思维由发散思维、形象思维、逻辑思维、辩证思维、直觉思维和横纵思维这六要素构成，要培养创造性思维就必须根据这六要素进行。作为以建构主义学习理论为指导的大学信息技能教育能分别对这六要素进行相应的支持，因此"创新人才"的培养必然要实施大学信息技能教育。

二、系统论

（一）系统整体性原理

系统整体性原理指的是系统是由若干要素组成的具有一定新功能的有机整体，各个作为系统子单元的要素一旦组成系统整体，就具有独立要素所不具有的性质和功能，形成了新的系统的质的规定性，从而表现出整体的性质和功能，且其并不等于各个要素的性质和功能的简单和。

信息技能形成性评价系统首先是一个系统，面向不同的对象，有着相应的要素。面向教师对象，有教师出题系统；面向学生对象，有智能测试系统；面向管理，有测评管理系统。系统要素之间是由于相互作用联系起来的，三个子系统围绕题库和成绩库这个核心而息息相关。

（二）系统层次性原理

系统的层次性原理是指，由于组成系统的诸要素的种种差异，包括结合方式上的差异，从而使系统组织在地位与作用、结构与功能上表现出等级秩序性，形成了具有质的差异的系统等级。系统具有层次性，层次性是系统的一种基本特征。系统的层次性犹如套箱，系统和要素、高层系统、低层系统具有相对性。

信息技能形成性评价系统面向班级、面向学校、面向教委而呈现了一种层次性，形成了分级式的测评系统。系统是由要素组成的，但是，一方面，

这一系统又只是上一级系统的子系统——要素，另一方面，这一系统的要素又是由更低一层的要素组成的。

从发展的眼光来看，系统的层次性即是系统发展的连续性和阶段性的统一，系统发展的连续性和阶段性的统一就表现为系统的层次性。

（三）系统开放性原理

系统的开放性原理指的是，系统具有不断地与外界环境进行物质、能量、信息交换的性质和功能，系统向环境开放是系统得以向上发展的前提，也是系统得以稳定存在的条件。

信息技能形成性评价系统如果封闭，题库不开放，组卷策略不开放，成绩库不开放，知识点不开放，而它所存在的世界是不断发展变化的，则最终会因为知识发生老化，导致系统不为市场所接受而死亡。

（四）系统稳定性原理

系统的稳定性原理指的是，在外界作用下开放系统具有一定的自我稳定能力，能够在一定范围内自我调节，从而保持和恢复原来的有序状态，保持和恢复原有的结构和功能。

信息技能形成性评价系统允许用户重新设置考场环境，以恢复考试初始状态，考生答卷后允许答卷再现，以便查询。如果系统被破坏，还可以考虑重新安装；如果不再使用，则可以实现完全卸载。

（五）系统信息反馈律

信息反馈在系统中是一种普遍的现象，通过信息反馈机制的调控作用，系统的稳定性得以加强，或系统被推向远离稳定性。信息反馈是系统的稳定性因素，它推动系统发展演化，也保证系统稳定性和发展性的统一。

控制理论指出，有效控制一个系统必须有足够的信息量；反馈是系统优化的关键，无反馈的系统无法控制、无从优化。一个系统的高效和稳定，必须通过反馈调控才能实现。

良好的教学反馈模式请参见徐章英、顾力兵的《运用现代教育技术优化教学过程的理论与实践》一文。

目前多数教师都认识到反馈的重要性，他们采用的反馈手段主要是观察、提问、举牌、随堂考查等形式。这些方法不易得到快捷、准确、全面的信息，效率低下。

信息技能形成性评价系统正是通过对学生答题的及时有效反馈使得学生

的认知结构不断得到调整和发展的。另外，教师参与其中，则可以通过测评系统反馈回来的学生整体情况（标准差、知识点分析等）来调整系统，比如调整难度、做题时间、题量大小等，从而使系统更加趋于合理和稳定。

信息技能形成性评价系统建立了全面的反馈机制，还包括组卷策略的模拟实测。从出题到实测，以及学生答题，自动评分，有疑问的查询，甚至答案错误的题库修改，题库题目的自动检测，题目的添加、删除，题号的重排，题目的合并，直至查重复等，可确保系统的全面性，进而保证系统的稳定发展。

三、建构主义学习理论

建构主义是认知学习理论的一个重要分支。从哲学角度看，它扎根于康德对理性主义与经验主义的综合，20 世纪建构主义思想的发展还受到美国著名实用主义哲学家与教育家杜威的影响。

建构主义学习理论认为学习是学习者在与环境交互作用的过程中主动地建构内部心理表征的过程。所谓建构，意义是指事物的性质、规律以及事物之间的内在联系。强调以学习者为中心，认为"情境"、"协作"、"会话"和"资源"是建构主义学习环境中的基本要素或基本属性。

（一）建构主义思想的心理学基础

1. 皮亚杰的认知发展理论

瑞士心理学家皮亚杰认为儿童不是只能被动地等待着环境刺激影响和塑造的生物体，而是刺激的主动寻求者、环境的主动探索者，他们是在与周围环境相互作用的过程中，逐步建构起关于外界的知识，从而使自身的认知结构得到发展。

这种相互作用涉及两个基本过程："同化"与"顺应"。同化是指把外部环境中的有关信息吸收进来并结合到儿童已有的认知结构中；顺应是指外部环境发生变化，而原有认知结构无法同化新环境提供的信息时所引起的儿童认知结构性质的改变。

儿童的认知结构就是通过同化与顺应过程逐步建构起来，并在"平衡—不平衡—新的平衡"的循环中得到不断丰富、提高和发展的。同化和顺应构成了建构主义的理论基础。

2. 维果斯基的"社会文化历史观"与"最近发展区"理论

俄罗斯心理学家维果斯基主张研究人的意识的形成与心理的发展应从历

史的观点，在社会环境中、在与环境作用的相互联系之中进行，并提出人所特有的受中介工具影响的心理机能不是从内部自发产生的，它们只能产生于人们的协同活动和人与人的交往之中。人所特有的新的心理过程结构最初必须在人的外部活动中形成，随后才有可能转移至内部，内化为人的内部心理过程的结构。维果斯基指出社会性交互作用中活动与语言是人与其他生物之间根本性的差异。他的原话大意是：人所特有的高级心理机能是以社会文化的产物——符号为中介的。正是通过工具的使用和符号的中介，人才能实现从低级心理机能向高级心理机能的转化。

维果斯基还提出了"最近发展区"的概念，主要是指儿童正在形成、正在成熟、正在发展的过程，表现为儿童在这一阶段还不能独立，但可以在他人的帮助下完成某一任务。

3. 布鲁纳的认知结构理论

心理学家布鲁纳领导了美国的课程改革运动。在他看来，知识是由概念、命题、基本原理及其彼此之间的相互联系组成的，这就是知识的结构。因此，他非常重视对学科中基本概念、基本原理的学习，目的在于帮助学生形成良好的认知结构；认为学习是由学生的内部动机，即好奇心、进步的需要、自居作用以及同伴间相互作用驱动的积极主动的知识建构过程，该过程包括新知识的获得、知识的转换与知识的评价。他同时认为在探索与发现的过程中，个体的直觉思维往往采用图像表征，以并行方式同时呈现事物的各要素，从而做出对事物的整体与本质的把握。

（二）建构主义学习理论相关共识

关于建构主义学习理论的相关共识主要有：以学习者为中心；学习是学习者主动建构内部心理表征的过程，强调学习过程中要充分发挥学习者的主动性；学习过程同时包括两方面的建构，既包括对旧知识的改组和重构，也包括对新信息的意义建构；学习既是个别化行为，又是社会性行为，需要交流与合作；强调学习的情境性，重视教学过程对情境的创设；强调资源对意义建构的重要性。

四、行为主义学习理论

行为主义学习理论可以用"刺激—反应—强化"来概括。这种理论认为学习的起因在于对外部刺激的反应，而不关心刺激引起的内部心理过程，认

为学习与内部心理过程无关。由于这种理论强调认识来源于外部刺激，并可通过行为目标检查、控制学习效果，因此在很多技能性训练、作业操练、行为矫正中有过明显的作用。但由于这种理论忽略了学习者的内部心理过程，对于较复杂的认知过程的解释就显得无能为力。

五、技能自动测评理论

许骏老师提出了 IT 技能测评自动化理论，指出了技能测评的一般原则和方法：比如技能测评必须在特定的情境下进行。本书在许老师研究的基础上略有改进。

（一）模拟情境下信息技能的自动阅卷

1. 控制面板程序的模拟

控制面板是操作系统的核心控制区，用户无心无意就可能误删除重要核心程序等，因此，控制面板需要进行模拟。

2. IE 操作题的模拟情境

IE 操作情境需要模拟的重要原因有多个。一个是可能会因为网络原因或站点原因等导致不能真实访问某个要求站点；另外，当在收藏夹内删减时以及在选项中调整时都可能会影响真实的网页浏览。因此，为了保证评卷的准确性，需要对此部分操作题进行模拟，以便确保练习情境的完备可操作性。

3. Outlook Express 的模拟情境

这是一款邮件发送程序，模拟的原因主要在于阅卷的准确检测，如果让学生发送到某个真实的邮箱，则系统无权检查阅卷，因此使用模拟情境可以较好地解决这个问题。对于学生而言，在设置邮件账户时也不必拘泥于所注册网站的限制，如要求手机号等，这样，就使得练习测评环境具备答卷和评卷的能力。

（二）真实情境下信息技能操作的跟踪和监测

1. 监测文件和文件夹

防止学生删除或更改操作系统的核心重要文件或文件夹，同时记录学生的文件和文件夹的操作过程，以备阅卷参考。

2. 列举当前正在运行的进程

可以通过查看监测系统当前正在运行的进程和线程，来准确查知学生是否启用了相关程序以及消耗了多少时间，从而有效监控了学生的做题过程，

防止了学生拷贝别人答案文件来提交的作弊方法。

3. 窗口查找和消息监测

通过窗口和消息监测来具体查知学生向哪个窗口发送了什么样的消息。学生对任何窗口的操作在操作系统内部都是以消息传递进行的，因此窗口和消息的监测就能从过程的角度准确查知学生是否有效操作，而不仅仅是结果是否正确。

（三）真实情境下获取信息技能操作结果信息

在上述过程监测的基础上，配合操作结果信息，给学生一个正确的操作评价。具体操作结果的获取可以有以下几种：

（1）通过 HTML 文件解析器获取网页制作信息；

（2）分析 OFFICE 应用文档格式获取结果信息；

（3）通过 OFFICE HTML/XML 格式获取结果信息；

（4）分析 RTF 格式获取结果信息；

（5）利用 VBA 对象获取结果信息。

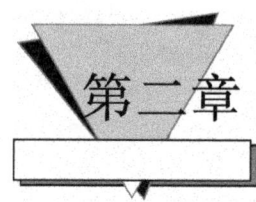

第二章

信息技能形成性评价系统
研究综述

第一节　研究缘起

一、大学信息技能教育与信息社会和教育信息化

（一）信息社会要求公民具备信息素养——信息技能的重要性和迫切性

进入 21 世纪，继新技术革命以后，全球又掀起了一场以加速社会信息化为宗旨的信息高速公路建设的浪潮。信息正以其前所未有的迅猛态势渗透于社会的方方面面，改变着人们原有的社会空间，人们越来越感受到对原有知识的不满和对新思想、新理论的渴望。教育作为人类获取知识的手段，怎样才能适应信息化社会的要求，已成为人们普遍关注的问题。

传统社会中的教育主要是通过集中的学校班级授课的方式进行的。一个人通过系统的文化知识和专业技术教育，基本上就可以满足他在社会中生存、工作的需求。但是，在现代科学技术迅速发展，以高技术、高学历化为特征的信息社会里，对劳动者知识和技术的素质要求越来越高，依靠输入获得知识的传统教育方式已无法满足信息社会中人们对知识的渴望与不断地更新，因此，能够满足人们对知识更新的需求已成为现代教育必须解决的紧迫问题。

信息素养这一概念是信息产业协会主席保罗·泽考斯基于 1974 年在美国提出的。信息素养的教育注重知识的创新。在全新的认知方法论的指导下，不断拓宽自身的知识结构，以培训信息素养为宗旨的教育方式是社会发展的必然趋势。信息素养是信息社会人的整体素养的一部分，它的教育关系到人们如何立足于信息化社会这一基本点。它不是所谓的超前教育观，而是教育界必须要面对的现实问题。只有加强信息素养的教育，教育的职能才会充分发挥作用；反之，对信息社会的发展视而不见，仍延用旧有的教育方式，其结果只能是在减少认知"文盲"的同时，增加新知识的"文盲"。

目前学校教育中占统治地位的教学系统由教师、学生和教学内容三要素构成。它的要点是：由教师通过讲授、板书以及教育媒体的辅助，把教学内容传递给学生。在这种结构下，信息技术仅作为一种承载和传输的工具而存在，没有成为结构中的一个要素。研究信息技术与学科教学的整合，就要把信息技术作为教学结构的第四个要素，把信息技术作为认知工具，为学生构建开发创造潜力的课堂教学环境，摆脱把信息技术仅仅作为一种播放工具、

用来展示知识内容的观念。进行信息技术与学科教学整合的研究，目的是培养学生具有终身学习的能力，培养学生的信息素养。信息素养不能孤立地被看作是诸如信息获取、信息检索、信息表达、信息交流等技能，而是以独立学习的态度和方法，以在信息社会中合理生活学习，并能够将这些信息技能用于解决和进行创新性思维的综合信息能力。信息素养是信息时代每个社会成员的基本生存能力，也是每个社会成员终生追求的目标。抢先一步，就是抢先一个时代。① 培养学生的信息素养的必要性和迫切性呼之欲出。

正是由于信息素养不是天生的，它要依靠大学信息技能教育来实现，由此可见大学信息技能教育的重要性和迫切性。

（二）大学信息技能教育充当着我国教育信息化的先锋角色

教育部办公厅印发的《2016 年教育信息化工作要点》（以下简称《工作要点》）中指出，教育信息化的工作思路为：深入学习贯彻党的十八大及十八届三中全会、四中全会、五中全会和习近平总书记系列重要讲话精神，以创新、协调、绿色、开放、共享的发展理念为引领，贯彻落实刘延东副总理在第二次全国教育信息化工作电视电话会议上的重要讲话精神，坚持"服务全局、融合创新、深化应用、完善机制"的原则，按照"规划引领、统筹部署，巩固成果、创新拓展，深化应用、突出重点，强化培训、示范引导"的工作方针，全面完善"三通两平台"建设与应用，重点推动"网络学习空间人人通"，深化普及"一师一优课、一课一名师"活动，加大教育信息化培训和典型示范推广力度，为"十三五"教育信息化工作谋好篇、开好局。

其中，教育信息化核心目标之一为示范推广教育信息化典型案例和经验模式，在基础教育领域形成 30 个区域和 60 个学校示范案例，出版案例集。引导各级各类学校开展利用信息技术转变教学模式、改进教学管理的数字校园/智慧校园应用，以及深入实施全国中小学教师信息技术应用能力提升工程，完成不少于 200 万名中小学、幼儿园教师的专项培训。继续举办教育厅局长教育信息化专题培训班，培训 800 人；举办高等学校教育信息化专题研讨班。

在重点任务中，《工作要点》指出要落实教师信息技术应用能力标准，开展教师信息技术应用能力测评，把教师信息技术应用能力纳入师范生培养和

---

① 抢先一步就是抢先一个时代——记大庆市第三中学校长王秀奎［J］. 教育探索, 2003（4）: 107.

教师、校长的考核评价体系。深入实施"全国中小学教师信息技术应用能力提升工程"，建设 500 学时的优质网络课程，征集加工 200 件优质培训微课程，把信息技术应用能力和教学培训紧密结合。完成不少于 200 万名中小学、幼儿园教师的专项培训，推广教师信息技术应用创新实验区建设经验。

教育部早就颁布《2003—2007 年教育振兴行动计划》。该计划共分 14 个部分，其中第七部分专章论述教育信息化，即实施"教育信息化建设工程"。由此可见，国家在十多年前就对教育信息化非常重视。该工程包括两个方面的内容：

一是加快教育信息化基础设施、教育信息资源建设和人才培养。构建教育信息化公共服务体系，建设硬件、软件共享的网络教育公共服务平台。加快中国教育和科研计算机网（CERNET）和中国教育卫星宽带传输网（CEBsat）的升级扩容工程建设，积极参与新一代互联网和网格（ChinaGRID）的建设，强化资源整合，加强地区网络建设和管理，建立健全服务体系及运行机制。加强高等学校校园网建设，创建国家级教育信息化应用支撑平台。加大涵盖各级各类教育的信息资源开发，形成多层次、多功能、交互式的国家教育资源服务体系。大力加强信息技术应用型人才培养，着力改革信息化人才培养模式，扩大培养规模，提高培养质量。

二是全面提高现代信息技术在教育系统的应用水平。加强大学信息技能教育，普及信息技术在各级各类学校教学过程中的应用，为全面提高教学和科研水平提供技术支持。建立网络学习与其他学习形式相互沟通的体制，推动高等学校数字化校园建设，推动网络学院的发展。开展高等学校科研基地的信息化建设，研究开发学校数字化实验与虚拟实验系统，创建网上共享实验环境。建立高等学校在校生管理信息网络服务体系。

1. 教育信息化的迅猛发展和 SARS 对远程教育的推动

总体来说，2003 年的教育信息化，相比 2002 年的大步迈进，显得更加平稳。然而 SARS 带来了一场全国性的灾难，在这场灾难面前，教育几乎是首当其冲。然而，远程教育在 SARS 期间获得快速发展，在一定程度上甚至改变了教育信息化的进程。赛迪顾问数据表明，2003 年，中国教育行业 IT 应用市场投资规模超过 250 亿元，增长率达 20% 以上，其中表现最突出的是远程教育市场。

远程教育在 SARS 中脱颖而出，成为 SARS 期间为数不多的教学希望和经

济亮点。SARS 期间，北京市教委启动"空中课堂"；河北、天津、安徽、山东等也分别开设"空中课堂""虚拟教室""网上教学"等形式开展教学；仅仅"五一"期间，新东方教育在线网络教育在北京和上海两地，业务就比上月增长了 77.6% 和 61.3%。[①]

SARS 对于中国的远程教育而言是具有里程碑意义的事件。这还是中国第一次从上到下，从教育部到各地方教委，从高校到各中小学校，协调一致启动运用远程教育手段来作为正常教育无法正常运作时的应急措施。

SARS 令远程教育的建设被提前放到了议事日程上，从而在一定程度上改变了教育信息化建设既定的秩序和进程。2004 年，远程教育进入了一个改善和调整的时期。远程教育作为大学信息技能教育中的一个重要方面，要重点改善的领域主要有三个，其中的第二个就专门针对信息技术的自动测评系统。由此可见，自动测评系统的完善在大学信息技能教育中占有重要地位。

北京师范大学信息科学学院副院长黄荣怀教授认为，基于网络的远程学习可由网络自动记录学习过程，建立和适当运用这一系统，将会有效改善学生的自我监控能力。

完善的自动测评系统不仅要能让学生在网上答题，答完试卷后，系统还要能通过网络自动提交答卷，再通过网络服务器统一判卷。命题系统应该与测试系统、成绩分析系统有机结合，方便教师出题、考试和做成绩分析。为了保证考试安全，系统还应具有断电恢复和容错功能，保证考试信息不会意外丢失；考试管理系统则要能实现如考生报名、发卷、收卷、判卷、考生管理、考生成绩公布与打印等功能。

学生所抱怨的网上课堂互动性差其实是可以改善的。网上交互平台的功能应该包括在线课程学习、在线专题补习、学科答疑中心、兴趣讨论小组、课件管理、教学管理、教师备课、作业批阅、网上教学交流、网上专家咨询、教学评估等。它可充分利用网络交互及时快捷的特点，在校园网络上创设虚拟的学习社区与交流社区；另外，校园网络教学系统还提供多种自主学习策略，可以有效地激发学生的学习兴趣，促进学习者认知主体的体现。

其实教学交互平台中的在线专题补习、作业批阅也可以运用扩展的自动形成性评价系统来解决。

---

① 汪蔚. 2004 关注教育信息化三大热点 [N]. 中国计算机报, 2004 – 02 – 05.

自 2000 年 11 月教育部提出"校校开课"和"校校通"两大目标之后，强大的政策支持刺激了学校教育信息化的市场需求。据有关专家预测，今后 5～10 年内将装备 50 万间联网的多媒体网络教室，建设 10 万个校园网和 3 000 多个教育城域网。在 5～10 年内的总投入至少需要 1 500 亿～2 000 亿人民币的资金，其中软件应占总投入的 10%～30%。有人预测，今后的软件投资重点主要在电子政务和教育信息化。①

2. 学校教育信息化建设不仅仅是技术问题

北京汇文中学校长兼党总支书记李仲秋老师认为，学校教育信息化建设不仅仅是技术问题，更重要的是要对教育有深刻的认识，对学校的管理、教学等方面有深入的理解，这样才能够开发出真正满足学校需求的软件。同时，学校教育信息化建设是不断完善的过程，在开发之前即使是专家也很难在设计上做到一步到位，如果不长期专注于这个事业，必然无法取得真正意义上的成功。

3. 大学信息技能教育充当教育信息化的先锋角色

国家提出加快教育信息化基础设施、教育信息资源建设和人才培养，全面提高现代信息技术在教育系统的应用水平。但是，教育信息化的具体实施还是需要具有信息素养的人才来具体探索、实践和实施的。如果实施教育信息化的人不懂信息技术、没有信息素养，则教育信息化的实施效果可想而知。离开了大学信息技能教育，信息素养人才的培养就成为无源之水。要想搞好教育信息化，就必须由有信息素养的人才来实施，要想由优秀的信息人才来实施教育信息化，就必然要依靠大学信息技能教育。至少在教育信息化的先期，大学信息技能教育的重要性和迫切性非常重要。

（三）技能形成性评价符合国家所提的改革评价观念和方式

教育部早在 2000 年 11 月 14 日就下发了《关于在中小学普及信息技术教育的通知》（教基［2000］33 号），决定从 2001 年开始用 5～10 年的时间，在中小学（包括中等职业技术学校）普及信息技术教育，以信息化带动教育的现代化，努力实现我国基础教育跨越式的发展。

同一天，教育部下发了关于印发《中小学信息技术课程指导纲要（试行）》（以下简称《纲要》）的通知（教基［2000］35 号），决定在全国学校

---

① 阮滢，赵刘成，李谨. 教育软件企业生存启示录［J］. 中小学信息技术教育. 2004（2）.

开设信息技术课程。并在纲要中提出，中学要将信息技术课程列入毕业考试科目。考试实行等级制。有条件的地方可以由教育部门组织信息技术的等级考试的试点工作。在条件成熟时，也可考虑作为普通高校招生考试的科目。

这两个同一天下发的通知充分说明了信息技术课程在学校基础教育中的重要地位和作用，因此，作为国家信息技术课程的评价就显得尤为重要。这一点在上述《纲要》中也有强调，《纲要》在教学评价中尤其提到：教学评价要重视教学效果的及时反馈，评价的方式要灵活多样，要鼓励学生创新，主要采取考查学生实际操作或评价学生作品的方式。

《基础教育课程改革纲要（试行）》关于教学过程的第11条明确要求：大力推进信息技术在教学过程中的普遍应用，促进信息技术与学科课程的整合，逐步实现教学内容的呈现方式、学生的学习方式、教师的教学方式和师生互动方式的变革，充分发挥信息技术的优势，为学生的学习和发展提供丰富多彩的教育环境和有力的学习工具。

教育部在2000年颁发《纲要》之前曾有一个讨论稿，它预示着一门新的课程要诞生。那么这门课该怎样上？它有教材吗？它有软件吗？它又该怎样进行考核和评价？这一系列问题都需要尽快进行研究和解决。

信息技术课操作性、互动性和实践性都很强，也正是由于其学科的这些独特特点，导致在教学中出现了许多新的矛盾，并成为该课程健康发展的瓶颈。这些矛盾包括：在师资方面，信息技术课发展的速度和规模，与教师资源和教学资源发展相对滞后之间的矛盾；在教材方面，教材的多样化和快速更新，与教辅类软件难以同步的矛盾；在教法方面，各学校实施信息技术课的环境和学生个体水平差异很大，需要因材施教、个性化学习，与传统的班级授课模式已经不能适应的矛盾；在教学评价方面，本学科实践性和创造性的特点决定其以技能测评为主的评价方式，与现有的其他大部分学科以知识评价为主的评价方式之间的矛盾。

最近，教育部办公厅印发的《工作要点》中指出，引导各级各类学校开展利用信息技术转变教学模式、改进教学管理的数字校园/智慧校园应用，以及深入实施全国中小学教师信息技术应用能力提升工程，并把落实教师信息技术应用能力标准，开展教师信息技术应用能力测评，把教师信息技术应用能力纳入到师范生培养和教师、校长的考核评价体系，深入实施全国中小学教师信息技术应用能力提升工程，作为重点任务来抓。

这些也都充分说明了国家教育部对信息技术教学评价的重视，同时也指明了主要的评价方式：以考查学生实际操作或评价学生作品的方式为主，创新评价方式，只有这样才能解决信息技术学科特点与旧有评价方式的矛盾。

新课程改革也明确指出教育评价的相对滞后已经成为制约全面实施素质教育的瓶颈。新课程改革响亮地提出：倡导发展性评价，突出评价促进发展的功能。新课程改革中的质性评估不仅要反映学生的学业成绩，而且要反映学生的学习过程和学习态度，对学生的学习过程和学习结果进行评价，比如，情境测验等就是一种开放式的质性评价方法。

（四）技能形成性评价迎合了教育工作者改革考试评价的实践需要

广大的教育教学工作者关于考试在一线中积累了非常多的宝贵经验，逐渐形成了自己的认识并进行了有效的实践。在此仅给出两例较常见的考试改革实践。

（1）武汉部分教师在长期的教改实践中认识到，形成素质教育的运行机制，很重要的一点是建立素质教育的评价制度，改革考试测评制度，实行科学的评估方法，这是全面实施素质教育的有效途径。几年来，我们坚持进行"分项考试、等级评价""鼓励性评语"等考试评价制度的改革试验，为逐步取消百分制，促进学生身心全面健康发展创造了良好条件。[①]

（2）课堂教学的训练模式：训练和教学所要解决的是不同的问题，教学是为了使学生获得信息，训练是为了加强他们的行为。利用技术来训练教师的课堂教学技能，事实证明具有很好的效果。微型教学（micro-teaching）是一种经典的课堂训练技术，用于培训准备成为教师的师范生或已是教师的人员，使其掌握课堂教学的技能方法。微型教学为师范生和在职教师提供了一个良好的训练环境和方法，使日常复杂的课堂教学得以分解和简化。微型教学的基本环境不需要很高的技术，通常以录像技术为基础。

祝智庭专家团队在开发一个基于案例的课堂教学技能训练系统，试图将高技术引入到教学技能训练领域。如图2-1所示，该系统以多媒体案例库为资源，为受训者提供示范，还包括单个技能和多个技能的综合，并提供功能讲解、专家点评、理论参考、理解测评等功能。该系统设计之所以强调案例

---

① 武汉市江汉区红领巾学校素质教育改革实验课题组．改革考评制度促进全面发展——开展"分项考核、等级评价"改革实验的认识与实践［J］．湖北教育，1999（4）：19-20.

学习的重要性，是因为我们相信，优秀的教学案例首先能够为受训教师提供仿效的原型，在仿效学习的基础上进行变化或创新。该系统以交互性多媒体技术为基础，最终制品可以在网上运行或做成光盘提供给教师使用，帮助教师提高课堂教学设计水平和教学技能。[①]

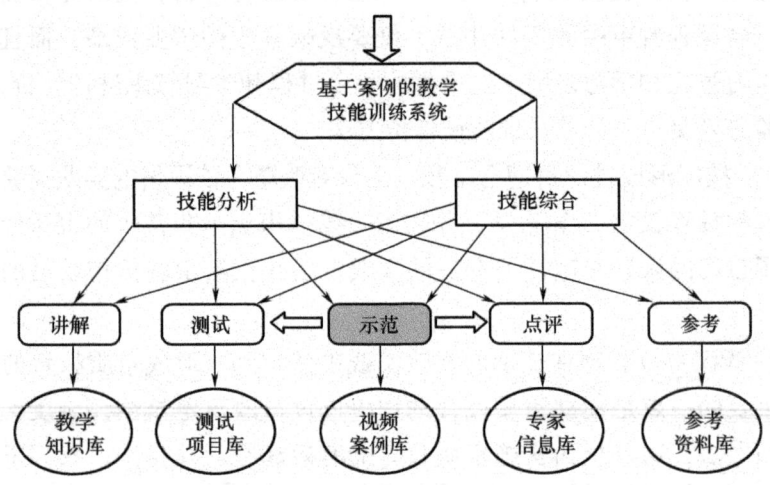

图 2-1　基于案例的教学技能训练系统结构

二、大学信息技能教育特点及其评价的特殊性和重要性

（一）大学信息技能教育的特点

如前所述，大学信息技能教育无论是在 21 世纪的信息社会中，还是在我国当前的教育信息化中都充当了重要的角色，占据着重要的地位，有着不可替代的作用。国家信息技术课程需要相应的评价和测试手段，然而，信息技术是一门不同于语文、数学等其他学科的特殊学科，是一门操作性的学科，对它的评价不能等同于其他学科的评价。大学信息技能教育强调的是操作技能的掌握和应用，而不是技能的描述（即强调实际操作）。

由于大学信息技能教育强调的是 IT 操作技能的掌握和应用，所以对它的教育测量应以考查操作技能为主。能够使用信息技术进行创新应用，培养创

---

① 祝智庭．信息技术在课堂教学中的作用模式：理论框架与案例研究［OL］．http：//www.jsntyz.edu.cn/Item/10196.aspx.

新思维，必然建立在其具有熟练操作技能的基础之上。所以，能否考查操作技能便成为大学信息技能教育测评的关键。

信息技术课的评价，必须有上机的部分。不管从什么角度来说，信息技术都是一门应用性很强的课程，纸上谈兵意义不大。[①]

（二）大学信息技能教育评价的特殊性和重要性

评价是在对事物的质与量的描述的基础上形成的价值判断。大学信息技能教育教学评价是在以教学目标为依据，运用可操作的科学手段，对教学工作诸多方面因素的测量、分析和评定的基础上形成的价值判断。教学评价可为评价对象自我完善和有关教学部门科学决策提供依据，是教学活动的重要环节。

信息技术作为学校的必修课，才有短短的两三年时间，对大学信息技能教育教学的评价，尚处于探索阶段。要力求避免传统评价中的缺陷，使信息技术这门学科为基础教育注入生机和活力。

然而，在教授《计算机应用基础》这门实践性和应用性很强的课程的过程中，教师碰到最主要的一个困难是评价方面的困难。学生不愿意接受纸笔考核计算机操作的方式，老师也不愿意，可是又没有更好的办法。如果老师在机房让学生练习，第一，老师只能一台台的来人工判题，在有限的课堂时间内可能会不准确；如果课下仔细判，势必浪费老师的大量时间，并且即使判完了，学生个人仍然不知道自己错在哪里，没有办法当堂反馈，并且还可能因为没有存盘等意外情况而无法评判。

如果是以作品的形式，老师就等于主观判题，且不能限制时间，评价失去了量化依据，就会导致某种不公平，并且很难杜绝学生复制作弊的嫌疑。

由于信息技术是一门不同于语文、数学等其他学科的特殊学科，是一门操作性的学科，对它的评价自然不能套用其他学科的评价。

大学信息技能教育强调的是 IT 操作技能的掌握和应用，所以对它的教育测量应以考查操作技能为主。能够使用信息技术进行创新应用，培养创新思维，必然建立在其具有熟练操作技能这个基础之上。所以能否考查操作技能

---

① 曾菲菲．着眼于大学生信息素养培养的大学计算机探究性教学模式的研究与实践［D］．湖南师范大学，2007.

便成为大学信息技能教育测评的关键。在某种意义上，也成为能否使用好新教材的一个关键。

每一次教育工具的改进，都代表了教育水平的一次提升。从原始社会出现的口耳相传和结绳记事的教育工具形式，到后来出现的甲骨、竹简和木牍，还有帛文，再到后来出现了纸张和印刷术，大大扩展了教育范围，标志着当时教育水平的一次提升。现代出现的以广播电视作为教育工具，又一次表明了教育的跃升，使得教育不再受地域所限。而将计算机作为教育工具，则标志着教育水平的创新性提升。不但地域不限，时间不限，并且可以交互，实现全面而个别化的学习和教学。将网络结合进来，更加大大扩充了教育资源，给教育质量的提升直接注入了无限活力。

同样，每一次信息技术的测验工具的变革都直接表明了一次教育评价技术上的进步，而这种进步是具有标志性意义的。例如，联合国教科文组织把教育评价的技术水平作为衡量一个国家教育发展水平的重要标志。再如，美国教育学会（AERA）是美国最权威的教育机构之一，我们可以从它的研究领域的人数上来看出美国教育研究的新动向，它共有十一个领域，其中从事教育测量和研究方法领域的人数就占到所有领域人数的第三位，这个位次也充分说明了美国教育研究中对于教育测量和研究方法的重视。我国则早在1985年的《中共中央关于教育体制改革的决定》中就将教育评价提到全国性教育工作的议事日程上来。

（三）目前大学信息技能教育评价中存在的问题

1. 评价认识上的"缺位"

近几年来，信息技术虽然已成为学校的一门必修课，但多数学校对信息技术教学的评价没有给予足够的重视，认为信息技术目前还不是学校的一门主课，更没有成为高考学科。因此，对信息技术教学的评价未被作为一项教学工作进行研究，学校重视对高考学科等一些主要学科教学的评价，而忽视对信息技术课教学的评价。

2. 评价方法上的"越位"

所谓越位，就是在评价中忽视了信息技术课的根本特点——实践性，而过多地强调信息技术原理，以传统的考试方式，代替信息技术教学的评价，考试内容大多是有关陈述性知识，偏于记忆，可操作性不强，命题缺乏科学性；过多重视考试的分数、成绩，忽视了考查学生信息素养的提高和全面

发展。

3. 评价功能上的"不到位"

用考试的方法来评价信息技术教学，对提高教学质量固然有一定的作用，但其弊端也越来越显露出来。其主要表现为：①关注评价的结果，忽视了评价过程本身的意义；②重定量分数鉴定，强调甄别与选拔的功能，轻定性情感分析，忽视改进与激励的功能；③关注对结果的评价，忽视了对过程的评价。

教学评价对教学起着导向和质量监控的重要作用。由于信息技术教学的评价存在以上的"缺位"、"越位"和"不到位"三个方面的问题，影响了评价的科学，也影响了信息技术课的教学质量，因此，改革和健全信息技术课教学评价机制，是提高信息技术教学质量的关键。

三、信息技能形成性评价问题的提出

（一）传统的课堂教学模式的质疑

传统的教学模式中，教师根据对教学内容的理解，运用自己的学识，精心设计好教学方法、教学过程；学生接受教师传授的知识。

这种传统的教学模式的成功，要求教师对学生有深入的了解，且具有丰富的教学经验；学生具有符合教师假定的准备（相应的基础知识、思维方式等）。两者互相匹配，才能发生和谐共振，信息的传输才能顺利、流畅进行；否则，教与学必然脱节，信息的传输受阻，不可能完成教学内容。

从主观上的了解、凭以往经验、靠估计制定的教学方法、教学过程，怎么能保证与学生原有的知识结构、思维习惯总是相匹配？对学生过高或过低地估计都将导致无效的劳动，造成师生时间、精力的巨大浪费。

在一次单元测试中，应用"教学反馈系统"，把教师估计的答对率与学生实际答对率做出对比，参加试验的教师是参加试验的学生的授课教师。结果如表 2-1 所示。

表 2-1　教学反馈系统教师估计的答对率与学生实际答对率的对比结果

（%）

题号	考试正确率	教师估计正确率	误差	百分误差
1	100	95	−5	−5
2	93.75	88	−6	−6

续表

题号	考试正确率	教师估计正确率	误差	百分误差
3	83.33	85	1.7	2
4	70.83	82	11	17
5	79.17	68	−11	−14
6	75	80	5	7
7	89.58	90	0.4	0.5
8	75	90	15	20

说明：①考试学生48人。②误差 =（估计正确率 – 考试正确率）。③百分误差 =（估计正确率 – 考试正确率）/考试正确率×100%。

可见教师对学生的认识偏差是客观存在的事实。有时误差还会很大。[①]

（二）信息技术课教学存在的问题[②]

信息技术课以前称为计算机课，在我国部分学校的开设已经有十几年的历史，自从2000年10月教育部颁布了普及信息技能教育相关通知以来，各地学校纷纷开始开设信息技术课程，信息技术课程教学进入了前所未有的大发展时期。但是作为一门新兴课程，现在的信息技术课程教学存在以下亟待解决的问题。

1. 信息技术课难教

信息技术课是一门集知识性和技能性于一体的基础性课程，其操作性和实践性强，必须经过一定时间的上机练习之后，学生才能掌握，因此教育部规定上机操作的课时比例不得少于信息技术总课时的70%。

一个公认的事实是，如何实施个别化教学、如何检查作业和练习、如何考试等是使每个信息技术课教师都深感头痛的难题。因为每个学生的原有基础、学习进度、理解水平均不同，在上机时会产生各种不同的问题，教师不得不花很大力气逐个解决。

2. 信息技术课难考

● 纸笔不能测操作

信息技术课的技能考核问题一直是制约和困扰信息技术教育改革的一个

---

① 许俊. 互动的课堂教学模式探索［OL］. http：blog. sina. com. cn/s/blog. 6355fccco100md7s. html，2016 – 10 – 17.

② 吕森林. 中小学信息技术课的难关与对策［N］. 中国教育报，2002 – 09 – 28.

突出问题。由于实践性是信息技术教育的最重要特性，因此教学评价的重点应该在于信息技术技能水平以及解决实际问题的能力，考试应该在计算机上进行，而上机考试往往只能以单个学生或小组为单位进行考试，实施起来难度大、效率低、费时费力，因此现行的计算机应用课程一般仍用纸和笔来考试。常规试卷对于考核知识技能是有效的，但是对于操作能力的考核就显得无能为力了。

值得一提的是，现在出现的某些所谓的"无纸化信息技术课考试系统"虽然提高了考试效率，但是考的只是信息技术的知识而不是技能，仍无法解决真正的信息技术课考试问题。

● 测评的反馈滞后性

记忆和认知是有规律的，反馈越准确、越及时，就越有效。在平常的班级教学中，经常出现老师布置课堂作业，然后抽取几个学生来回答，不能立即对所有学生做出具体的个别的有效全面反馈。如果是将作业布置下去，教师改完后（在此暂时不考虑教师批改作业的单调劳动），在下一节课进行上一节作业的讲评，则反馈已经比较滞后了。综观现有的信息技术课考试系统，大都支持总结性评价，不支持形成性的即时评价。有的系统也称可以进行练习，却是自动将考生的试卷收至教师机后，由教师端改卷后才进行反馈，并不是立即在学生端提供即时的个别的面向全体学生的反馈。

● 人工测评效率低、劳动量大、准确率低

教师评判学生的操作题或者作品作业，改卷多，时间长，再加上一台台电脑的辐射，教师会感到疲惫不堪，准确度和公平度亦会受到教师主观因素的影响。即使抛开准确度和公平度不说，仅仅是在评判查看作业上花费的单调劳动时间就可以证明人工测评已经严重侵占了教师教育教学科研的精力和时间。至于辐射对教师本人甚至下一代带来的更多影响也暂且不说，一个班按 30 人（实际情况往往要多）计算，一次计算机客观题目和操作题目都有的测验按照 60 分钟的测验长度，假定评判一个学生的客观和操作作业共需要 5 分钟（大多数情况下不止），则对于一个教三个班的教师而言就需要 $30 \times 5 \times 3 = 450$ 分钟，差不多整整一天的工作量，而这还仅仅是一次测验。对于信息技术这门技能性的特殊学科，熟能生巧，要想达到创新应用的地步，尤其需要多练。因此，对于一个仅仅拥有 5 人的计算机教学组来说，一个教学周在批改测验这个单调劳动方面就要消耗一个星期。而这个时间还不包括出试卷的时间、印刷的时间、给每

个学生根据考评情况做出知识点分析的时间，尤其是出试卷和给每个学生做知识点分析的时间这两者还会占据教师相当多的时间和精力。教师的全部时间不仅仅是批改试卷，还要教学、班级管理、做科研、开会学习、与学生沟通，测评挤占了教师原本就不足够的时间。如果有恰当的测评工具，这一切批改工作一个小时已经足够，而且可以保证高准确率。

3. 个性化学习需要难满足

今天的学生信息技术水平的差异是非常大的。对于经常接触电脑的学生来说，信息技术课非常简单；而对于从来没有接触过电脑的学生来说，掌握信息技术课并不容易。学生的这种个体差异，要求信息技术课教学应该赋予他们一定的主动选择权利，允许学生自主学习。而这对于目前的信息技术教学来说，也是一项不小的挑战。

（三）信息技术课教学考评问题解决方案分析

一些专家认为，要从根本上解决上述诸多问题，必须在深刻理解教育理论的基础上，对信息技术课的问题进行系统深入的研究，并在理论和技术上加以突破和创新。一些业界人士则针对此提出了一些相关解决方案。

1. 课程服务体系解决方案分析

业界有关人士认为，信息技术课程有一个基本需求——配套的课程服务体系。因为其他必修课程都有相关的教研机构和协会，信息技术课程也应建立类似的课程服务体系。

这种观点无疑是正确的，但是建立一个庞大的课程服务体系的过程可能需要相当长的时间，因此这并不是一种立竿见影的解决方案。

2. "教材＋光盘"解决方案分析

这种方案认为，信息技术课程的教材体系由文字教材和光盘教材两部分组成。信息技术课程的理论性、知识性内容适合放在书本上，操作示范、过程讲解、模拟练习等内容适合放在光盘上。

但是，这种"文字教材＋光盘教材"的方案也存在一些不可避免的局限性。

第一，教师组织教学难度大。虽然满足不同进度的学习需要是光盘教材的优点，但是教师适当地调控学习的内容和进度也是很有必要的，而光盘的学习内容是无法控制的，因此每个学生使用光盘之后，教师无法控制学生的学习内容，只能进行分散学习。

第二，教学效果提高有限。现有的信息技术课光盘即使有音频和视频讲解，但是还是没有体现计算机辅助教育在交互性与个性化教学上的优势。比如 Office 的多媒体学习光盘，学习者只是在设计者提供的仿真界面下学习，而且大多数情况下只有看的份儿，而没有实际操作的过程。在缺乏互动的环境中，学习者很容易对学习内容产生厌烦情绪，学习效果差。

有的多媒体教学光盘虽然提供了模拟操作的功能，比如，单击菜单会出现相应的菜单项目，但是由于采用的是"仿真"思路，只提供了软件的模拟界面，因此只能按照设计者预设的操作步骤走，非常死板，还远远达不到真实环境的程度。

第三，信息技术课的测评问题没有解决。信息技术课作为实践性很强的学科，其测评应该在真实的操作环境中进行，但是现有的多媒体学习光盘提供的测评只能对信息技术课中的知识部分进行测评，对于操作技能的测评还是无能为力。

第四，个别化教学效果差。个别化教学一直是计算机辅助教学追求的目标，但是效果一直不理想。虽然多媒体光盘为每个学生提供了大量的学习内容和出色的视听效果，但是这并不意味着就此实现了个别化教学。

因此，"教材＋光盘"虽然是一种能够立竿见影的信息技术课教学模式，也有一定的实效性，但是还存在一些不可避免的问题。

3. "信息技术课教学与测评系统"解决方案分析

该解决方案的核心是"运用信息技术本身进行信息技术课教学"。虽然多媒体光盘也运用了信息技术，但相对来说，更多的是在媒体技术层面上运用信息技术，而不是在教育技术和软件技术层面上运用信息技术。

所谓在信息技术课上运用信息技术，其在系统形态上主要表现为"信息技术课教学与测评系统"，这套软件系统应该具有以下功能。

● 真实操作环境下的教学功能

走多媒体光盘模拟的老路是不行的，信息技术课教学系统应该具有在真实的操作环境下指导学生学习和教师教学的功能。学生在学习时，系统能够向学生呈现一定的任务，学生在任务的驱动下，在真实环境下操作软件，系统自动记录学生的操作，如果学生没有掌握，系统可以演示多媒体操作过程。系统也可以将记录下的全体学生的操作结果传给教师，并加以分析，教师就可以非常清楚地了解某个学生对某个知识点的掌握程度及全体学生的学习进

度。要实现该功能，就必须实现在真实环境下跟踪学生操作的技术，这就需要在系统底层和 Office 二次开发接口上做大量编程工作。

● 真实操作环境下的测评功能

如果实现了在真实操作环境下跟踪用户的操作，创设必要的操作命题情境、答案以及相关程序，就可以实现在真实操作环境下信息技术技能的测评。这对处于信息技术课教学第一线的教师来说，其能够运用信息技术实现布置作业、批改作业、评分，是一个非常实用的功能。另外，对教育软件而言，实现真实操作环境下的教学和测评，不能不说是一种革命性的突破。以往的教育软件更多意义上是运用了媒体技术，而能够实现真实操作环境下的教学和测评的软件是真正运用了教育技术和软件技术。

● 深层次的个别化教学

深层次的个别化教学系统可以根据学生的作业结果了解学生掌握知识的程度，并根据学生的知识经验、掌握程度等诸多因素实施"因材施教"的教学，即具有一定的智能性。

（四）现有信息技能测评系统的局限

1. 只能考试，不能练习

能够练习的含义包括三个方面，缺一不可。一方面在于学生做完试卷或者作业后，一旦提交，可以马上在自己的机器上看到自己的分数和做题得失情况，系统能够将答卷完整重现，并有知识点分析。第二方面在于，教师可以使用相应配套的出题系统，根据课堂所讲实现即时出题，可以指定学生练习的题目。第三方面要使教师出的练习或者课堂作业可以通过网络马上传递到学生端。

目前，在国内能够实现练习的信息技能形成性评价系统基本上没有。绝大多数考试软件只能用于考试，一个学年或学期用一次。有的考试软件声称也可以练习，但实际上是将考试结果上传到教师机，由教师机批改后传回的，并且由于其命题系统往往仅安装在教育主管部门，所以不支持教师的即时出题和指定考题。或者考试和练习单独分开成为两套不相干的独立系统。练习系统与考试系统的不同质会导致考试的有效性降低，而这种情况下，教师或者学校是无法组织自己的水平测试的。

形成这种情况的原因主要在于：尽管一线老师希望练习，但是教师个人往往不会花大价钱去买练习软件，同时学校领导会认为考试软件用于统考更

重要，也有相关预算，会更倾向于考试软件。所以是否真正将资金投向教育质量的提高，投向教育过程的有效形成性评价中，而不是仅仅用于统测是一个观念上的问题。再者，教育软件企业即使认识到练习的重要性，但是由于市场原因（买方往往是单位，而不是一线教师，单位愿意买考试软件，很少会考虑买练习软件），也会慢慢仅考虑考试软件的研发，忽略甚至最终舍弃练习软件的研制。

2. 通用性、稳定性、可扩充性差

作为信息技能形成性评价系统，这里的通用性是指两个方面：一个方面是指是否可部分为其他学科所用；另一个方面是指其客观题是否可以加以图形等特殊符号。自然，市场上大部分的通用软件都可以为不同的学科所用，但是这些通用软件，尤其是使用网页测评系统的，绝大多数都不支持图形等特殊符号。

稳定性包括系统的持续运行时间内的意外出错频率，用户不规范操作导致的出错情况，以及对不同平台的兼容性和适应性。国内很多考评软件在这方面做得不好，这是因为软件尚处于不断完善的阶段。

可扩充性包括题库的扩充、组卷策略的扩充和知识点的扩充三方面。现今，有的技能测评系统为了评卷的方便和准确，将题目固定，使用它的用户一旦需要新的题库，就必须拿回厂家去更新题库，大大限制了用户，不过大部分的题库系统是支持题库扩充的。组卷策略的扩充往往是随机策略和固定策略两方面只重视一个，而忽略了另一个。此外，绝大部分测评系统不支持知识点的扩充。

3. 不能按照知识点权重进行抽题

尽管相关的按照知识点权重进行抽题的理论早已出现，然而在市场现有的软件中，真正能做到这一点的技能测评系统却不多见。它们往往可以指定各客观题的分值和数目，却不能使客观题的抽取按照给出的知识点权重来进行。或者其相关关系不能做到完好，即实现全相关、半相关和不相关。不相关比如：出现 Word 操作题，不出现该类型的客观题。半相关比如：出现 Word 操作题，同时出现 60% 该类型的客观题和 40% 基础知识类型的客观题。全相关比如，出现 Word 操作试题，同时出现 100% 的 Word 类型的客观题。

4. 难以适应大规模分布式应用

有的测评系统是单机使用的，可以实现学生的个人自测。由于不支持网

络题库更新，只能每当题库稍有变化时，就一台台机器复制题库，给师生的应用带来很大的麻烦。还有的测评系统只能用于局域网，无法适应大规模分布式应用。比这些情况稍好的是一些基于 b/s 构造的考试系统，只安装在一个中心服务器上，所有的考生都通过登录这个服务器来进行考试，但是，这样的话，考试数量控制在一定范围之内是可以的，如果超出服务器的承受极限，服务器就会不堪重负而倒下。这对于大规模分布式的应用仍然有着很大的影响。因此，有必要构建一个基于网络的分级式的测评系统，通过多层分级，有效地解决大规模分布式的考试应用问题。

5. 依赖于某种教育平台，信息安全性低

有的考评系统依赖于某种教育平台。其实，对于测评系统，如果可以为其他系统所用自然是好事，但是不可顾此失彼，反而丢掉了自己的独立性。还有很多考评系统，在考试时，学生机上的试题从题号到题目选项内容都是一样的，这样就会造成学生之间作弊的可能。当然可以通过使用随机策略来克服这一点，但是对于大规模考试而言，往往需要保证每个考生使用同一套试题，这时就必须使用固定策略了。这种情况的解决方案是进行乱序，即尽管考试是同一套试题，但是每个考生的题目呈现顺序、选项顺序都随机化，对应答案也相应改变。

另外，有的考评系统对题库、成绩等不加防范，也同样造成信息安全性低。解决方案是加密题库、成绩库格式，对题库、成绩库本身再加以密码，使用者打开别人的题库时，要求密码验证。题库、成绩库中的关键内容进行加密存储，在成绩上报时，将上报内容加密传输，接收端口可以更改，这样就能保证较高的信息安全性。

6. 不切实际，在技术支持方面的误解

●唯技术主义，过度依赖技术支持

这是技术理想主义的表现，认为技术可以做任何事情，甚至想替代教师。比如在没有任何图像识别的情况下希望软件能够自动查出两个互相替考的人员。这其实是对技术的无知，没有意识到技术永远只是人类的工具。技能测评工具是用来减轻考试和练习给教师带来的负担的，不能有试图用技术来替换教师的想法。在考虑到实现难度的情况下，应该选择最有效的方法，如同本来用粉笔画画可以解决的问题就没有必要一定做课件一样，技术是用来方便人的，而不是给人增加工作量和难度的。

● 重界面型软件，轻实用型软件

有相当多的测评软件其界面非常华丽，然而从功能使用上讲却往往不尽如人意；反之，有很多实用性的软件往往因为其界面不够美观，而在竞争中处于劣势。往往后者是由一线老师自行开发的，所以注重软件实用性而忽略了界面的美观。从道理上讲，软件的出现，能够解决教育教学中的实际问题才是第一位的，而界面则位于其次，但是在市场上，对软件购买起决定作用的往往不是一线的老师，而是学校或者教委领导，所以会潜意识地把功能放在第二位。这些都导致了实用性软件被轻视。

● 技术排斥观

技术排斥观有两种情况：一种是重视硬件，轻视软件，结果是购置了大批电脑，却闲置而不能充分利用；另一种是，认为改作业、批改试卷就应该由教师完成，并认为这更有人文气息。这些没有客观地看待问题，否定了科技发展能带来效率的提高，或者认为一旦计算机改卷，教师就不用改卷了。其实不然，技术只是一种用来帮助教师的教育教学工具，用和不用都在个人，在其适用的地方用就可以提高效率。比如，主观题，技术可以代为分发、收集试卷，但是批改还由教师进行，人文性的评语激励仍然可以实现。

（五）评价的缺失导致教和学的偏颇

没有正确的、恰当的、有效的评价，没有客观量化的评价依据，教和学就无所适从。作为一门课程，不可能没有评价，于是就出现了纸笔评测、客观题评测、操作题评测、主观题评测等工具。但是每种测验工具都有其适用范围，如果将适用范围盲目扩大，就会导致不正确的导向性，从而导致教和学出现偏颇。

只测计算机客观题的测验工具的导向性为强调知识层面的掌握，引导学生注重对操作描述的死记硬背，忽略了操作技能的把握。而社会上已有的测评系统有很多是使用计算机假环境的，这种测验工具的导向性为强调对操作的呆板记忆，打击了学生探索的积极性。它往往不支持同一结果的不同操作，在一定程度上否定了操作的多样性和灵活性。只有能够比较全面地测验信息技术内容的真实环境或者相当真实的虚拟环境，既能够评测客观题，又能够评测操作题的测验工具才具有正确的导向性，使得信息技术的教和学不致偏颇。

较为全面的测评系统能够正确引导提高大学信息技能教育的质量，而不

是误导信息技术学习者和教学者。

如果只能测评客观题，或者使用假环境来测评学生，则结果只能是误导学生进行死记硬背，而不是灵活操作。有的考试采取假环境来测评学生，学生如果点错了，则没有任何反应；而在真实的操作中，是有相关反应的，只有学生单击正确，才会出现相应菜单或对话框等。这种测验实际上在一定程度上扼杀了学生的自主探索性，鼓励了机械和呆板的操作。

随着现代科技的发展，信息技术学科内容的变化也几乎是所有学科中最快的，因此，信息技术的教师不应该、也不可能只教给学生死板的操作。利用计算机的探索学习能力和创新能力对学生而言是更加重要的，也应该是信息技术学科更加强调的。所以对这种遏制学生探索能力的测验应该抵制，因为它的出现和应用势必对学生的信息技术学习和信息技术教师的教学产生错误性导向。

（六）形成性评价的缺失

信息技能形成性评价在技术领域中属于教育评价自动化技术领域，涉及一种使用信息技能形成性评价系统进行评价的方法。其背景技术如下：

教学评价可分为总结性评价和形成性评价，总结性评价的主要功能在于选拔甄别，形成性评价的功能则主要在于查漏补缺。总结性评价广泛应用于期末考试、水平考试等，其评价结果作为学生是否通过或者获得证书的依据，学生并不知晓具体评价知识的正误情况。而形成性评价则不一样，它是专门针对学生的知识掌握情况进行诊断纠正式检测，学生可以通过形成性评价具体得知知识掌握情况，从而有效地查漏补缺，教师也可以通过形成性评价了解所有同学容易犯的错误，从而修正自己的教学方向并调整接下来的教学内容。另外，根据教育规律，教育反馈越及时、越准确、越全面、越个别，则会越有效，因此从促进学习角度上讲，形成性评价要比总结性评价重要得多，有效形成性评价方法的研究和实施就成为我国教育界提高教学质量、提升教学效果的重点和难点。

随着互联网和教育信息化的发展，教育在线评价得以实现，如大量的教育在线考试、CAA、信息技术中考等，然而这些评价往往限于总结性评价，形成性评价相对缺失。主要原因在于，总结性评价往往是一年或一学期才执行一次，且无知识点反馈，只有分数，因此，可以临时性集中一次学校机房资源进行，没有人手一机的常态化要求。而对大多数传统教学课堂而言，学

生只有课桌没有电脑，也不能满足形成性评价人手一机的常态化需要。另外，教师和学生按照课表上课的教室变化是常态化的，甚至有时教室之外的教学活动也需要随处可移动的形成性评价。校园网由于服务器和网络原因，并不能时时处处保证形成性评价的可靠性，因此导致形成性评价不能常态化实施，从而无法充分享受到形成性评价带来的益处。

因此，在现代教育课堂中，如何在没有学生计算机的广大普通教室课堂中开展常态化的形成性评价，成为一线教师迫切需要解决的实际问题。因为绝大多数课程并没有条件使用机房进行教学测评，如果能够利用现有的网络科技，使用学生现有的资源条件，在传统教室中成功实施课堂上的形成性评价，每堂课帮助学生查漏补缺，协助教师查知和改进教学效果，这对绝大多数的传统课堂教师而言将是一种福音。

第二节　国际研究现状综述

一、国外研究现状综述

关于信息技术形成性评价，作者于 2016 年 7 月 28 日使用 formative assessment of information technology 为关键词，在美国 UW Library 上检索得到结果如下：

从资源类型上划分，论文共 824 篇，新闻文章 362 篇，学位论文 187 篇，会议论文 103 篇。其中发表的绝大多数都是英文（1 589 篇），有少部分的法语（5 篇）、中文（3 篇）、西班牙语（3 篇）和俄语（2 篇）论文。这表明形成性评价研究以英语为写作语言的占据绝大多数。

从发表载体名称上看，主要集中在 US Fed News Service, Including US State News（27 篇）、PR Newswire（26 篇）、Information Technology Newsweekly（21 篇）等；从涉及领域上看，主要集中在教育（154 篇）、信息技术（152 篇）、教育技术（136 篇）、形成性评估（105 篇）和学习（58 篇）等方面。下面具体综述国外文献在形成性评价领域的研究成果。

国外关于形成性评价的研究范围比较广，基本涉及形成性评价的方方面面，表明形成性评价研究一直得到国外相关研究机构的关注。综合来说，主要涉及形成性评价的以下几个方面，包括：应用类、工具类、综合类、反思

类、个案类和其他相关类等。下面分别予以综述说明。

（一）应用类

关于形成性评价的应用，国外文献研究成果是比较丰富的，例如：有的文献对用于 Discussion Board 的针对学术写作技能的形成性评价的支架式教学方法开展研究①；有的文献提出了一个关于读和写的新型形成性评价技术②；有的对高校数学教室中基于计算机的形成性评价的采纳进行了研究③；有的对使用电子档案系统来支撑自我和同伴形成性评价的学生认知进行了研究④；有的文献主要研究了使用形成性评价来增强教师的技术学习⑤；有的文献使用技术增强的形成性评价来辅助英语学习者的数学学习⑥；还有文献针对使用无线网络教室技术的中学数学教师的形成性评价过程进行研究⑦；也有文献主要研究了在数学和相关学科中的富形成性评价环境的实施⑧；还有文献主要对解决信息问题的基于计算机的形成性评价规则反馈的效果进行研究⑨；有的主要研究了远程教育中形成性评价的学习方法⑩；此外，还有应用调研类的文献研究成果，如主要调研了 Lebanese 学校 ICT（信息交互技术）的形成性评价的相

① Horstmanshof Louise, Brownie Sonya. A Scaffolded Approach to Discussion Board Use for Formative Assessment of Academic Writing Skills [J]. Assessment & Evaluation in Higher Education, 2013, 38 (1): 61 –73.

② Landauer Thomas K, Lochbaum Karene E, Dooley Scott. A New Formative Assessment Technology for Reading and Writing [J]. Theory Into Practice, 2009, 48 (1): 44 –52.

③ Warner Zachary. Adoption of Computer – Based Formative Assessment in a High School Mathematics Classroom [J]. Journal of Cases on Information Technology, 2011, 13 (4): 9.

④ Welsh Mary. Student Perceptions of Using the PebblePad E – Portfolio System to Support Self – and Peer – Based Formative Assessment [J]. Technology, Pedagogy and Education, 2012, 21 (1): 57 –83.

⑤ Feldman Allan, Capobianco Brenda. Teacher Learning of Technology – Enhanced Formative Assessment [J]. Journal of Science Education & Technology, 2008, 17 (1): 82 –99.

⑥ Lekwa Adam. Technology – Enhanced Formative Assessment in Mathematics for English Language Learners [M]. Dissertations & Theses Gradworks, 2012.

⑦ Roble Amanda. Unpacking the Formative Assessment Processes of Secondary Mathematics Teachers Who Use Wireless Networked Classroom Technology [M]. Dissertations & Theses Gradworks, 2015.

⑧ Acosta Gonzaga Elizabeth. The Implementation of a Rich Formative Assessment Environment in Mathematics and Related Subjects [M]. PQDT – UK & Ireland: Dissertations Publishing, 2015.

⑨ Timmers Caroline F, Walraven Amber, Veldkamp Bernard P. The Effect of Regulation Feedback in a Computer – based Formative Assessment on Information Problem Solving [J]. Computers & Education, 2015, 87: 1 –9.

⑩ Liu Ming – Li, Mu Dan. The Method of Learning Formative Assessment in Distance Education [R]. International Conference on Educational & Information Technology, 2010, 3: V3 – 113 – V3 – 116.

关文献①。

（二）工具类

主要的工具类的文献研究成果中，有的文献描述了一款基于 Web 的测评设计工具 ADDS，提供结构和资源帮助教师开发质量测评，可以跨学科应用，并进行了结果有效性的初步检测②；有的提出了一款用于支撑 Web 学习的基于数据挖掘技术的动态形成性评价③；还有文献提出连接学习生态的形成性评价的语义模型④。

（三）综合类

主要的综合类的国外文献研究成果中，比如《形成性评价手册》⑤主要介绍了有关形成性评价的相关资料，包括：历史、特征和挑战；关于形成性评价新理论的研究文献和含义的完整总结；形成性评价的情境和教育目标的实践含义；将同伴作为形成性评价的一个来源；基于技术的学习形成性评价的新发展和应用；形成性评价到全面均衡测评系统的整合策略研究，等等。

（四）反思类

反思类的国外文献较少，主要就形成性评价的支撑信息技术面临的挑战进行了反思。如有的文献探讨了支撑教育评价的信息技术所面临的挑战，指出 ECD（Evidence-centred Design）和形成性评价的结合，在提供计算机化测评的同时，也破坏了师生的经历和可行的发展过程，而这种经历和发展过程原本有助于为了学习的测评和属于学习的测评⑥。

（五）个案类

关于形成性评价的个案进行具体研究，如下的文献都做了探索，其中包

① Nasser Ramzi. A Formative Assessment of Information Communication Technology in Lebanese Schools ［J］. International Journal of Education & Development Using Information and Communication Technology，2008，4（3）：1–21.

② Terry Vendlinski，eds. Improving Formative Assessment Practice with Educational Information Technology ［J］. Journal of Systemics，Cybernetics and Informatics，2010，4（6）：27–32.

③ Chen Chih–Ming，Chen Ming–Chuan. Mobile Formative Assessment Tool Based on Data Mining Techniques for Supporting Web–based Learning ［J］. Computers & Education，2009，52（1）：256–273.

④ Hung Nguyen. On Semantic Model of Formative Assessment in Connection with Learning Ecosystem ［J］. International Journal of Information & Education Technology，2016，6（1）：54–57.

⑤ Heidi L Andrade，Gregory J Cizek. Handbook of Formative Assessment ［M］. New York：Routledge，2010.

⑥ Webb M，Gibson D，Forkosh–Baruch A. Challenges for Information Technology Supporting Educational Assessment ［J］. Journal of Computer Assisted Learning，2013，29（5）：451–462.

括：有关主要语法的技术辅助的形成性评价和成就的案例①；主要研究在州立中学中使用计算机辅助测评（CAA）来促进形成性评价②；还有文献主要研究了形成性电子评价的实践者案例③。

（六）相关类

相关类包括上述几类之外的国外文献，如有的文献对形成性评价反馈中的语音邮件技术进行了探究评估④；有的通过社交网络意识进行在线形成性评价⑤；有的文献指出，在任何评估学生学习目标相关概念知识的教育过程中，测评都扮演了一个中心角色⑥；有的对博客和同伴反馈技术加强的学习以及形成性评价进行了研究⑦；有的文献则指出变革信息素养教学要靠形成性评价⑧。

综合来看，在面向信息技能形成性评价方面，几乎没有完全相关文献，只有部分相关文献两篇，如有文献主要面向信息问题解决方面基于计算机的形成性评价规则反馈的效果进行研究⑨，还有调研了 Lebanese 学校 ICT（信息

---

① Sheard Mary K, Chambers Bette. A Case of Technology – enhanced Formative Assessment and Achievement in Primary Grammar：How is Quality Assurance of Formative Assessment Assured？ ［J］. Studies in Educational Evaluation, 2014, 43：14 – 23.

② Karagianni Effimia. Employing Computer Assisted Assessment （CAA） to Facilitate Formative Assessment in the State Secondary School：A Case Study ［J］. Research Papers in Language Teaching and Learning, 2012, 3 （1）：252 – 268, 315.

③ Pachler Norbert, Daly Caroline, Mor Yishay, Mellar Harvey. Formative E – Assessment：Practitioner Cases ［J］. Computers & Education, 2010, 54 （3）：715 – 721.

④ Macgregor George, Spiers Alex, Taylor Chris. Exploratory Evaluation of Audio Email Technology in Formative Assessment Feedback ［J］. Research in Learning Technology, 2011, 19 （1）：39 – 59.

⑤ Lin Jian – Wei, Lai Yuan – Cheng. Online Formative Assessments with Social Network Awareness ［J］. Computers & Education, 2013, 66 （8）：40 – 53.

⑥ Rodrigues Fatima, Paulo Olireira. A System for Formative Assessment and Monitoring of Students' Progress ［J］. Computers in Education, 2014：30 – 41.

⑦ Anders D Olofsson, J Ola Lindberg, Trond Eiliv Hauge. Blogs and the Design of Reflective Peer – to – peer Technology – enhanced Learning and Formative Assessment ［J］. Campus – Wide Information Systems, 2011, 28 （3）：183 – 194.

⑧ Michelle Kathleen Dunaway, Michael Teague Orblych. Formative Assessment：Transforming Information Literacy Instruction ［J］. Reference Services Review, 2011, 39 （1）：24 – 41.

⑨ Timmers Caroline F, Walraven Amber, Veldkamp Bernard P. The Effect of Regulation Feedback in a Computer – based Formative Assessment on Information Problem Solving ［J］. Computers & Education, 2015, 87：1 – 9.

交互技术）的形成性评价的相关文献①。但是，这两者中前者是效果研究，后者是调研，真正能够用于信息技能形成性评价的相关文献还非常少，很多文献都是针对数学、英语等开展研究的。其主要原因在于信息技能的形成性评价需要较高的技术来辅助开展，这增加了研究难度，从而在一定程度上说明了信息技能形成性评价系统研究在世界前沿亦属于一个比较棘手而难以解决或者获得进展的问题，这也在一定程度上说明本项研究工作的重要性和领先性。

二、国内研究现状综述

（一）国内信息技能评价历程
信息技术技能评价测验工具的发展变革大致经历了五个阶段。

1. 纸笔评价计算机阶段

利用纸笔来考计算机操作技能，是在信息技术发展初期，没有任何测评技术和硬件支持的情况下，沿用其他学科的测验形式，对信息技术测验的开展起到了一定积极作用。但随着科技的进步，信息技术的发展，用纸笔来考计算机操作技能，只注重了知识维度的测量，而忽视了技能维度的测量。采用这种测验形式，考生没有任何计算机的操作，对于信息技术来说是最低级的测验层次，将逐渐被淘汰。但是受到区域经济条件的影响，还将在我国部分欠发达地区继续使用。

2. 电子搬家式评价阶段

这种测验形式比纸笔考似乎好了一些，至少考生可以使用计算机了。但是它只是纸笔考的电子翻版，并没有给考试带来方便；相反，由于使用性的原因可能还会给考试相关人员带来不必要的麻烦。但毕竟它向计算机测验的方向迈出了可喜的一步，尽管这一步非常艰难。

3. 客观知识技能评价阶段

这个阶段计算机可以实现客观题目的出题、判题和成绩分析。相比电子搬家来说，是飞跃性的一步。智能化了，也可以省去很多老师的阅卷、判作业的单调劳动量，在一定程度上提高了教育教学效率。但是，由于只是针对客观题目进行测验，因此无法评测操作题，仍然忽视了技能维度的测量。这

---

① Nasser Ramzi. A Formative Assessment of Information Communication Technology in Lebanese Schools [J]. International Journal of Education & Development Using Information and Communication Technology, 2008, 4 (3): 63 –77.

一类软件在市场上比较常见。

4. 操作技能评价阶段

在这个阶段，测验工具的出现实际上是信息技术和信息技术学科本身高层次整合的结果之一。利用信息技术来实现对信息技术技能的测评，克服了测评操作题目难度大的缺点，使得计算机不但能够实现对客观题目的测评，而且能够对操作题目进行测评。然而，很多测评软件往往只是单机版的，这使得教师要事前将所有试题复制到学生机上，而且对于判卷结果，教师还要一台台查看，对测评结果的统计分析带来了很大的麻烦。这些缺点都使得测评工具难以在课堂中有效使用。这个阶段的测验工具虽然提高了测评的效率和公平性，也免去了老师评判的工作量，但却由于试题不能自动更新、成绩不能自动汇总分析，仍然给教师的实际使用，尤其是课堂测评的使用带来了很大的不方便。

5. 网络评价阶段

在保证能够测评客观题和操作题目的基础上，要想能够将计算机技能测评用于课堂教学，进行课堂评定，开展形成性评价，还必须满足三个条件：第一，必须保证出题的方便、快捷和有效，并且在支持随机出题的情况下应该允许教师指定学生所用的试题。只有这样，教师才不致在出题上浪费太多的时间，而且也可以保证学生用的都是教师刚刚出过的练习。第二，必须在网络的支持下进行。只有这样，教师出完题后，学生机的试题才能够立即更新，做完试题后，试卷才可以立即上报集中。第三，学生做完题目后，可以立即评判，可以查看自己做题的详细情况。这样，教师就可以当堂得知所有学生的答题情况，从而可以立即根据学生情况调整教学策略。利用网络所带来的这一优势，在人工判卷的情况下是连想都不敢想的。

当然，在网络测评环境下，应该提供尽可能开放的组卷策略管理。比如，对于地市级的统测，可能需要限制学生不能立即看到分数。这样，就需要网络测评工具不但可以支持形成性评价，也要支持总结性评价，从而一方面可以有效为课堂教学服务，另一方面，也为统一水平测试提供了通用的平台。

（二）国内信息技能评价现状

从国内信息技能评价的现状来看，总体上，信息技能形成性评价还比较薄弱。具体请见以下调研。

信息技术是发展的课程、生成性的课程。信息技术学科课程理论正在建

构和完善之中，学校信息技术课程标准尚未出台，信息技术课程教材评价、课堂教学评价和对学生的评价体系均尚未成熟。[①] 很多一线教师发出呼吁，如何使信息技术教师向专业化发展，一方面信息技术教师需要不断提高自己的专业素养，另一方面有关方面也要积极创设一种与之相配套的考试、评价等体系。使用新教材的信息技术课的学、教、考、评等都与其他学科有着很大程度的不同。我们不应该再套用传统教育方式束缚信息技术教师的认识与理解。信息技术课应该具有更加科学合理和鲜活有效的学、教、考、评方式。[②]

没有适合的评价，会导致什么样的效果呢？引用一位信息技术一线教师的话来说，各地课本不统一，甚至同一地方各校课本都互不相同，难以统一评价，只能依靠各校自主评价。由于信息技术课程是一门新课程，各校缺乏经验，学校领导可能不懂信息技术，评价的任务只好落在信息技术教师身上。信息技术教师数量又不多，结果成了自我评价，大部分实则成了放任自流。[③] 这一方面表明了一线信息技术教师对现有的沿用其他学科的评价方式的不满，另一方面也道出了对信息技术的新型评价方式的迫切需求。信息技术的形成性评价目前没有能够"与时俱进"，也未能使广大师生得到益处。

或许这一位教师所说还不足以说明问题的严重性，然而，据近期《中国信息报》的调查，尽管我国学校基础设施建设已经进入了高速增长期，但整体的教学效果不明显。这种普遍现象说明整体的教学效果并不由硬件环境决定，不应该忽视软件和潜件的建设。计算机信息技能的形成性评价系统是先进测评工具，是软件，只要能解决实际的测评问题，就应该引进。对此，意识到教学过程中形成性评价重要性的校长往往能发挥最大的作用。遗憾的是，很多领导忽略了形成性评价软件，因为盖楼或买机器是立竿见影的，而软件根本看不见。初期由于不懂信息技术，误认为买来机器就能解决问题。所以，结果是起初造成硬件的闲置、软件资源的缺乏和信息技术人才的浪费，而由于硬件更新快，因此最终导致硬件还没完全用上就被淘汰了，人才因为用不上或滥用而流失，造成了新的更大浪费。只有真正懂信息技术和想利用信息技术提高教育教学水平的领导才会既抓硬件，又抓软件，最终提高教育教学

---

①　信息技术教师生存与发展状况访谈录［J］．中小学信息技术教育，2002（11）：11.

②　钟和军．信息技术教师生存现状透视［J］．中小学信息技术教育，2002（11）：7－9.

③　信息技术教师的内心世界（专题论坛）［J］．中小学信息技术教育，2002（11）：20.

质量，培养高质量人才。

大学信息技能教育的教学评价的有效实施有赖于有效的教育测量工具。然而，信息技术技能的形成性评价因为其技术上的高难度而一直难以实现，直接阻碍着教学评价和学习评价，进而影响着大学信息技能教育的进程和质量。没有评价，就不好认可，信息技术教师在学校中的地位和待遇就很难说，再加上社会上信息技术人员的高薪诱惑，信息技术教师就可能流失。要知道，教育信息化实施最终很多将落实在信息技术教师这些教学一线人员身上，而教育信息化又直接影响着教育现代化。这样一来，信息技术技能的形成性评价工具的研制就成为一个非常重要而迫切的事情。

然而，现今有的测评工具还不能满足信息技能形成性评价的需求，比如，只能测评客观题，或者使用假环境来测评学生，结果只能是误导学生死记硬背，而不是灵活操作。有的考试采取假环境来测评学生，学生如果点错了，则没有任何反应，而在真实的操作中，是有相关反应的，只有学生单击正确，才会出现相应菜单或对话框等。这种测验实际在某种程度上扼杀了学生的自主探索性，鼓励了机械和呆板的操作。本文所指的假环境，与虚拟环境还不一样，虚拟环境尽管环境不是真实的，然而它对人的动作的反应与真实环境是一致的，或有着极大的相似性而不至于误导。

由于信息技术是一门不同于语文、数学等其他学科的特殊学科，对它的评价自然不能等同于其他学科的评价。目前，国内主要存在着以下几种评价：纸笔评价，电子搬家，客观题目计算机评价、操作题人工评价，操作技能评价和作品评价或项目任务评价。这些评价往往以总结性评价为主，不能满足信息技能形成性评价的普遍需求。

（三）国内信息技能形成性评价的研究进展

现有的形成性评价方法多种多样，在具体交互方式上，一般可以分为三类：一类是通过教师和学生的言语交互进行评价沟通，比如课堂提问，教师对学生的回答进行评价并补充。第二类是通过教师和学生的纸笔交互进行评价沟通，比如教师布置作业，学生做作业，教师批改作业。第三类是通过教师和学生的网络交互进行评价沟通。第一类不存在时延性问题，根据教育学规律，反馈越及时越有效，但是无法面对全体同学。第二类不存在片面性问题，根据教育学规律，反馈越全面越有效，但是无法立即反馈。只有第三类，通过网络可以有效解决时延性问题和不能全体反馈问题。但是，第三类却出

现应用层面的新问题，那就是，现有形成性评价方法的应用主要受限于机房。离开了机房的计算机环境，学生在传统教室中使用自己的笔记本电脑或家中的计算机，则无法进行形成性评价。因此，在新科技条件下，如何充分利用学生现有资源条件来解决信息技能形成性评价问题，成为摆在教育工作者面前的一个重要事项。

有学者提出基于校园网进行形成性评价，这就必须使用校园服务器进行形成性评价的制作和发布，前提还需要保证校园网络的可靠性。形成性评价的常态化使用需要教师经常更新服务器内容，然而由于普通教师往往是无法操控校园网服务器的，因此其在校园网服务器上发布的形成性评价的内容和形式都受到限制，并且很多校园网服务器在家中是不可达的，而教师很多时候都需要在家中备课、准备次日课堂形成性评价的内容，这些都对教师实施常态化的形成性评价造成了制约。

邵文奇等学者提出一种基于移动终端的自动评价系统（申请号：CN201410610198.5），它主要是基于短信监听模块利用短信来让终端用户评价的，评价内容往往仅限于短信文本。

孙锡泉等学者提出一种使用移动设备对被评价目标进行评价的系统和方法（申请号：CN201310569939.5），该系统由输入文件、执行程序、输出文件组成，它需要执行程序能从输入文件中读取被评价个体信息，然后由执行程序将评价者填写的对被评价个体的评价输出到输出文件中。该系统是通过文件介质进行信息评价的。

谢栋栋等学者提出一种基于网络技术实现课堂实时评价的系统（申请号：CN201310724122.0），它需要教师手持终端和学生身份卡，由教师使用手持终端以识别学生卡身份并发送奖励等控制指令，所有评价均为教师给出，教师无法同时给所有学生个别化的反馈。

汪顺利等学者提出一种交互式教学系统和方法（申请号：CN201310706098.8），所述系统包括设置交互式教学模块的主机、接收器和多个输入终端，多个输入终端通过接收器与设置交互式教学模块的主机通信连接，其交互式教学模块包括配置模块、试题生成模块、获取模块、统计处理模块。其特征在于：所述输入终端包括一部教师机和多部学生机；所述学生机用于向所述交互式教学模块发送答题信息；所述教师机用于向所述交互式教学模块发送控制指令；所述交互式教学模块通过 Power Point 插件形式实现。该发明的应用范围

有限，仅适用于学校机房，学生在教室中使用自己的笔记本电脑或者在家中则无法使用此评价，且此评价无法专门针对信息技能开展形成性评价，所以信息技能形成性评价无法使用该方法。

一般情况下，教师在没有学生机的传统课堂中的形成性评价方法，主要依靠口头提问、纸笔练习和电子反馈。口头提问的缺陷是只能针对部分学生，无法展现全体学生的个人思考。而纸笔练习尽管面向全体学生，他们都可以展现个人思考，教师却无法当堂对所有参练同学给出个性化的反馈。而电子反馈尽管可以做到学生各人的个性回答和评判的即时性，教师也可以利用电子反馈自动进行相应统计，但是电子反馈需要学生人手一台电子反馈仪（类似于投票器等的手持终端），这增加了评价的成本，而且由于题目相同、展现同步，导致不能实现学生的个性化异步答题，又因为题目及顺序都面向全体同学，答题又仅限于电子按键，因此也不好控制练习作弊。

典型的网络评价系统一般由多台机器组成，其中至少有一台机器称为评价服务器，其余机器称为评价客户端。每个客户端都可以呈现整体评价的部分内容，提供基于使用者条件的特定内容评价服务；评价服务器负责管理所有的评价内容和生成各评价客户端的评价内容，并向用户提供人机接口。

教育领域内的考试和练习现状，已经充分引起了重视，不仅教育专管部门或学校开始了这方面的研究，教育软件企业也纷纷开始瞄准了测评市场。全国出现了很多专门做考试软件的公司，有一些原来没有做考试软件的公司也开始涉足这个测评领域。当前，已经出现了若干的测评系统，对于信息技能相关系统的调研结论如下：

（1）TCL教育互联事业部的解决方案中推出的信息技术课测评系统能解决实际电脑操作题的难以考试和测评的问题：跟踪和记录学生的操作，智能判断学生的操作是否符合任务规定，对学生的操作结果进行点评，并将记录结果传送到服务器上；教师通过查看这些记录，了解学生对计算机操作的掌握情况。

（2）东北师大信息化教育实验校开发了《智能题库》和《网络考试系统》。全国教师教育课程资源专家委员会和全国教师教育信息化专家委员会在京对全国40个单位报送的223件份课程教材资源进行评审，在推荐使用的多媒体课程教材资源目录中就有三个是关于题库或测评的：①《计算机基础》网上练习与考试，工具软件，南京师范大学；②东师理想智能题库，试题库，

东北师范大学；③东师理想网络考试系统，工具软件，东北师范大学①。

（3）中教江城信息技术课网络教学系统：提供了一个供上课用的教学软件平台，教师和学生都要依托这一平台。该教学系统软件包括多媒体课件素材案例库、教学活动设计系统、课堂教学互动系统和计算机操作技能考评系统，实现了计算机自动跟踪操作全过程，并能有效地进行个性化学习评价。教师可以选择系统已有的"活动"进行修改，也可以利用素材、案例等，根据自己的教学实际，有针对性地进行活动设计，完成的活动设计可直接发送到"课堂教学互动系统"中，在课堂教学时便可直接调用；在"课堂教学互动系统"中，教师可根据学生学习进度的快慢、知识和能力水平的高低以及学习兴趣的不同，选择不同的学习内容和任务。此考评系统真实地记录学生的操作过程，并对学生的操作自动进行评价反馈，学生能够通过此教学系统进行学习评价。

（4）无忧软件主要从事计算机测评软件的开发，目前主要系统有：学校信息技术测评系统、练习软件；教师信息技术考核系统；职业学校计算机等级考试考核系统；高校计算机应用基础考核系统；财会电算化考试系统；职工竞赛类、交通法规类、IT技能及其他行业用以考核计算机应用能力的考核系统开发等。②

（5）小学信息技术课程在线测评系统：试题基于单选、多选客观题和操作题组成。可以任意添加维护题库，在线试卷随机出题考核。本版本操作题只有一题，多加无效。客观题提交后立即评分，操作题采取上传的方式，由教师随后评阅定分。运行平台：Windows 2000/Xp/Nt/Win98 + PWS。将系统程序拷入服务器 Web 站点下，添加维护好学生和题库后，学生工作站即可使用进行考试。③

（6）北师大的技能自动测评系统——技能性非客观题计算机自动测评系统：该成果的作用是自动测试学习者的计算机操作能力，而以往的计算机自动阅卷系统主要是针对知识性的客观试题。据了解，该成果涵盖了信息技术

---

① 教育部师范教育司. 关于印发《全国教师教育多媒体课程教材资源评审结果》的通知［OL］. http：//www. 51wf. com/law/1194088. html.

② 无忧信息技术考试网站［OL］. http：//www. wuyou. com. cn.

③ 小学信息技术课程在线测评系统 0.8 – 教育教学 – 考试系统 – 华军软件园［OL］. http：//www. onlinedown. net/soft/27433. htm.

基础教育的主要内容，对 Windows、IE、Office 及网页制作工具等的操作都可以做到自动评价，实现了从考生信息管理、组卷、考试、阅卷、成绩发布到成绩统计分析全过程的自动化处理。

以上各个系统以及许多未在此处调研列出的考试测评软件，在信息技能测评方面都做出了积极有效的贡献，为信息技能人才的培养出了一份自己的力。

同时，上述系统中，有的系统没有充分利用网络，需要教师一台台复制题库，答卷的上报也无法通过系统实现，不支持主观题目，有的尽管可以练习，但是尚不具备形成性评价能力，仅仅呈现结果对错，不能在学生上次答题情况的基础上开展新一轮形成性评价。还有的是模拟考试系统，不能练习，不是真实情境。

综合上面评述，我国大学信息技能形成性评价系统很重要，需求迫切，市场潜力大，而现有的测评系统尚无法完全满足这个需求。信息技术教师需要信息技能形成性评价系统来辅助教学过程，切实提高信息技术教学质量，有效统计查知信息技能平时成绩；信息技术学生需要信息技能形成性评价系统来辅助进行自身不断查漏补缺，真正掌握各项信息技能；除了信息技术学科以外的其他所有科目老师，也迫切希望能够像信息技术那样进行形成性评价来辅助教学过程，至少要帮助解决客观题目的形成性评价；一些英语考试、职称考试、培训考试的考生也希望自己能够使用形成性评价系统来巩固提高和掌握相关方面的知识。当然最最重要的一个前提是，希望能够容易获得这款形成性评价系统。这成为作者构思并开发信息技能形成性评价系统且将其置于光盘中的主要原因，希望所有相关人员都能够便捷获得此低价优质的形成性评价系统，以用于有效提高自己的相关专业水平。

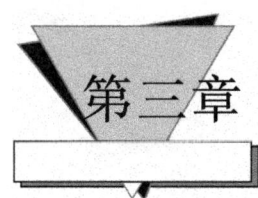

第三章

信息技能形成性评价系统总体设计

第一节 信息技能形成性评价系统设计原则

一、信息技能形成性评价系统构建原则

（一）教学理论支持、正确导向原则

如今，科技的发展，尤其是计算机、网络技术的发展使得新型的评价工具的出现成为现实。综合考察社会上出现的一些测评工具，笔者认为，评价测量工具的创新应该满足两个基本条件。第一，要能够体现出教、学理论的支持。第二，要真正能够解决一线教育教学的实际情况，最大限度地给教育教学和管理提供方便，要能够支持形成性评价，而不仅仅是总结性评价。

关于学习过程与学习资源的评价，既要注重对教育、教学系统的总结性评价，更要注重形成性评价并以此作为质量监控的主要措施。为此应及时对教育、教学过程中存在的问题进行分析，并参照规范要求（标准）进行定量的测量与比较。①

另外，评价工具要有正确导向性：任何一种评价工具的背后，或显性或隐性都体现着某种思想，只不过有正确的思想还有错误的思想。只测计算机客观题的测验工具的导向性为强调知识层面的掌握，引导学生注重对操作知识描述的死记硬背，忽略了操作技能的把握。而社会上已有的测评系统有很多是使用计算机假环境，这种测验工具的导向性为强调对操作的呆板记忆，打击了学生探索的积极性，往往不支持同一结果的不同操作，在一定程度上否定了操作的多样性和灵活性。只有能够比较全面地测验信息技术内容的真实环境或者相当真实的虚拟环境，既能够评测客观题，又能够评测操作题的测验工具才具有正确的导向性，使得信息技术的教和学不致偏颇。

能够正确引导提高大学信息技能教育质量，而不是误导信息技术学习者和教学者。

如果只能测评客观题，或者使用假环境来测评学生，则结果只能是误导学生进行死记硬背，而不是灵活操作。有的考试采取假环境来测评学生，学

① 何克抗. 当代教育技术及其发展趋势 ［OL］. http：//www. 360doc. com/content/10/1016/16/3367442_ 61505405. shtml.

生如果点错了，则没有任何反应（而在真实的操作中，是有相关反应的）；只有学生单击正确，才会出现相应菜单或对话框等。本文认为，这种测验实际上在扼杀学生的自主探索性，鼓励了机械和呆板的操作。

随着现代科技的发展，信息技术学科内容的变化也几乎是所有学科中最快的，因此，信息技术的教师不应该、也不可能只教给学生死板的操作。学生利用计算机的探索学习能力和创新能力对学生而言是更加重要的，也应该是信息技术学科更加强调的。对这种遏制学生探索能力的评价笔者持反对意见，因为它的出现和应用势必带来对学生的信息技术学习和信息技术教师的教学的错误性导向。这种测验尽管有的声称能够测评操作题，但笔者认为，它仍然不能算在高级智能测评阶段，它应该是介于客观题测验工具和高级智能测验工具之间的阶段。

（二）结合信息技术学科操作特点原则

信息技术这门学科重操作，重实践，培养学生的信息技术素养，因此，信息技能形成性评价系统的研制，不但要能测客观题，也要能测打字题和操作题。考虑到有的作品题是操作题，需要教师人工批阅，因此，最好能够支持主观题。为了避免学生对操作知识的死记硬背，而忽略了真正的实际操作，信息技能形成性评价环境应该尽可能使用真实情境测评。

（三）注重情感、人文性，避免生硬原则

信息技能形成性评价工具可以作为自我评测和学习反馈工具，在测评结束后，除了给学生分数外，还应该能够进行纵向分析，最好给出一些鼓励型的话语或界面，以激励学生。如果是界面，还要注意不能太花哨，以免学生分心。对于数字化学习资源提供各种类型的试题库，学习者可以通过使用一些随机出现的、不同等级的测试题目，甚至可以利用 SPSS 统计分析软件和学习反应信息分析系统，借助统计图表或 S－P 表进行学习水平的自我评价。[①]

（四）连通性原则

信息技能形成性评价系统的连通性原则体现在网络、分级、要素、题库以及平台等多个方面。网络连通性是指，网络起到快速分散、快速集中的作用，是教学全面化、学习个别化、反馈及时化的物质基础。网络中的计算机

---

① 李京东．数字化学习（下）——信息技术与课程整合的核心［J］．电化教育研究，2001（9）：18－22.

则保证了形成性评价实施中的随机性、快速性和准确性。

分级连通性原则主要体现分级性，是指在各级之间的连通性。比如各机房和校服务器之间，校服务器和区教委服务器之间，区服务器和市教委服务器之间，都应该畅通。答卷等的上报、素材和试题库等的下发等都要做到连通。

要素连通性原则是指系统内不同要素间的连通，如测试与管理和命题之间也尽量做到无缝连接，命题出完题、组完卷后，管理端应该能够调用试卷做出系统设置，测验端应该能够根据管理的设置呈现相应的试卷题目。

题库之间的连通性是指，比如试题库和成绩库之间，成绩库和答卷库之间，答卷库和试题库之间都要有连通。根据学生的答卷，可以得出成绩，根据学生的成绩可以重现她的答卷。

平台连通性是指与其他平台的连通，比如统一平台，比如跟教务管理系统、学籍档案管理系统等相通，如果不能相通，至少应该做到可以导入导出，为连通提供中转。

（五）开放性原则

信息技能形成性评价系统的开放性，主要体现在适用性、知识点可扩展性、题库开放性、成绩呈现开放性等方面。下面具体阐述。

适用性是指，信息技能形成性评价系统允许本地区特点，可以修改题目的难度系数，可以组建本地区的准考证号规则，可以方便地为本地区定制测评系统界面。同时在操作系统上，要兼容多个版本，如兼容 Windows 2000、Windows XP、Windows 2003、Windows 2008、Windows7、Windows8 等。在办公软件环境上，要尽可能兼容 Office 97、Office 2000、Office 2003、Office 2007、Office 2010、Office 2012、Office 2015、WPS 2012 等，在浏览器方面，尽量兼容 IE 6.0 及以上版本，同时兼容网页制作工具。

知识点可扩展性是指，信息技能形成性评价的知识点可以增加、删除和修改，并可以方便地为客观题按权重抽题所使用。不但知识点可以增删改查，知识点之间的相互关系也可以进行增删改查，确保开放包容。

题库开放性是指，信息技能形成性评价系统题库中的题目可以修改、题库方便合并、允许批量导入、生成传统试卷、组卷策略易于更改、数据结构易于扩展，容易增加新的内容模块。

成绩呈现开放性是指，成绩呈现时以窗口文本形式呈现，可以复制、粘

贴、打印出来。可为平常练习查漏补缺所用，也可为考试查成绩所用。文本形式占用磁盘空间较小，易于携带和编辑。

（六）科学性原则

信息技能形成性评价系统的科学性，主要体现在恰当的量度指标和控制参数、体现公平性以及两种组卷策略，最大限度地满足使用者的需要。

恰当的量度指标和控制参数、体现公平性是指，以考点作为信息技能评价内容的基本单位，而在教学设计时则通常以知识点为基本单位，对于操作技能的形成性评价则以操作的步骤或参数为基本单位，这样不同的量度单位，方便了用户，体现了公平性，并能够更准确地考查学生的实际掌握水平。如测评结果以 0.5 分作为计分单位即可满足实际需要，形成性评价过程的时间控制以秒为单位即可；还有，比如试卷满分值的设置，应使得不同满分值的分数具有可比性；再比如客观题的各类知识点的权重设置、题量、题数设置、测验时间长度设置、打字时间长度控制，一旦设置则准确执行，从而体现公平性。

体现科学性的另外一个方面就是信息技能形成性评价系统提供了两种组卷策略，分别为随机策略和固定策略，其中固定策略又包括全固定策略和半固定策略。其中，半固定策略包括两类：一类是客观题随机，操作题固定策略；另一类是客观题固定，操作题随机策略。全固定策略是指无论客观题还是操作题，都是固定策略，全随机策略是指客观题和操作题两个都是随机从题库中抽取并呈现的。随机策略和固定策略使得用户既可以实现根据策略设置随机抽取题目，也可以自己指定题目，体现了信息技能形成性评价系统的科学性。

（七）实用性原则

信息技能形成性评价测验工具应有强大的实用性和方便性：测验工具也要"从群众中来，到群众中去"，意思是指，形成性评价工具的研发应该来自信息技术一线教师的实际需求，最后研发好形成性评价工具后要回到信息技术一线教师中，听取一线信息技术的教师改进建议。只有这样，才能受到信息技术教学一线教师的欢迎，才能真正服务于教育教学。研究发现，有很多学校，买了考试或测验软件，而最终束之以高阁，固然有校方盲目引进的原因，然而软件不好用，不能给信息技术的一线教师提供方便，而是更加麻烦，恐怕也是个很重要的原因。

　　优秀的评价工具应该能够面向教育教学中最为关键的三个对象——教师、学生和管理者，推出相应的命题系统、测试系统和测评管理系统，并将三者在网络的条件下集为一个有机的整体，不仅能够进行知识维度和技能维度的测量，而且能够进行自动试题更新和试卷上交。最为关键的是，它应该能够真正给一线的教育教学带来方便，尽量减少给一线教师带来更多的麻烦，能够正确引导提高大学信息技能教育质量，避免误导信息技术学习者和教学者。

　　实用性的第二个方面是易用性，由于不同地区的发展不平衡，各地的计算机应用水平有很大差别，考虑到测评系统使用的广泛性、实用性，必须兼顾各种应用水平。因此，测评系统应当能够在低配置计算机、低版本操作系统上运行，兼容 Office 97 和 Office 2000 两种 Office 版本，以及无须连接 Internet 仍然能够评测浏览器操作。

　　安装简单，无须额外的环境支持。无论安装还是具体使用，都有友好提示。在安装后，对于用户的相关信息有简单的记忆功能，有简单的智能性，安装后自带题库，无须用户过多操作即可实现简单的考试或练习等。无论出题、测验，还是管理，在没有特别要求时，都应该容易使用。

　　实用性的第三个方面是傻瓜化，意思是指，能够支持默认参数的使用，一旦需要，可以为用户提供更具体的参数调节功能。技术是人创造的，是为人的生活服务，可以使用技术改善人们的生活，却不能让技术"玩了"人类。简化技术、简单制作没错，但这些是对用户（或薄弱学校）而言，用户操作越简单越好，越方便越好，但对于专业教师或网络员来说，其对技术的考察、后台的管理及应用中产生的问题就不能越简单越好了，他们期待更多更灵活的功能，这必然会增加软件的复杂性。

　　如何解决这一矛盾呢？可以采取通用软件如 Microsoft Office 的做法，安装后即可直接使用，即默认值使用。一旦用户有更深层次的操作需求，便可以让用户调整默认值，以达到其特殊要求，即功能还是应该完善一些，但是也应满足初次使用者安装后即可使用的要求。

（八）真实情境原则

　　任何一种测验工具的背后，都显性或隐性地体现着某种思想，只不过有正确的思想也有错误的思想。只测客观题的测验工具的导向性为强调知识层面的掌握，引导学生注重对操作描述的死记硬背，忽略了操作技能的把握。而社会上已有的测评系统有很多是使用计算机假环境的，这种测验工具的导

向性为强调对操作的呆板记忆，打击了学生探索的积极性，往往不支持同一结果的不同操作，一定程度上否定了操作的多样性和灵活性。只有能够比较全面的测验信息技术内容的真实环境或者相当真实的虚拟环境，既能够评测客观题，又能够评测操作题的测验工具，才具有正确的导向性，使得信息技术的教和学不致偏颇。这也是新课标倡导情境测验的一个原因。

（九）模拟仿真情境原则

操作模拟：这是在操作训练的教学活动中模拟操作，使其熟练掌握某些操作技能技巧。这种类型的课件往往用于培训工作人员的实际操作能力，使他们在进行一些可能有危险的实际操作之前先受到一定程度的训练，以避免和减少不必要的伤害和损失。例如，课件《化学实验室》向学生提供了各种模拟的实验器具和材料，包括烧杯、干燥器、气体收集器、酒精灯等和各类化学试剂。学生用键盘操纵实验，如挑选化学试剂，使用各种器具，进行混合、搅拌、过滤、加热，若操作不当，如把水倒入浓硫酸中，计算机就会显示出相应的后果，并告诉学生不能这样操作，使学生记住操作规范。

模拟情境往往不会完全等同于真实情景，因此存在认知偏差。认知偏差最好在真实情景下有目的地进行纠正。

（十）即时性原则

即时性原则主要体现在快速性、即时出题、即时传递、即时测验、即时评价和反馈这几个方面。

快速性用来克服人工批改试卷的效率过低的缺陷，可以最多次地用于平时练习。缺乏合适测验工具，在很多情况下，对于信息技术教师想当堂出题、当堂改出所有同学的操作情况、当堂分析教学效果、当堂进行教学策略的调整几乎是完全不可能实现的。因此，一个好的测验工具或考试平台的出现就显得日益的迫切和需要。从另一个角度讲，合适的测验工具要能够体现出计算机新教材中的教学思想，它的广泛使用，势必大大减少信息技术一线教师单调劳动的工作量。而对测量效果的及时反馈分析，将使得教师能更加快捷、准确地调整教学策略，提高教学质量和效率。因此，教学测验工具的改进，实际上将教师从单调劳动的束缚中解放出来，从而在一定程度上解放了教育生产力。

即时出题是指出题的快速性。大学信息技能教育的重点在于操作性技能的掌握，因此能否实现操作性题目快速出题成为即时出题的关键。对于 Word

类操作题目的出题，教师只需有一个初始文档和题目要求即可，教师按照题目要求进行操作后，剩下的事情则由系统来做，从而实现快速出题。对于 IE 类操作题目，教师只需选择好知识点，则题目要求都可以由系统智能生成。这两方面一起保证了课堂上即时出题的需要。

即时传递是指当教师很快出好试题、试卷后，这些新题和新的试卷要马上能够传递到学生端，当学生启动考试或练习的时候，能够立即得到最新的试题和试卷。即时传递是即时出题和即时测验的中间环节。

即时测验用来实现教学信息的迅速反馈。教学是学生从不知到知，从知之较少到知之较多，从能力较低到较高的认识过程。例如，语文教学的核心任务是，教学生学会正确运用祖国的语言文字，而要实现这一核心任务，必须有一系列的制度做保证，因此考试反馈也就成了中学语文教学过程中最重要的一个环节，测试学生对本阶段、本学期、本学年教学内容掌握得如何，达到何种水平，用以指导教师的教学，以避免教学中出现偏差。[1]

学生在考试中可以发挥自己的主观能动性，充分运用自己的知识、特长，改变纸笔考试中学生只能被动地跟着试题走的局面。比如在寻找解决问题的途径时，有人是根据知识的必然联系，通过逻辑推理找到的，有人是通过查阅资料，凭着经验推测、简单地尝试了几种方法后确定下来的；有人是在"此路不通"的情况下，迂回找到的。所有这些行为都将作为考试结果记录在计算机里，结合认识心理学与行为分析科学，为分析学生的思路、推断学生的知识和能力水平提供了有力工具。

对于即时反馈和评价，测验不等于评价，测验只是对学生掌握知识的一个测量工具，通过这个测量工具，判定学生的水平、优势和不足之处，同时也可以利用测验对具体的学生做出有效的反馈和恰当的评价。对于不同满分值的情况，就可以同时呈现原分值和转换值。利用转换值可以实现有效的比较。还可以考虑建立评价库，根据考生的测验结果、认知特点、心理特点给予相应的评价，促其上进，也可与来自其他方面的反馈评价融合，将综合评价呈现给考生，并记录入库。

作为反馈手段的考试应及时迅速，才能对教师的下一步教学起到积极的

① 江锡晨，焦立新，张换，武利珍. 信息技术与语文学科教学的整合现状与分析［J］. 中国教育信息化，2014（8）：27－31.

促进作用。教师制作一份试卷进行测试，却因阅卷等一系列的过程历时长、统计难度大而在一定程度上造成了反馈上的不及时，进而影响教师的教学。因此，在考试中如果能借助计算机网络，在网络环境下运用教学测评系统组题、评测，由于这一过程是智能测评，待学生做完试题后，教师就可以调出试题的答案，让计算机评判结果，学生利用网络进行试题正误的初步估算并找出原因。这样一来，使学生的学习成果、教师的教学效果在最短的时间内通过分析就能得出正确的结论，再用来指导教师的教学，效果将十分明显。同时，也可以让学生借助于计算机网络查询任何资料和有关数据，学生也可以提出咨询和要求帮助，这就有效地解决了考试与教学、教师与学生之间的矛盾。

比如，北京汇文中学推出"虚拟教室"就是一个利用有效即时反馈的例子。在其他学校，学生和老师主要通过 E-mail 形式进行交流，教师回答问题往往需要几天甚至一周以上。汇文中学却首先实现了即时性在线答疑教室功能，加强了师生交流。这种方式有别于聊天室和 BBS 技术，可以针对学生的问题，进行文字、公式、图形、动画、声音等形式的深层次交流，取得了较好的效果。

（十一）标准性原则

标准性原则主要体现在对资源标准和课程标准的遵循上。比如，题库制定要有一定的标准，可参考 2000 年 5 月教育部现代远程教育资源建设委员会制定的《现代远程教育资源建设技术规范》。而接口的标准可从三方面考虑：系统内部要素之间的交互标准，系统层次之间的互通标准，系统向外界提供的标准。其中，系统向外界提供的标准应该是外界通用的标准格式文件。此外，还有功能标准，它应该具备考试和练习实际中必要的功能，在此基础上再加入技能形成性评价系统的特色功能。同时，要按新课程标准出题，题库中知识点应该与信息技术新课标保持一致，可以的话，尽可能预留出一些空白知识点以备后用。

（十二）稳固性原则

稳固性主要表现在两个方面，兼容性和易安装性。其中兼容性是指，机房环境千差万别，信息技能形成性评价系统要有一定的兼容性，以用来保证容易安装和稳定使用。要在 Windows 2000、Windows XP、Windows 2003、Windows 2008、Windows 7 等系统中都能很好地安装和正确地运行。另外，如

果安装学生机，往往学生机都是克隆的，所以还要保证在克隆的机器上也不容易出错。还要考虑到无盘网络，无盘网络一般有四种类型，要考虑它们的特殊性，确保可以安装并正确发挥形成性评价系统的作用。易于安装性是指对外界环境依赖性少。有的测评系统安装要带动一系列的安装，加密狗的安装，SQL Sever 的安装，FTP 服务器的安装，ODBC 的安装，IIS 的安装，等等。测评系统的易安装性最好是测评系统安装后就可以使用，无须其他。

（十三）个别性原则

个别性原则主要包括题目个别性和评价反馈的个别性。

题目可以因人而异，可以使用随机策略，从试题库中随机抽取题目，使得学生的试卷互不相同，当然要保证难度和知识点的一致性。即使因为统考，为保证试题对于每人的公平性而所有人的试题都一样的情况下，固定策略也要在题目呈现顺序和选项上随机化，以保证题目因人而异。题目因人而异，一方面可以在很大程度上防止作弊，另一方面还可以根据个人的答题情况做出推理，决定下一道题目的难度，从而增加对考生水平判断的准确度并且可以有效缩短测验时间。另外，评价反馈要因人而异，由于题目因人而异，反馈相应地也因人而异，并且最好是每次评价都不一样或稍有差别。因为反馈是对具体题目的反馈。另外，评价根据考生的心理特点、认知特点、现有知识掌握水平、原有知识测验情况和情感特征给出，以求最大限度地激励考生，不断进步。如果给所有学生的评价反馈大都相同，则很容易让他们感到乏味。

（十四）准确性原则

准确性原则主要是知识点的准确抽取和准确评判。

准确抽取知识点分为客观题和操作题两种情况。对于客观题，不涉及知识点的抽取问题，只涉及知识点所占权重问题，即如何把用户指定的权重转化为具体的相关类型的题数（这个问题在后面还会讲到）。对于操作题的知识点抽取，关键是找到某个知识点的关键值，在关于 Office 的 VBA 编程中，关于某个对象往往有不止一个属性，其中的关键属性的抽取才是知识点的准确抽取。

知识点的准确评判原则是指，准确评判的实现并不仅仅是知识点的准确抽取问题，还要考虑到机器环境的差别，比如中文 Office 和英文 Office 在某些知识点上的差异，中文操作系统和英文操作系统在某些知识点上的差异，Windows 32 位操作系统和 Windows 64 位系统在获取系统知识点时的差异。还

有，即使是相同的软件配置，奔腾芯片和 AMD 芯片等硬件不同，就可能会导致同一个图片像素的取值发生细微的差异。所以真正的准确评判是考虑到各种错综复杂的环境之后进行的，要根据具体的知识点考虑一定的误差范围。

（十五）安全性原则

安全性原则主要包括必要性、安全实施以及故障救援安全机制三个方面。

1. 安全性原则的必要性

安全性原则的必要性在于，由于测试系统要对学生的学习效果进行测试，教师往往要据此结果对学生进行下一步的教学辅导，但有些学生不能正确认识教学测试的作用，而片面追求好的测试成绩，也有些学生出于好奇而对测试系统进行远程破解，或直接修改测试结果，或攻击测试系统使之不能正常工作等，所以测试系统必须要有一定的安全性设计。[①]

2. 安全性原则的安全实施

安全实施是指，评价系统可以规范用户对系统的使用，可以考虑设置密码，一旦用户涉及关键操作，系统应提示输入密码来确保用户执行关键操作的权限。当用户输入了非法的数据时能够给出相应提示，并且允许用户重新设置；当用户输入一系列相关数据时能够进行相关性核查或者测试以确保学生测试端的安全实施。

安全实施还包括评价系统的相关加密措施。给题库格式加密、相关关键字段内容加密、网络传送数据加密，还可以给用户赋予密封和启封题库的权限、更改接收答卷地址和端口的权限等，用以防范端口被攻击。同时，这些关键地方的更改应该加以限制，普通人员不能更改。

此外，安全实施还要针对防止学生考试作弊。学生题目和选项的随机化可以降低作弊可能，但是网上邻居是较常用的，所以可以把网上邻居加以屏蔽。另外，机器之间的通信应只允许师生间的互通，生生间不能互通。还有，在学生登录到教师机时，他们对于公用目录和素材应该不能进行任何改动和上传；而对于自己的远程答题存放目录，则可以上传，并且不能看到别的同学的远程答题存放目录。

安全实施也包括防盗版安全防范，使用加密狗硬加密或软加密。这样就涉及加密狗驱动的问题，所以在制作安装包时要把相关驱动也打进来以减少

---

① 齐玉斌，李国防，张海涛. 基于广域网络的教学测试设计［J］. 中国教育信息化，2002（5）.

用户的安装复杂性。

  3. 安全性原则的故障救援安全机制

  即使是微软的系统也不可避免地会出现某些意外，测评系统也不例外，关键是测评系统要有相关的故障救援机制，以确保考试或练习的继续，这就需要故障救援安全机制。比如，死机重启可以续考、重考，在成绩交不上去时可以重发、成绩回收，在服务器重启期间，学生机仍可以继续做题，不受影响，题库更新不成功时可以使用本机题库，等等。

  （十六）作品可展示性原则

  作品评价或者项目任务评价的课堂展示性：单靠技能测评还是不够的，还必须考虑到学生对各项操作技能的综合运用、创新运用，不要求整齐划一，而要求各具特色。这就要用到作品评价。所以作品评价作为课堂测评的一个必要补充，可以在课上布置任务、课上或课下制作、课下评价，每隔一定时期将评出的学生优秀作品在课堂上加以展示，从而极大地激励学生。

二、信息技能形成性评价系统的构建内容

  （一）信息技能形成性评价系统的知识内涵

  从目的上讲，评价包括总结性评价和形成性评价，形成性评价更重要一些。因此从评价测验目的上讲，包括总结性考试和形成性练习两部分。区别在于，练习可以马上将评判结果呈现给学生，并有具体的知识点分析信息，但不涉及答卷的上报，形成性评价练习可以允许学生在上次答卷评价的基础上，再次进行针对性练习。而考试时学生成绩不立即显示，将学生答卷信息统一交至服务器，再由服务器统一评判。另外，考试时，往往还会涉及答卷的上报。

  按照评价内容来讲，大学信息技能教育测评主要涉及基础知识、打字、操作题、主观题几部分。对基础知识的考核主要用客观题就可以了，打字题需要专门的测评模块，操作题主要是 Word、Excel、FrontPage、PowerPoint、WPS、IE、Outlook Express、Windows 操作这几部分。这几部分又可以根据它们的内在特征分为三类，即 Word 类、IE 类和 Windows 类，可以分别做出三个类的模块。客观题与操作题和主观题的关系是，它们都有具体的知识点。这里的操作题主要指的是可实现自动测评的操作题；主观题则是指由教师批阅的题目，比如作品题、简答题等；客观题目各类型的抽取与用户指定的操作题类型相关。

  （二）信息技能形成性评价系统的构建内容

  信息技能形成性评价系统主要构建的内容包括业务数据库、形成性评价

关键核心技术和形成性评价关键功能的构建。

具体来说，业务数据库包括题库、策略库、评价信息库、学生库、知识点库等方面。其中，题库包括单选题题库、多选题题库、判断题题库、主观题题库、Windows 题库、IE 题库、Outlook Express 题库、Word 题库、Excel 题库、PowerPoint 题库、WPS 题库、Access 题库、文字录入题库等；策略库则包括随机策略库和固定策略库，固定策略中要有相关的指定题目题号信息；评价信息库用来存储每个使用者的形成性评价测试信息，以备后查；学生库用来保存学生相关信息；知识点库用来存储知识点及其关系信息。

信息技能形成性评价系统的关键技术主要包括形成性评价的操作技能评价、客观题评价以及形成性评价本身三个方面。其中，操作技能评价要逐个针对具体操作软件开发出相应的评价技术，如 Windows 评价、IE 评价、Outlook Express 评价、Word 评价、Excel 评价、PowerPoint 评价、WPS 评价、Access 评价、文字录入评价等技术；客观题评价主要包括单选题评价、多选题评价以及判断题评价等；形成性评价技术主要是收集上次使用者的评价信息，将做错的题目再次重现的技术，分别针对 Windows、IE、Outlook Express、Word、Excel、PowerPoint、WPS、Access、文字录入、单选题、多选题以及判断题进行错题重现的技术。对于客观题，在再次重现时应打乱题目顺序和选项顺序，以便学习者最大限度地得到巩固性认知；对于操作题，只有全部做对才不再出现，否则会整题重现。

信息技能形成性评价系统的关键功能主要包括信息技能形成性评价测试功能、教师命题制作练习卷导入功能以及练习卷的备份恢复功能。信息技能形成性评价测试功能是指学习者使用本系统呈现练习卷并可以答卷，答卷后可以在上次形成性评价结果信息基础上，持续进行形成性评价，直到完全掌握此部分知识并开始新一轮形成性评价的功能。教师命题制作练习卷导入功能是指，教师可以使用 EXCEL 软件进行单选题、多选题以及判断题的出题工作，出题后使用系统提供的检查制作练习卷功能来检查所出练习卷的问题，通过检查后，即可制作出练习卷。然后学生使用导入练习卷功能将教师所出题目导入系统中，即可开始教师指定题目的形成性评价。练习卷的备份恢复功能是指，学生在家或使用自己笔记本在宿舍或使用学校电脑在机房做完形成性评价练习卷后，如果确实完全掌握此部分知识点，那么可以使用备份功能，将形成性评价信息备份出来。这样，学生可以通过邮件或拷贝，或通过"QQ"等

方式将答卷评价信息传给教师，教师使用恢复功能，将学生答卷评价信息恢复到系统中，这样教师就可以看到学生的各次形成性评价成绩信息了，教师可以统计所有学生的平时作业成绩，并且可以输出文件再进行编辑打印。

三、信息技能形成性评价系统的研究意义

（一）在大学信息技能教育课堂测评方面的意义

信息技能形成性评价系统针对当前信息技能测评手段落后提供了解决方案。集 IT 命题、自动测试和自动测评管理于一体，可实现即时出题、即时评判和即时统计，并可完整地反馈操作题和客观题的真实答题情况，使得 IT 技能测评不但为省市级大规模测评提供科学工具，而且可以用于课堂即时测试，从而有效促进信息技术教学质量的提高，有效减轻评判工作量，最大限度地提高考试效率。①

（二）在信息技术水平测试或统考方面的意义

随着学校信息技术课程的开设，人们迫切需要找到一种办法来对学生的信息技术技能进行测试。由于信息技术是一门操作性很强的课程，书面考试不足以测试学生的实际水平，学生的知识还应该包含计算机操作方面的知识，但考查学生的操作却是一个难题。因为，如果要考查学生的操作，那么必须在学生的操作过程中，始终要有人在旁边进行评判，这需要大量的人力，而且不能做到完全客观评定。信息技术课程智能测评系统可以有效地解决这些问题。信息技术课程技能测评系统可以减轻考试部署的时间和管理与阅卷的工作量，提高阅卷的准确性和科学性，满足学校和各级信息技术技能评测机构的需要。

基于计算机网络的信息技术自动测评系统可让学生在联网的计算机上答题，包括客观题和操作题，学生试卷可以相同，也可以分 A、B 卷，甚至可以是各不相同的（这由教师指定），答完试卷后，系统通过网络自动提交答卷，再通过网络服务器统一判卷。对于操作题判卷，可以跟踪到每一个考点，并将学生的答题结果和标准答案全部打印，便于学生复查自己的成绩。命题系统与测试系统、成绩分析系统的有机结合，大大方便了教师出题、考试和成

---

①　以专业化服务实现跨越式发展——简介校际通系列解决方案［J］．中国信息技术教育，2003（4）．

绩分析。为了保证考试安全，系统还应具有断电恢复和容错功能，考试信息不会意外丢失，考试管理系统则能实现如考生报名、发卷、收卷、判卷、考生管理、考生成绩公布与打印等功能。①

（三）在其他学科知识维度测评和主观测评方面的意义

由于测评系统的知识点可以增加、删改，所以其他学科也可以运用该测评系统进行知识维度的测评。另外，只要学生的答题结果可以以数字文件的形式呈现，就可以用作测评系统的主观题目，这样就可以自动分发试卷和收集答卷了。教师还可以分布式地对测评系统收集到的答卷进行主观批阅，从而使得该测评系统在其他学科也可以部分得到很好的应用。如果考核仅用到知识维度测评和主观测评的话，那么使用该测评系统就可以分级式地进行考核。再加上该测评系统在知识测评方面允许图形、图像、声音等图书格式的内容，像化学符号、数学公式等都可以用，这必然扩大它的应用。

（四）在远程教育工程学习过程检测方面的意义

何克抗教授认为，技能测评可在远程教育工程方面大显身手。传统的远程教育，对学生的评价是一件较难的事情。通过网络题库和远程自动评测系统，学生就可以及时得到评价，获得有针对性的反馈信息，从而调整自己的学习计划，真正做到自主学习。

（五）在学生信息素养培养方面的意义

信息技术考试应该是一种学习性的考试，而不是一种检测性考试。考试的目的，重点不在于考查学生过去记住了多少知识，掌握了多少操作技能，而在于在考试的过程中，学生是否学到了新的学习方法，对今后的学习和发展有没有益处，学生的信息素养有没有新的提高，等等。考试的过程，实质上就是学习的过程，是改变学习态度、学习情感、学习方法和学习途径的过程，也是提高信息素养的过程。因而，考试只是学习的一种形式。②不论是基础题部分的考试，还是作品创作题部分的考试，都采取开卷考试。学生可以在考试时一边查阅书本资料，一边上网搜索资料。像这样的考试，学生乐于接受，能主动参与，几乎没有什么压力。它重视在考试中学习，关注考试的过程，注重学生的发展性目标，鼓励学生大胆创新，努力营造轻松的考试环

---

① 余胜泉，林君芬．2002 年教育信息化应用回顾与展望［J］．中国电化教育，2003（2）．

② 郭存友．在考试中学习 在学习中考试［J］．中国信息技术教育，2003（11）．

境，因而受到学生的欢迎。只有真正做到以学生为本，把学生的发展视为重中之重，才能培养出具有良好信息素养的人才。[①]

（六）在心理测验调查、选项迷惑度分析等方面的意义

一般测评系统对于固定策略还可以进行试题选项迷惑度的分析。举例来说，某道单选题目，四个选项中，全班学生选中 A 的同学的比例为22%，而正确答案 C 的选中率为24%，则称该道题目的选项 A 的迷惑度为22%。由此可见，如果把试题都换成调查题目，通过调查后的分析，一样可以得到每道调查题目各个选项的选中率，从而实现在调查方面的应用。

第二节　信息技能形成性评价系统总体设计

一、信息技能形成性评价系统总体设计思路

信息技能形成性评价系统，属于教育评价自动化技术领域。该形成性评价方法包括教师服务端和学生客户端两方面的交互，同一个信息技能形成性评价系统既可以是教师服务端，也可以是学生客户端，两者功能都在系统中。教师服务端与学生客户端的区分仅仅在于使用者，教师和学生都使用自己计算机上安装的信息技能形成性评价系统；教师设置形成性评价，生成并发布相应的评价内容；学生将发布评价内容导入，然后登录，浏览形成性评价窗口，进行形成性评价练习；并将答卷呈现，供学习者参考，学习者可以在上一次形成性评价的基础上持续进行形成性评价，直到完全掌握知识点。如果使用者使用系统内的练习卷，则无须上述操作，直接提交姓名，选择评价内容，开始形成性评价即可。每轮形成性评价的结束以完全掌握此部分知识技能为止。当然，如果学习者中途想更换练习卷进行其他内容的形成性评价，以后再回到原来的练习卷继续进行形成性评价，也是可以的。

如果是教师布置作业，完成后，需要提交形成性评价信息给教师，则学生可以将自己的形成性评价信息备份出来，通过网络或拷贝等方式传给教师后，教师恢复学生的形成性评价信息到系统中，这样就可以看到学生所提交的答卷、评判分数及相应的知识点对错信息。如此反复进行，学期末可自动

---

① 郭存友．当信息技术遭遇期中考试［J］．中国信息技术教育，2003（11）．

生成平时成绩。本方法降低了形成性评价作业对信息技术教师的大量批改需求，提高了师生教和学的针对性。

二、信息技能形成性评价设计内容及其特征优势

信息技能形成性评价设计内容主要是指，信息技能形成性评价系统能够进行评价的知识点设计内容。

（一）信息技能形成性评价系统的知识点设计

信息技能形成性评价系统的知识点设计，分为九大类，即基础知识、Word 类、Excel 类、PowerPoint 类、Windows 类、IE 类、FrontPage 类、Outlook Express 类、WPS 类、Access 类等。下面分别对每类知识点进行设计。

1. 基础知识部分知识点设计

信息技能形成性评价系统的基础知识部分知识点，不但包括信息技术的进制转换、组成原理、编码等基础知识，还包括 Word 类、Excel 类、PowerPoint 类、Windows 类、IE 类、Outlook Express 类、WPS 类、Access 类的特定软件基础知识。主要是指这些相关知识的客观题，包括单选题、多选题和判断题。这仅仅是大类知识点，还可以详细划分二级知识点。例如，对于信息技术基础知识，又可以细分出多个知识点，如信息与数字化（信息、信息与数据、数字、二进制数）、信息技术的发展历程、社会信息化与信息人才、计算机的发展概况、计算机基本结构、计算机的特点、CPU、存储器与存储器插槽、高速缓冲存储器、输入和输出设备、总线与总线扩展插槽、软盘及软盘驱动器、硬盘、磁盘结构与磁盘格式化、光盘与光盘驱动器、闪盘、磁盘阵列、键盘、鼠标、扫描仪、触摸屏、手写输入技术和语音输入技术、摄像机、显示器等。而 Word 部分的二级知识点又可以划分为字符格式化、段落格式化、文档的分页、节与编排节、设置分栏、页面设置、页眉与页脚、页码、边框和底纹等。本部分设计主要包括所有这些二级知识点以及与大类知识点之间的包含与被包含关系等，这些均可以由组卷策略指定相应权重，随机出题时根据相关知识点编号和权重，即可确定各类知识点具体题量，进而进行抽题。

2. Word 部分知识点设计

对于 Word 部分操作技能形成性评价的知识点设计，不能仅仅查看 Word 软件中现有的功能，还要重点根据该知识点的测评性来确定是否将其纳入知

识点。某操作知识点的测评性是指，该知识点可以通过开发的方式进行是否做对的具体评判。经逐个检测，确定以下可以作为 Word 部分的操作技能知识点，可显示，可操作，可评测。本部分大类知识点为 Word 知识点，黑体部分为二级知识点，再往下为三级知识点。Word 知识点下的二级知识点包括：字体、段落、首字下沉、分栏、页眉、页脚、边框、艺术型页面边框、底纹、图形、艺术字、文字环绕、项目符号和编号一级列表和二级列表、页面设置、表格、列、行、单元格、录入与编辑等。以下针对每个二级知识点给出其下面的三级知识点设计。

字体知识点下属知识点具体包括：动态效果，加粗，颜色，双删除线，阳文，阴文，着重号，隐藏文本，倾斜，名称，西文字体名称，东亚字体名称，镂空，相对于基线的文字的位置，缩放比例，阴影，字号，小型大写字母，全部大写字母，字符间距，删除线，下标，上标，是否有下划线，下划线种类，下划线颜色。

段落知识点下属知识点具体包括：左缩进量，右缩进量，段前间距，段后间距，段前插入分页符，取消指定段的行号，自动断字，首行缩进或悬挂缩进的大小，大纲级别，自动设置段后间距，自动设置段前间距，行距，对齐，保持段首行和末行将与段内其他各行位于同页，所选段落与下一段同页，保持整段位于同页，根据设定的每行字符数自动调整指定段落的右缩进，允许西文单词中间断字换行，标点将可以溢出边界，自动在指定段落的中文文字和拉丁文本之间添加空格，在指定段落中的中文文字与数字之间添加空格，基线字体对齐方式。

首字下沉知识点下属知识点具体包括：字体名称，下沉几行，到正文距离，位置。

分栏知识点下属知识点具体包括：各栏是否等宽，是否有分隔线，分几栏，各栏统一的宽度，各栏统一的间距，各栏不同的宽度和距离。

页眉知识点下属知识点具体包括：页码格式，文本，页码编号样式，起始值，字体，段落。

页脚知识点下属知识点具体包括：页码格式，文本，页码编号样式，起始值，字体，段落。

边框知识点下属知识点具体包括：外部边框，外部框线的 24 位颜色，外部边框的线宽，内部框线，内部边框的 24 位颜色，内部边框的线宽，下部线型，

左边线型，右边线型，上部线型，中部水平线，中部垂直线型，中部斜下线型，中部斜上线型，下部线宽，左边线宽，右边线宽，上部线宽，中部水平线宽，中部垂直线宽，中部斜下线宽，中部斜上线宽，下部线颜色，左边线颜色，右边线颜色，上部线颜色，中部水平线颜色，中部垂直线颜色，中部斜下线颜色，中部斜上线颜色，页面边框—边距的度量依据，页面边框—总在前面显示，页面边框—环绕页眉，页面边框—环绕页脚，页面边框—段落边框和表格边界与页面边框对齐，页面边框—应用范围包括首页，页面边框—应用范围包括除首页外的其他页，上边距，左边距，下边距，右边距，阴影。

艺术型页面边框知识点下属知识点具体包括：下部线样式，左边线样式，右边线样式，上部线样式，下部线宽度，左边线宽度，右边线宽度，上部线宽度。

底纹知识点下属知识点具体包括：图案样式，图案颜色，填充背景色。

图形知识点下属知识点具体包括：亮度，颜色转换类型，对比度，底部裁掉多少磅，左边裁掉多少磅，右边裁掉多少磅，顶部裁掉多少磅，透明色，左上角水平位置，左上角垂直位置，高，宽。

艺术字知识点下属知识点具体包括：图形样式，加粗，倾斜，字体名称，字体大小，对齐方式，字符组的间隔，所有字符（大写或小写）的高度相同，文字内容，每个字符的水平间距与字符宽度之比，左上角水平位置，左上角垂直位置，高，宽。

文字环绕知识点下属知识点具体包括：类型，左右侧设定，允许重叠，左边到正文距离，下方到正文距离，右边到正文距离，上方到正文距离。

项目符号和编号—级列表知识点下属知识点具体包括：号码类型，指定列表级别的数字格式，插入至指定列表级别编号后的字符，号码位置，对齐，制表符的位置，二行换行文字的位置，当前列表级别重新从1开始编号显示之前的列表级别，起始编号，要链接的样式名称。

页面设置知识点下属知识点具体包括：是否有行号，行号，起始值，行号间隔，编号方式，到正文距离，页面方向，上页边距，下页边距，左页边距，右页边距，装订线额外页边距，页眉到边界距离，页脚到边界距离，页宽，页高，页面大小，首页的送纸盒，其他页的送纸盒，节的起始位置，奇数页和偶数页具有不同的页眉和页脚，第一页使用了不同的页眉或页脚，垂直对齐方式，对称页边距，两页打印在同一张纸上，装订线位置，网格版本模式。

表格知识点下属知识点具体包括：求和计算，排序，自动重调表格中单元格的尺寸以适应内容，允许指定表格跨页断行，自动套用的格式类型，嵌套层，水平对齐方式，垂直对齐方式，内容下面的间距，内容左面的间距，内容右面的间距，内容上面的间距，单元格之间的间距，首选宽度，首选宽度的度量单位，边框，底纹。

列知识点下属知识点具体包括：指定宽度，指定宽度单位，边框，底纹。

行知识点下属知识点具体包括：指定高度，边框，底纹。

单元格知识点下属知识点具体包括：对齐，指定高度，指定宽度，边框，底纹。

录入与编辑知识点下属知识点具体包括：插入特殊符号，复制文本，移动文本，删除文本，查找和替换，文本匹配，字体，段落。

3. Excel 部分知识点设计

对于 Excel 部分操作技能形成性评价的知识点设计，与 Word 一样，不能仅仅查看 Excel 软件中现有的功能，还要重点根据该知识点的测评性来确定是否将其纳入知识点。某操作知识点的测评性是指，该知识点可以通过开发的方式进行是否做对的具体评判。经逐个检测，确定以下可以作为 Excel 部分的操作技能知识点，可显示，可操作，可评测。本部分大类知识点为 Excel 知识点，黑体部分为二级知识点，再往下为三级知识点。该知识点下面的二级知识点具体设计包括编辑、公式、单元格、工作表、图表、数据透视表和其他。具体每个二级知识点下属的三级知识点设计及其相互包容关系如下。

编辑知识点下属知识点具体包括：编辑—输入文本，编辑—输入数值，编辑—填充序列，编辑—填充自定义序列。

公式知识点下属知识点具体包括：公式—创建，公式—填充，公式—使用自然语言公式，公式—创建函数，公式—修改函数。

单元格知识点下属知识点具体包括：单元格—修改内容，单元格—复制内容，单元格—移动内容，单元格—插入单元格，单元格—插入行，单元格—插入列，单元格—删除单元格，单元格—删除行，单元格—删除列，工作表—连接，数据清单—添加删除记录，高级筛选，单元格—文本格式—字体，单元格—文本格式—字号，单元格—文本格式—字形，单元格—文本格式—下划线，单元格—文本格式—颜色，单元格—对齐方式—水平对齐，单元格—对齐方式—垂直对齐，单元格—对齐方式—自动换行，单元格—格

式—列宽，单元格—格式—行高，单元格—格式—边框，单元格—格式—底纹，单元格—数字格式，单元格—条件格式，单元格—批注，单元格—合并。

工作表知识点下属知识点具体包括：工作表—删除，工作表—插入，工作表—复制，工作表—组，工作表—移动。

图表知识点下属知识点具体包括：图表—数据源，图表—标题，图表—类型，图表—数据系列，图表—分类 X 轴主网格线，图表—分类 X 轴名称，图表—图例。

数据透视表知识点下属知识点具体包括：数据透视表—数据源，数据透视表—名称，数据透视表—页域，数据透视表—列域，数据透视表—行域，数据透视表—数据域，数据透视表—页面布局。

其他知识点下属知识点具体包括：单元格命名—名字，单元格命名—区域，打印区域—区域，分页符—水平，分页符—垂直，分类汇总—数据源，排序—排序选项，合并计算—函数，合并计算—左列选项，合并计算—顶行选项，合并计算—创建连接，自动筛选—K 等。

4. PowerPoint 部分知识点设计

对于 PowerPoint 部分操作技能形成性评价的知识点设计，与 Word 一样，不能仅仅查看 PowerPoint 软件中现有的功能，还要重点根据该知识点的测评性来确定是否将其纳入知识点。某操作知识点的测评性是指，该知识点可以通过开发的方式进行是否做对的具体评判。经逐个检测，确定以下可以作为 PowerPoint 部分的操作技能知识点，可显示，可操作，可评测。本部分大类知识点为 PowerPoint 知识点，黑体部分为二级知识点，再往下为三级知识点。该知识点下属的二级知识点设计包括：应用设计模板、文本框正文、自选图形、幻灯片图片、动画效果、艺术字和表格。下面给出每个二级知识点设计及其相互包容关系。

应用设计模板、幻灯片知识点下属知识点具体包括：幻灯片—标题，幻灯片—副标题，幻灯片—版式，幻灯片—切换方式，幻灯片—切换速度，幻灯片—单击鼠标切换，幻灯片—放映速度，幻灯片—切换声音，幻灯片—切换声音循环播放，幻灯片 Shape—行距，幻灯片 Shape—背景色。

文本框正文知识点下属知识点具体包括：文本框正文—文本，文本框正文—颜色，文本框正文—西文字体，文本框正文—远东字体，文本框正

文—字号，文本框正文—加粗，文本框正文—倾斜，文本框正文—下标，文本框正文—上标，文本框正文—下划线，文本框正文—阴影，文本框正文—浮凸。

自选图形知识点下属知识点具体包括：自选图形—文本，自选图形—颜色，自选图形—西文字体，自选图形—远东字体，自选图形—字号，自选图形—加粗，自选图形—倾斜，自选图形—下标，自选图形—上标，自选图形—下划线，自选图形—阴影，自选图形—浮凸，自选图形—高，自选图形—宽，自选图形—图形。

幻灯片图片知识点下属知识点具体包括：幻灯片图片—高，幻灯片图片—宽。

动画效果知识点下属知识点具体包括：动画效果—动画效果，动画效果—声音，图表动画效果—引入图标元素方式，图表动画效果—网格线和图例使用动画，自选图形—动画形状，自选图形—引入文本方式，自选图形—按照层段落分组，自选图形—相反顺序，动画效果—动画播放后动作，动画效果—动画播放后颜色。

艺术字知识点下属知识点具体包括：艺术字—高，艺术字—宽，艺术字—文本，艺术字—填充色，艺术字—线条色，艺术字—线条虚实，艺术字—线条粗细，艺术字—半透明，艺术字—旋转角度。

表格知识点下属知识点具体包括：表格—行，表格—列，表格—内容等。

5. Windows 部分知识点设计

对于 Windows 部分操作技能形成性评价的知识点设计，与 Word 一样，不能仅仅查看 Windows 中现有的功能，还要重点根据该知识点的测评性来确定是否将其纳入知识点。某操作知识点的测评性是指，该知识点可以通过开发的方式进行是否做对的具体评判。经逐个检测，确定以下可以作为 Windows 部分的操作技能知识点，可显示，可操作，可评测。本部分大类知识点为 Windows 知识点，黑体部分为二级知识点，再往下为三级知识点。该知识点下面的二级知识点设计包括文件夹、文件、快捷方式等。下面给出每个二级知识点下面的三级知识点及其相互包容关系。

文件夹知识点下属知识点具体包括：新建，重命名，拷贝，移动，删除等。

文件知识点下属知识点具体包括：创建，重命名，拷贝，移动，删除等。

快捷方式知识点下属知识点具体包括：创建，删除等。

6. IE 部分知识点设计

对于 IE 部分操作技能形成性评价的知识点设计，与 Word 一样，不能仅仅查看 IE 中现有的功能，还要重点根据该知识点的测评性来确定是否将其纳入知识点。某操作知识点的测评性是指，该知识点可以通过开发的方式进行是否做对的具体评判。经逐个检测，确定以下可以作为 IE 部分的操作技能知识点，可显示，可操作，可评测。本部分大类知识点为 IE 知识点，黑体部分为二级知识点，再往下为三级知识点。该知识点下面的二级知识点主要有保存图片、保存主页、浏览网页和收藏夹。下面给出每个二级知识点下面的三级知识点设计及其相互包容关系。

保存图片知识点下属知识点具体包括：源图片名，目标图片名等。

保存主页知识点下属知识点具体包括：源主页名，目标主页名等。

浏览网页知识点下属知识点具体包括：输入地址，超级链接等。

收藏夹知识点下属知识点具体包括：站点名，收藏夹目录，主页地址等。

7. FrontPage 部分知识点设计

对于 FrontPage 部分操作技能形成性评价的知识点设计，与 Word 一样，不能仅仅查看 FrontPage 中现有的功能，还要重点根据该知识点的测评性来确定是否将其纳入知识点。某操作知识点的测评性是指，该知识点可以通过开发的方式进行是否做对的具体评判。经逐个检测，确定以下可以作为 FrontPage 部分的操作技能知识点，可显示，可操作，可评测。本部分大类知识点为 FrontPage 知识点，黑体部分为二级知识点，再往下为三级知识点。该知识点下面的二级知识点主要有文本、表格、单元格图片和其他等。下面给出每个二级知识点下面的三级知识点设计及其相互包容关系。

文本知识点下属知识点具体包括：文本—对齐方式，文本—字体，文本—字号，文本—加粗，文本—颜色等。

表格知识点下属知识点具体包括：表格—对齐方式，表格—背景颜色，表格—背景图片，表格—边框颜色，表格—边框深颜色，表格—边框浅颜色，表格—边框大小，表格—单元格边距，表格—单元格间距，表格—高度，表格—宽度等。

单元格图片知识点下属知识点具体包括：单元格图片—名称，单元格图片—高度，单元格图片—宽度等。

其他知识点下属知识点具体包括：标题—文本，背景图片—图片名称，

超级链接等。

8. Outlook Express 部分知识点设计

对于 Outlook Express 部分操作技能形成性评价的知识点设计，与 Word 一样，不能仅仅查看 Outlook Express 中现有的功能，还要重点根据该知识点的测评性来确定是否将其纳入知识点。某操作知识点的测评性是指，该知识点可以通过开发的方式进行是否做对的具体评判。经逐个检测，确定以下可以作为 Outlook Express 部分的操作技能知识点，可显示，可操作，可评测。本部分大类知识点为 Outlook Express 知识点，黑体部分为二级知识点，再往下为三级知识点。该知识点下面的二级知识点主要有撰写电子邮件、添加电子邮件附件、发送新邮件、接收与阅读新邮件、保存与删除邮件等。下面给出每个二级知识点下面的三级知识点设计及其相互包容关系。

撰写电子邮件知识点下属知识点具体包括：电子邮件—发送地址，电子邮件—主题、电子邮件—正文等。

添加电子邮件附件知识点下属知识点具体包括：附件名称，附件地址等。

发送新邮件知识点下属知识点具体包括：计算机与因特网连通时的发送，计算机与因特网不连通时的发送等。

此外还有接收与阅读新邮件知识点和保存与删除邮件知识点等，此处不再详列。

9. WPS 部分知识点设计

对于 WPS 部分操作技能形成性评价的知识点设计，与 Word 一样，不能仅仅查看 WPS 中现有的功能，还要重点根据该知识点的测评性来确定是否将其纳入知识点。某操作知识点的测评性是指，该知识点可以通过开发的方式进行是否做对的具体评判。经逐个检测，确定以下可以作为 WPS 部分的操作技能知识点，可显示，可操作，可评测。本部分大类知识点为 WPS 知识点，黑体部分为二级知识点，再往下为三级知识点。该知识点下面的二级知识点主要有字体、段落、边框、艺术型页面边框、页面边框、底纹、图形、项目符号和编号、表格和文本选定区域等。下面给出每个二级知识点下面的三级知识点设计及其相互包容关系。

字体知识点下属知识点具体包括：名称，字号，加粗，倾斜，阴影，是否有下划线，下划线种类，颜色，删除线，阳文，阴文，下标，上标，着重号，镂空等。

段落知识点下属知识点具体包括：对齐，行距等。

边框知识点下属知识点具体包括：外部边框，外部框线颜色，外部边框线宽，内部框线，内部边框颜色，内部边框线宽，阴影，上边距，左边距，下边距，右边距等。

艺术型页面边框知识点下属知识点具体包括：下部线样式，左边线样式，右边线样式，上部线样式，下部线宽度，左边线宽度，右边线宽度，上部线宽度等。

页面边框知识点下属知识点具体包括：边距的度量依据，总在前面显示，环绕页眉，环绕页脚，段落边框和表格边界与页面边框对齐，应用范围包括首页，应用范围包括除首页外的其他页等。

底纹知识点下属知识点具体包括：填充背景色，图案样式，图案颜色等。

图形知识点下属知识点具体包括：左上角水平位置，左上角垂直位置，高，宽等。

项目符号和编号知识点下属知识点具体包括：一级列表，号码类型，指定列表级别的数字格式，插入至指定列表级别编号后的字符，号码位置，对齐，制表符的位置，第二行换行文字的位置，当前列表级别重新从 1 开始编号显示之前的列表级别，起始编号，要链接的样式名称；二级列表，号码类型，指定列表级别的数字格式，插入至指定列表级别编号后的字符，号码位置，对齐，制表符的位置，第二行换行文字的位置，当前列表级别重新从 1 开始编号显示之前的列表级别，起始编号，要链接的样式名称等。

表格知识点下属知识点具体包括：行数，列数，列宽全相等，行—指定高度，列—指定宽度，单元格—指定高度，指定宽度，文本内容等。

文本选定区域知识点下属知识点具体包括：文本内容，包含的段落数目，是否最后几段文本。

（二）信息技能形成性评价设计方法特征优势

本形成性评价的目的是针对已有评价技术中不能评价全体、无法个性化即时反馈、需要使用手持终端、无法杜绝作弊、需要学生机房或特定终端等不足和问题，提出一种信息技能形成性评价的方法，在没有学生机房的学习环境中，允许学生在家或在宿舍甚至在课堂上使用自己的笔记本电脑进行形成性评价，以保证形成性评价的全体性、个别性、及时性、准确性，通过题目随机和选项随机等技术避免学生作弊，通过信息技能的操作技能评价完成对学生操作能力的形成性评价，促使其不断完善自身技能，彻底完全掌握知

识点，进而提高知识和技能的学习效率。

本信息技能形成性评价方法，其特征在于：针对信息技能（包括客观知识和操作技能）进行形成性评价，既可以作为教师服务端，也可以作为学生客户端，通过练习卷文件和形成性评价信息文件进行两者之间的交互。其中，教师服务端可以恢复多个学生的信息技能形成性评价成绩；学生客户端可以导入多个教师出好的练习卷，并可以持续针对某一练习卷进行形成性评价，直到掌握为止。在同一次形成性评价中，学生可多次根据上一次形成性评价结果重做答卷，答卷仅仅呈现上次做错的题目。该方法包括以下步骤。

（1）教师通过 EXCEL 制作相应客观题目，然后进行形成性评价练习卷检查，通过检查后，生成对应的形成性评价的练习试卷，通过网络或复制方式将练习试卷传给学生。

（2）学生导入教师发放的练习试卷，通过提交用户姓名进行登录，选择好教师所出的练习试卷开始评价，浏览形成性评价试卷窗口，针对试卷中的问题逐项作答，作答完毕将答卷提交。

（3）学生提交答卷后，立即进行保存，生成本次形成性评价的答题记录。然后根据预设的评判准则自动评判答卷，答卷评判后生成形成性评价的分数，并按照预设的横纵评价准则给出相应评语，具体的答卷对错信息连同形成性评价的分数一起呈现给学生。

（4）学生收到形成性评价分数和评语反馈后，可以在查看学习本次评价知识技能的基础上再次进行形成性评价，系统会自动呈现上一次评价中做错的题目，当再次提交后系统会再次执行步骤（3），学生再次获得形成性评价的分数和评语反馈以及新的答卷信息，供学生再次学习参考。

（5）系统对前后多次形成性评价的分数进行保存，一旦使用了统计功能，则会执行比较分析，若此次评价分数高于上次评价分数，则将该学生分数修正为此次分数，作为该学生客户端形成性评价的分数。若此次评价分数低于或等于上次评价分数，则统计丢弃该学生客户端本次分数，即对每轮形成性评价取其最高分数。

（6）教师恢复多位学生多次提交的形成性评价的答题记录后，可对学生们的历次答卷情况进行统计，并根据统计结果，生成各位学生的平时作业总成绩。

（7）由于系统已经预置了信息技术绝大部分内容练习卷在内，因此，如果教师需要使用内置的练习卷，则无须进行教师出卷和学生导入试卷的步骤，

学生直接进行信息技能的形成性评价即可，如果需要上交形成性评价记录，则使用备份功能将评价信息导出，教师则使用恢复功能将学生评价信息导入。如此反复进行上述各步骤。

（8）在学期课程结束时，教师可以根据形成性评价答题记录中本门课程各学生客户端各次形成性评价分数（即每次的最高成绩），统计给出各位学生本门课程的加权平均形成性评价成绩，作为平时成绩的主要参考。系统内置了自动统计分析得出各位学生平时作业成绩的功能。

本系统提出的信息技能教学形成性评价的方法，其特点及优点包括：

（1）最高成绩取用机制，激励学生通过不断查漏补缺来改进自己，提高成绩。这是形成性评价的核心要素之一。

（2）多次反馈提交机制，学生每次做评价，无论对错，都会有相应反馈提示，便于学生改正错误。可以在上次评价结果基础上，针对做错的题目再次答试卷，再次提交，此项机制极大地调动了学生的主动性。这是形成性评价的核心要素之一。

（3）自动横纵评价机制，这有效激励了每位学生的主动性。横纵评价将横向评价和纵向评价结合起来，为教师表扬和鼓励学生提供了全面视野。这是形成性评价的核心要素之一。

（4）教师出卷和学生做题都不依赖特定的环境，只需在每个环境中安装本信息技能形成性评价系统即可，无论在家中，还是在宿舍，或者在路上使用笔记本电脑，都可以进行出卷或做题，这极大地方便了师生。使用完全傻瓜化，非常容易使用。低成本、易携带，随处可用是本系统的一大特点。出卷成果和做题结果都可以很方便地进行移植。

（5）本系统可以通过邮件、拷贝或"QQ"等进行练习试卷信息和评价结果信息的交换，评价内容丰富多样，不仅限于信息技术，语文、数学、政治、地理、历史等课程的客观题均可使用。本系统无须用户使用服务器，信息发布和收集以及反馈评价均通过网络自助进行，用户操作思路简单明朗。

（6）本系统无须手持终端和学生身份卡，仅需笔记本电脑或台式机即可；另外本系统不要求教师手动对学生进行评价，而是由系统根据设定的评价规则自动评判。学生根据评价试卷内容填写答卷并提交，系统根据每位学生提交的答卷信息给出个别化评价、记录答题情况，并根据每位学生客户端的分数和进步等情况，自动根据学生情况生成新的个别化的二次形成性评价试卷

信息，从而实现教师分身有术，学生学习有的放矢。

三、信息技能形成性评价系统体系建构

信息技能形成性评价系统的体系架构设计主要由六个层次顺序组成，包括用户界面层、业务功能层、业务逻辑层、数据逻辑层、数据支撑层、操作系统层。下面进行具体设计说明（参见表3-1）。

表3-1 信息技能形成性评价系统体系建构

架构层次名称	架构层次内容
用户界面层	信息技能形成性评价系统评价内容选择界面、姓名输入或增加提交界面、邮件验证界面、评价信息清空按钮、开始评价按钮、形成性评价信息备份按钮、形成性评价信息恢复按钮、练习卷检查制作按钮、练习卷导入按钮、帮助按钮、统计按钮、查看按钮、全部清空按钮、评价内容呈现界面、评价结果呈现界面、再次形成性评价界面、退出按钮、说明界面、关于界面
业务功能层	信息技能形成性评价系统的评价内容选择功能、姓名输入或增加提交功能、邮件用户验证功能、开始评价功能、将知识点对应的形成性评价信息清空功能、学生形成性评价信息备份功能、学生形成性评价信息恢复功能、形成性评价练习卷的检查制作功能、练习卷的导入功能、帮助功能、教师对各学生形成性评价信息统计功能、学生形成性评价信息查看功能、将所有测试信息全部清空功能、具体评价内容呈现功能、具体评价结果呈现功能、再次形成性评价功能、退出功能、说明功能、关于功能
业务逻辑层	形成性评价持续进行业务逻辑、教师出卷和学生导入使用逻辑、学生评价信息备份和教师恢复学生信息逻辑、邮件身份验证逻辑、题目呈现随机和选项呈现随机逻辑、操作题呈现逻辑、单选题判题逻辑、多选题判题逻辑、判断题判题逻辑、Word操作判题逻辑、Excel操作判题逻辑、PowerPoint操作判题逻辑、Windows操作判题逻辑、IE操作判题逻辑、Outlook Express操作判题逻辑、WPS操作判题逻辑、Access操作判题逻辑、评价信息逻辑
数据逻辑层	文件创建、打开、写入或读取部分或全部内容、关闭逻辑，数据加密、解密密钥逻辑，数据库连接、数据库表打开、根据查询设置或读取表指定字段内容、关闭连接的逻辑
数据支撑层	主要解决结构化数据管理操纵的数据库管理系统，主要解决文件的存储和相应管理操纵的文件系统
操作系统层	为数据库和文件系统提供相关软硬件支持、网络支持链路等

用户界面层：各种按钮和界面的设计和呈现，包括说明界面、关于界面、信息技能形成性评价系统评价内容选择界面、姓名输入或增加提交界面、邮件验证界面、知识点对应形成性评价信息清空按钮、开始评价按钮、形成性评价信息的备份和恢复按钮、形成性评价练习卷的检查制作按钮和练习卷的导入按钮以及帮助按钮、教师对各位学生的形成性评价信息的统计按钮和查看按钮、将所有测试信息全部清空按钮、具体评价内容呈现界面、具体评价结果呈现界面、再次形成性评价界面、退出按钮等。

业务功能层：各种功能和功能的设计和呈现，包括说明功能、关于功能、信息技能形成性评价系统评价内容选择功能、姓名输入或增加提交功能、邮件验证功能、知识点对应形成性评价信息清空功能、开始评价功能、形成性评价信息的备份和恢复功能、形成性评价练习卷的检查制作功能和练习卷的导入功能以及帮助功能、教师对各位学生的形成性评价信息的统计功能和查看功能、将所有测试信息全部清空功能、具体评价内容呈现功能、具体评价结果呈现功能、再次形成性评价功能、退出功能等。

业务逻辑层：形成性评价业务逻辑、教师出卷和学生导入使用逻辑、学生评价信息备份和教师恢复学生信息逻辑、邮件身份验证逻辑、题目呈现随机和选项呈现随机逻辑、判题逻辑等。对于不同的业务逻辑，可能会调研参数不同的同样业务逻辑，为以后的代码复用和修改打下了良好的基础。

数据逻辑层：文件创建、打开、写入或读取、关闭逻辑，数据库连接、数据库表打开、根据查询设置或读取表内容、关闭连接等逻辑。对于同一个业务逻辑或相似的业务逻辑或可能名称功能根本不一样的功能逻辑，可能会使用到同样的多个参数的数据逻辑，这样的设计，尽可能在数据逻辑层做到一处功能一处代码，从而为业务逻辑的开发提供了有效而简洁的调用方式。

数据支撑层：该层主要包括数据库系统和文件系统，其中数据库系统主要解决结构化数据的管理操纵，而文件系统则主要解决文件的存储和相应管理操纵。

操作系统层：该层主要为数据库和文件系统提供相关软硬件支持，包括网络链路等。

信息技能形成性评价系统的体系建构，目的是要营造一个数字化形成性评价环境，遵循标准规范、开放共享、市场共建、质量先行、服务第一的原

则，一方面根据我国大学信息技能教育的实际情况，另一方面充分发挥网络、计算机优势，打造新一代信息技能形成性评价系统。系统由多个不同层次的内容组成。最低一层或者最靠近硬件层为操作系统层，为数据库和文件系统以及网络支持链路等提供相关软硬件支持。在此之上是数据支撑层，主要解决两个问题，分别是主要解决结构化数据管理操纵的数据库管理系统和主要解决文件的存储和相应管理操纵的文件系统。再往上则是数据逻辑层，主要解决文件创建、打开、写入或读取部分或全部内容、关闭逻辑，数据加密、解密密钥逻辑，以及数据库连接、数据库表打开、根据查询设置或读取表指定字段内容、关闭连接的逻辑等。所有业务逻辑的执行都是通过这里的数据逻辑具体进行的。数据逻辑之上就是业务逻辑层，与信息技能形成性评价系统的业务功能紧密相关，主要完成信息技能形成性评价系统的核心和相关功能。功能与界面建立关联，主要通过程序实现，而界面层则主要服务于用户，用户直接看到的能够操作的就是界面层，所有信息技能形成性评价系统的全部功能都是通过界面层连接到功能然后具体实现的。这就是信息技能形成性评价系统的体系建构。

需要说明的是，形成性评价系统可以为每位答题的同学在答题结束后指出需要巩固的知识点，从而实现全面、个别化的、有效的即时反馈，而教师也可以立即得知学生相关知识点的具体情况和整体情况，从而可在讲课时做到有的放矢。而形成性评价的横纵评价方式和评语人性化鼓励方式，则保证了教师的分身有术。这具体体现在以下三方面。

（1）由于使用了中间文件作为传递信息的媒介，因此，从教师出卷到学生导入、生成评价信息、备份评价信息，一直到最后教师恢复学生评价信息，最终形成一个闭合环路，并且都在一个系统中，实现了闭合逻辑高度集成化。

（2）学生获取教师所出的练习卷，开始答卷，答卷后自动将答卷提交到系统，系统调用对应判题模块执行判分，并将最后形成的判题结果通过形成性评价结果窗口界面进行呈现，通过练习卷导入功能可以将教师所出练习卷导入试题库，通过备份功能可以将完成生成的答卷评价信息生成至指定位置文件，然后教师通过恢复功能将生成的评价信息文件中的成绩信息恢复到系统中。无论是通过网络邮件、发布服务器、"QQ"等，还是通过使用U盘或光盘传递，都可以练习或评价信息，这为教师和学生提供了来源传递的多样性。

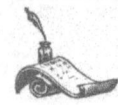

(3) 当教师恢复所有学生的形成性评价信息以后，由于是学生的所有各次形成性评价信息全部恢复到系统中，因此可以对于每一级进行成绩统计。这样就可以实现各学生、各学生各轮形成性评价和各学生各次形成性评价共三级的统计和查看。

信息技能形成性评价系统中的形成性评价方法，是系统形成性评价的核心，其具体设计框图如图 3－1 所示。

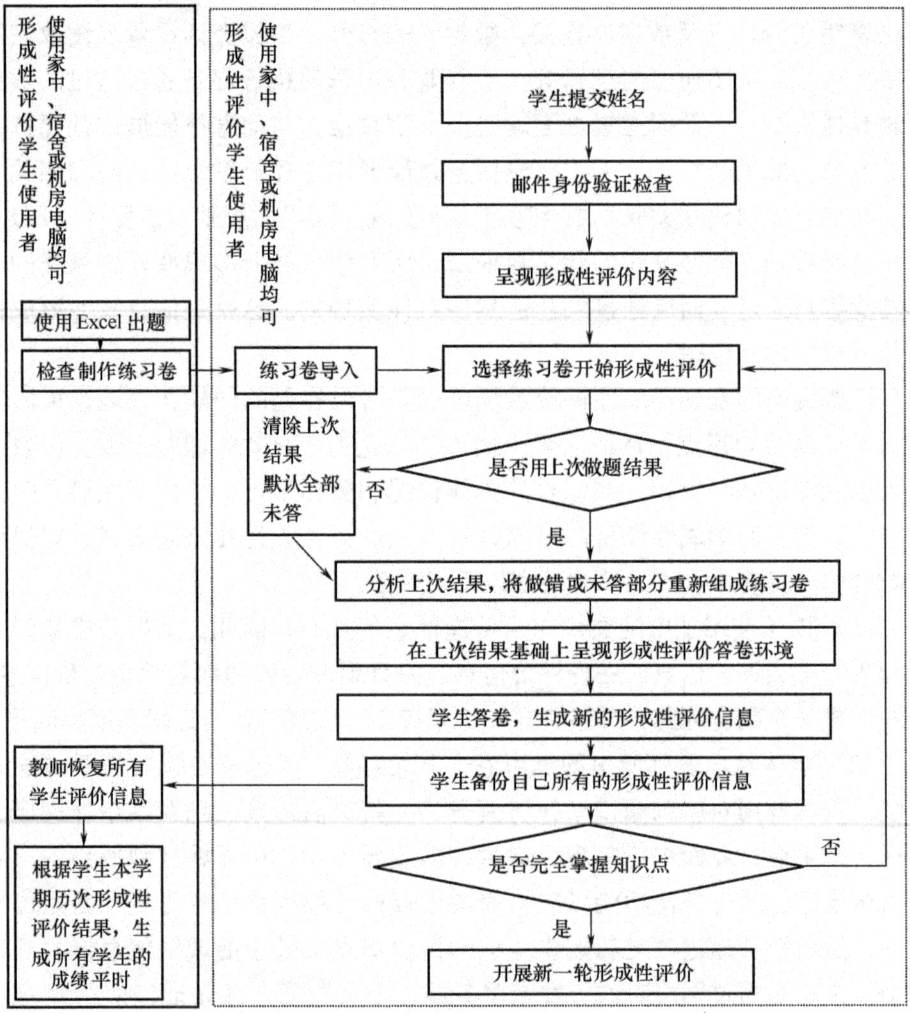
使用家中、宿舍或机房电脑均可
形成性评价学生使用者
使用Excel出题
检查制作练习卷
教师恢复所有学生评价信息
根据学生本学期历次形成性评价结果，生成所有学生的成绩平时
使用家中、宿舍或机房电脑均可
形成性评价学生使用者
学生提交姓名
邮件身份验证检查
呈现形成性评价内容
练习卷导入
选择练习卷开始形成性评价
是否用上次做题结果
否
清除上次结果
默认全部未答
是
分析上次结果，将做错或未答部分重新组成练习卷
在上次结果基础上呈现形成性评价答卷环境
学生答卷，生成新的形成性评价信息
学生备份自己所有的形成性评价信息
是否完全掌握知识点
否
是
开展新一轮形成性评价

图 3－1　信息技能形成性评价系统中的形成性评价方法示意图

四、信息技能形成性评价系统的主要模块

信息技能形成性评价系统集教师出题、学生形成性评价、成绩分析为一体，达到出题容易、评判容易、管理容易的目的，并且能够实现辅助出题、题库自动更新、评价信息和成绩自动生成。不仅能够实现对客观题目的测评，同时能够实现对操作题目的测评。并且能够辅助教师出题目，能够设定相关的测评环境，能够对分数进行统计和管理、打印和输出，还能够对学生容易出错的知识点进行反馈。此系统充分利用计算机技术和网络技术，实现教学、测评的高效率。

信息技能形成性评价系统面向教师和学生推出相应的信息技能形成性评价系统，并将教师出题、学生试卷导入、学生评价信息备份、教师恢复学生评价信息集为一个有机整体，实现了即时出题、即时评判和即时统计，可以完整地再现操作题和客观题的真实答题情况。强大方便的出题、组卷、情境测验和评判管理功能为形成性评价的实现提供了一个科学依据，尤其可以用于课堂教学。真正给教学一线老师提供了一个方便有效的技能测验工具，从而能有效促进计算机教育质量的提高，有效减轻评判工作量，最大限度地提高教学效率，为教育教学决策提供快速、准确、全面的信息。该系统的功能示意图如图 3 - 2 所示。

五、信息技能形成性评价系统开发设计

（一）编程语言

Visual Basic 是一套完全独立的 Windows 开发系统，它完全可以和 C 语言程序员使用的专业开发工具 Visual C + +相媲美，是 Windows 环境下最优秀的程序设计工具之一，如今有大量的程序员在使用它开发各种类型的 Windows 应用程序。[1] 它最大的优势在于开发图形用户界面的简捷性及其所具有的强大功能。[2] Visual Basic 6.0 中文版是一个功能强大的可视化编程工具，利用它程序员可以开发各种传统的应用程序，而且可以方便地开发 Web 应用程序。[3]

---

① 萧枫，尧远. Visual Basic 实用技术精粹 ［M］. 北京：人民邮电出版社，1999.

② James W. Cooper. Visual Basic 程序员的 java 开发指南 ［M］. 于冬梅，宋勇，译. 北京：中国水利水电出版社，1998.

③ 网页制作、网络编程系统编委会. Visual Basic 6.0 Web 编程 ［M］. 北京：中国人民大学出版社，2001.

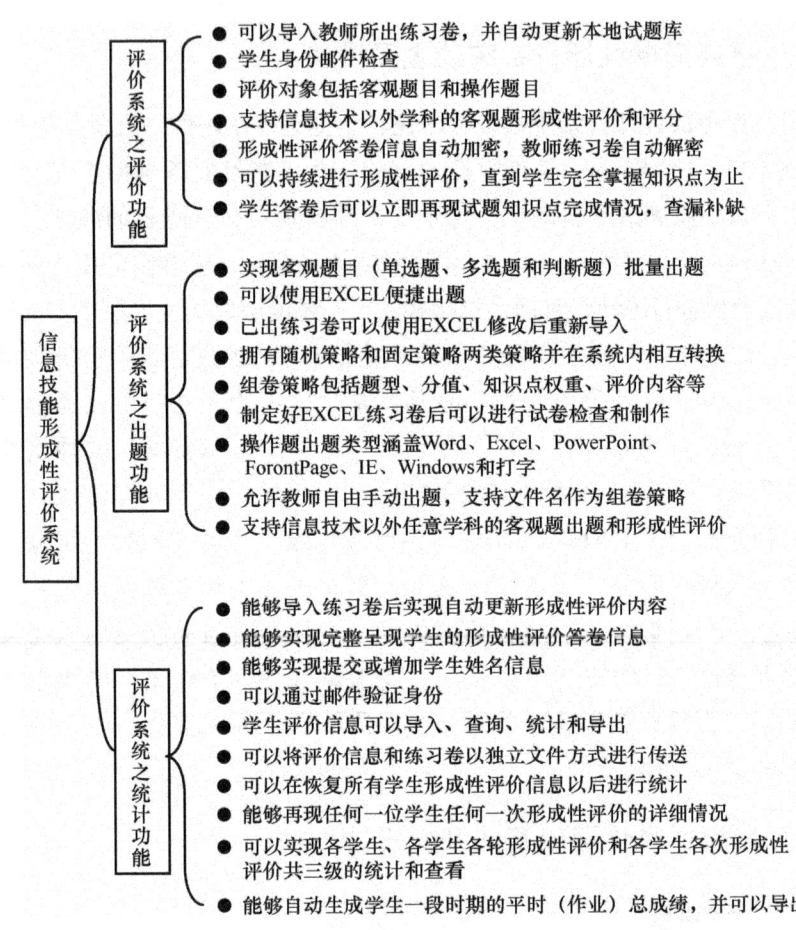

图 3 - 2　信息技能形成性评价系统功能示意图

因此，信息技能形成性评价系统以 Visual Basic 作为主要开发语言来搭建系统，个别库函数等采取引用或者使用相关语言单独进行开发。

使用 VBA for Office、Windows API、WPS API、Visual C++ 、html、xml、DAO、Winsock、Wise Installation、Photoshop 等相关软件和部件等进行辅助开发（包括图形界面制作）。

（二）开发环境

在 Windows 2003 操作系统下，使用 Microsoft Office 2003 和 WPS 2002 作为开发中使用的测评环境。考虑到操作系统老版本和办公软件的老版本在很多学校中仍在使用，所以将这两者也作为开发测试环境来开发，最终打包生成

安装文件时，再合成到一起。这样就保证了本评价系统的一定兼容性。

（三）试卷设计

试卷信息分三层对象结构，具体如下：

［Paper］

第一层：

● 属性

AutoTestPointCount	试卷内 ATP 的数量
Description	试卷说明
Distribute	
ID	考试 ID
Score	总分
Time	考试总时间
UsedTime	已经用去的时间
UserScore	考生得分

● 方法

GetAutoTestPoint	获取一个 ATP
SetINI	将试卷文本信息置入 Paper 对象
StructToINI	将 Paper 对象导出为文本信息

［AutoTestPoint］

第二层：

● 属性

Caption	标题
Description	ATP 描述
GetScore	ATP 考生得分
ID	ATP ID
Index	ATP 索引
PointCount	ATP 内 Point 的数量
Score	ATP 总分
SourceFileName	相关文件全路径名称
TType	ATP 判题模块类型

● 方法

GetPoint	获取一个 Point
SetINI	将 ATP 文本信息置入 ATP 对象
StructToINI	将 ATP 对象导出为文本信息

[Point]

第三层:

● 属性

DefaultValue	默认值
Description	Point 描述
ID	Point ID
Range	Point 在操作中的取值范围
RangeType	Point 取值类型
Score	Point 分数
UserScore	考生得分
UserValue	考生操作值
UseUCase	是否使用 UCase 函数（取值是否大小写敏感）
Value	正确操作值
ValueName	Point 名称

● 方法

SetINI	将 Point 文本信息置入 Point 对象
StructToINI	将 Point 对象导出为文本信息

（四）数据库设计

数据库的选择考虑到安装实施的简便性和尽可能减少对环境的依赖性，使用标准的 Access 数据库，不需要像 SQL Sever 那样要单独安装，在安装 Office 的时候，一般情况下，Access 数据库会随着一起被装上。

1. **试题库设计**

库结构包括 20 个表，主要表的主要字段设计如下：

● Config 表（存储本次考试的组卷策略）

sngWindows	Windows 总分
sngWord	Word 总分
sngExcel	Excel 总分

sngType	打字题总分
sngDuoXuan	多选题总分
sngDanXuan	单选题总分
sngIE	IE 总分
sngWPS	WPS 总分
sngHtml	Html 总分
sngOutlook	Outlook 总分
sngPanDuan	判断题总分
sngZhuGuan	主观题总分
sngBase1 ~ 50	基础知识各类分值
cWindows	Windows 题目数量
cWord	Word 题目数量
cExcel	Excel 题目数量
cType	打字题目数量
cDuoXuan	多选题目数量
cDanXuan	单选题目数量
cIE	IE 题目数量
cWPS	WPS 题目数量
cHtml	Html 题目数量
cOutlook	Outlook 题目数量
cPanDuan	判断题目数量
cZhuGuan	主观题目数量
TestID	考试名称
Time	考试时间
TypeTime	打字题限定时间
Standard_ Speed	打字题录入标准速度
PassWord	考试登陆密码
Login2Pass	二次登陆设置
UserDrive	用户操作盘符
IP	答卷上报地址
IP2	答卷上报备用地址

Port	答卷上报外显端口
showScore	是否立即显示分数
totalScore	试卷满分值
AverNandu	试卷平均难度

● Type 表

ID	知识点类型编号
Names	知识点名称

● Excel 表，Word 表，WPS 表，Windows 表，PowerPoint 表，HTML 表

ID	题目编号
ATP	题目评测信息
RTF	题干
File1	操作源文件 1 内容
File2	操作源文件 2 内容
File3	操作源文件 3 内容
File4	操作源文件 4 内容
FN1	操作源文件名 1
FN2	操作源文件名 2
FN3	操作源文件名 3
FN4	操作源文件名 4
Difficulty	该题目难度
Testpoint	测验具体知识点

● ManCelue 表（固定策略表）

Keguan	用户选定的客观题情况
Caozuo	用户选定的操作题情况
Ofcelue	所属策略

● Outlook 表

ID	题目编号
RTF	题干
File1	操作源文件 1 内容
File2	操作源文件 2 内容
File3	操作源文件 3 内容

File4	操作源文件 4 内容
FN1	操作源文件名 1
FN2	操作源文件名 2
FN3	操作源文件名 3
FN4	操作源文件名 4
Sever	虚拟服务器账号信息
Sendmail	发送邮件信息
Receivemail	接收邮件信息
Readmail	阅读邮件信息
Savemail	保存邮件信息
Saveaccessory	保存附件信息
Difficulty	该题目难度
Testpoint	测验具体知识点

● 主观题表

ID	题目编号
Type	知识点类型
Description	题干
Score	分数
Difficulty	该题目难度
Testpoint	测验具体知识点

● 单选题表，多选题表

ID	题目编号
Type	知识点类型
Description	题干
StateA，StateB，StateC StateD，StateE，StateF	选项 A、B、C、D、E、F 内容
Answer	答案
Score	分数
Difficulty	该题目难度
Testpoint	测验具体知识点

● 判断题表

ID	题目编号
Type	知识点类型
Description	题干
Answer	答案
Score	分数
Difficulty	该题目难度
Testpoint	测验具体知识点

● 文字录入表

ID	题目编号
Text	录入内容
Score	分数
Time	输入限制时间
Difficulty	该题目难度
Testpoint	测验具体知识点

● ZKKL 表（试卷名称与组策略对应表）

ID	自动编号
TestID	组卷策略
GroupName	试卷名称

● ZKKLGROUP 表（试卷名称与密码对应表）

PASS	试卷对应密码
GroupName	试卷名称

2. 成绩库设计

● config 表（系统关键参数设置表）

修改密码	修改成绩时用到的密码
删除密码	删除成绩记录时用到的密码
登录密码	登录管理系统时用到的密码
重复考卷设置	阅卷时遇到重复考卷时的情况设置
不同考号选择	阅卷时遇到内部考号和外部考号不同考卷时的情况设置
考号长度	规定学生登录考试系统的考号长度
随机分发策略	是指定一个策略还是随机分发策略

● 单位表（单位设置表）

ID	单位编号

| Name | 单位名称 |

● 学生表（学生成绩表）

准考证号	学生的准考证号
单位编号	学生所在的学校或考点编号
考试类别	学生使用的试卷名称
单位	学生所在的学校或考点名称
考生姓名	
总分	
客观题	包括单选题、多选题和判断题在内的所得总分
打字题	打字题所得分值
Word	Word 所得分值
WPS	WPS 所得分值
Excel	Excel 所得分值
Windows	Windows 所得分值
IE	IE 所得分值
Html	Html 所得分值
PowerPoint	PowerPoint 所得分值
Outlook	Outlook 所得分值
考试日期	考生参加考试的日期
是否违纪	
是否修改	
PaperINI	存放答卷恢复信息
班级或考点	
备注	记录考生成绩各种改动情况

第三节 信息技能形成性评价系统关键技术

一、信息技能形成性评价技术原理

计算机和网络两种技术的结合共同实现分级式的大学信息技能教育测评。计算机技术可以保证计算的正确性和快速性、图形图表的快速呈现等，而网

络则可以起到散发、集中的传递作用，因此两者集合到一起，保证了基于网络的分级式的大学信息技能教育测评的实现。

（一）测评实现原理

对于计算机本身而言，各种操作题 Word、Excel 等可以看作是一个对象，有着各种相关属性和方法，其内在的每个属性都有一个唯一值，这个唯一值跟硬件无相关性或相关不大。用户每进行一个操作，都会引起其相关属性值的变化，因此只要能够获取这个属性值，便可以实现得知用户具体操作的过程和结果。而 VBA for Office 恰好提供了这样一个操纵文档对象，获取相关属性的方法，从而可以实现对它的测评。由此可见，对于真实情境测评，测评的深度依赖于可获得属性值的多少及深度。当无法获得真实相关属性值的时候，可以采取编制模拟仿真界面的方法，用户可以对仿真界面进行操作，而这个操作所引起的内在值是可以获取的，所以模拟仿真情境也是实现测评的一种方法。但是，需要编程模拟仿真的各种界面和相关反应，需要透彻了解所要测评的软件，如果相关操作引起模拟仿真界面的不反应或错误的反应，则会误导测评者，这时还需要专门进行纠正。所以，一般情况下，要尽可能少地使用模拟仿真界面。当操作会引起系统破坏或者相关真实环境不存在、不稳固时才可以使用模拟仿真测评，并需要大量编程保证仿真的有效性。

（二）教师阅卷原理

教师阅卷过程，是一个读学生的解题、理解学生的解题并参照评分标准统一给分的过程。在此过程中，理解学生解题是关键所在。这就意味着教师必须要有与此题相关的全部知识集合。要使程序也能理解学生的解题，就必须事先给程序赋予与此题相关的全部知识集合。对确定题目的编程，所需的知识集合就相对少得多，而且，不同的题目教学要求不同，学生解题出错的概率不同。教师完全可以凭经验，抓关键，抓重点，找规律，简化程序所需的知识集合，在保证阅卷质量的情况下，达到简化程序的目的。[①]

（三）网络开发技术原理

1. TCP/IP 协议

TCP/IP 是指 IP 协议及在其上的 TCP 协议、UDP 协议和各种应用层协议

---

① 佟鑫. 手写体数字识别技术的研究及在自动判卷系统中的应用 ［D］. 东北师范大学，2009.

的总和，又称作 Internet 的 TCP/IP 协议集。TCP 协议可以是需要通信的应用进程能够利用 TCP 连接进行交互，为它们纠正传输错误并确保报文段的正确拼接。[①] TCP/IP 协议不仅可以用于 Internet，也可以用于局域网，该协议的安装是在 Windows 操作系统的网络组建之内的，不需要额外的安装。因此，网络开发中采用 TCP/IP 协议，确保在局域网内和因特网上测评系统都正常发挥作用。对于学生机和教师机之间的交互，仅在局域网内进行，因此可以采用 TCP/IP 协议集中的 UDP 协议来发送短信息，关键信息同时使用 TCP 协议发送，确保系统的网络稳定性。

2. FTP 协议

FTP 是文件传送协议（File Transfer Protocol）的英文缩写，利用这个协议可以高效且可靠的传送文件数据。但是它涉及用户账号和密码，为安全性起见，考试期间，关闭 FTP 服务器的匿名登录，测评系统从下发过来的题库中读取这些信息，不为学生所知。而教师也可以通过修改题库和 FTP 服务器来改变这些信息，保证测评系统的安全性。

3. WINSOCK 控件

VB 中对于使用 TCP/IP 协议，有一个专门的控件，就是 WINSOCK 控件，利用 WINSOCK 控件可以与远程计算机建立连接，并通过用户数据文报协议 UDP 或传输控制协议（TCP）进行数据交换，但是对于数据的监听和接收数据的处理等过程需要编程者自己去做。测评系统用于考试时，往往会遇到同时下发题库或上报答卷的问题，因此，在编制数据接收处理模块时就必须考虑并发性的问题。可以给处理过程加一个开关，一旦有数据正在处理，则下一个数据先行等待，待上一个数据处理完再进行处理，为防止死锁现象，给数据处理时间加上限制并设置出错陷阱捕获错误。同时，针对并发接收问题，将接收部分和处理部分分开，增大数据接收效率。将接收到的数据先行保存到缓存中，定时对缓存中的数据进行处理，从而解决这一问题。另外，如果发送数据大于议定数值，WINSOCK 就会自动将其分解传送，可是在接收端它并不自动重新聚合，所以这个聚合过程也需要编程处理。

4. VBFTP 控件

编写的这个控件可以利用 FTP 协议实现在程序中调用类似 FTP 的相关功

---

① 沈长宁. 计算机网络简明教程［M］. 北京：北京师范大学出版社，1998.

能，并进行相应的功能扩展和使用限制。由于 FTP 服务器需要用户名和密码，而且一旦用户名和密码输入后，所有登录者将可以看到相同的远程目录结构。可是对于测评系统考试而言，在学生登录到教师机时，对于公用目录和素材应该不能进行任何改动和上传，而对于自己的远程答题存放目录，则可以上传，并且不能看到别的同学的远程答题存放目录。使用原有的 FTP 将不能满足这个要求，所以制作了这个控件，从而较好地完成了这些考试要求。由于它避免了用户涉及接收端的数据聚合（FTP 服务器代做了），所以利用它传输文件更为稳定。但是它需要事先指定一个 FTP 主目录，所以不如 WINSOCK 控件灵活。测评系统研制中可根据它们各自的优势，综合利用这两者。

二、信息技能自动形成性评价技术

测评部件 ittest. ocx 用来进行客观、主观题目、打字题目的呈现和客观、打字题目的考核，以及操作题目真实环境或仿真环境的搭建和操作题目的评判，MIE. exe 主要用来实现对 IE 类题目的环境构建和测评，itlib. dll 为实现测评所需的库函数。

信息技能形成性评价系统的相关界面显示如图 3－3 至图 3－6 所示。

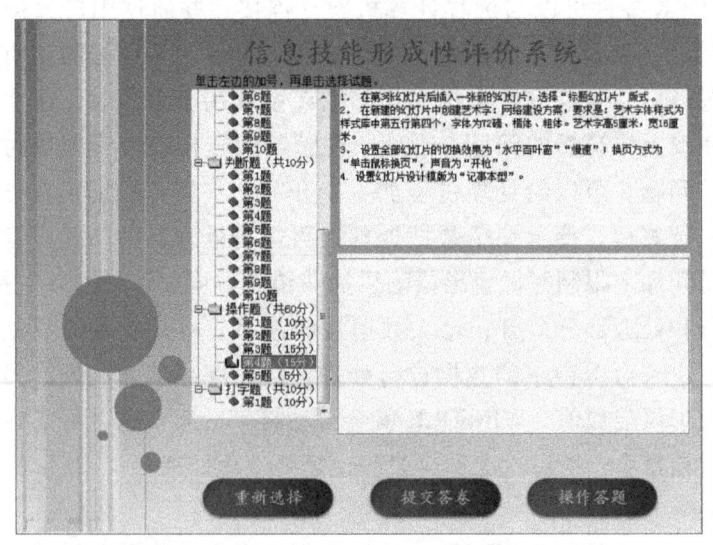

图 3－3　信息技能形成性评价系统测评主界面

（含有单选题、多选题、判断题、多种操作题和打字题）

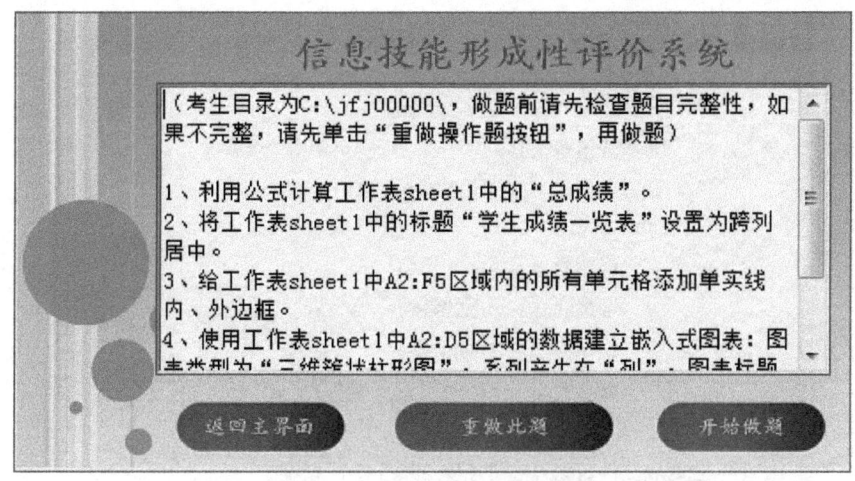

图 3 - 4　信息技能形成性评价系统操作题题目界面

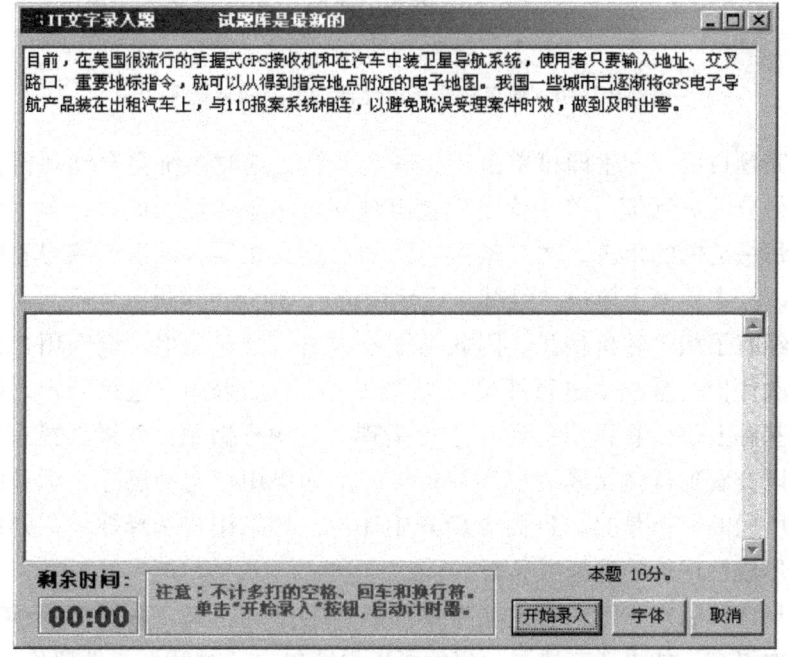

图 3 - 5　信息技能形成性评价系统打字测评界面

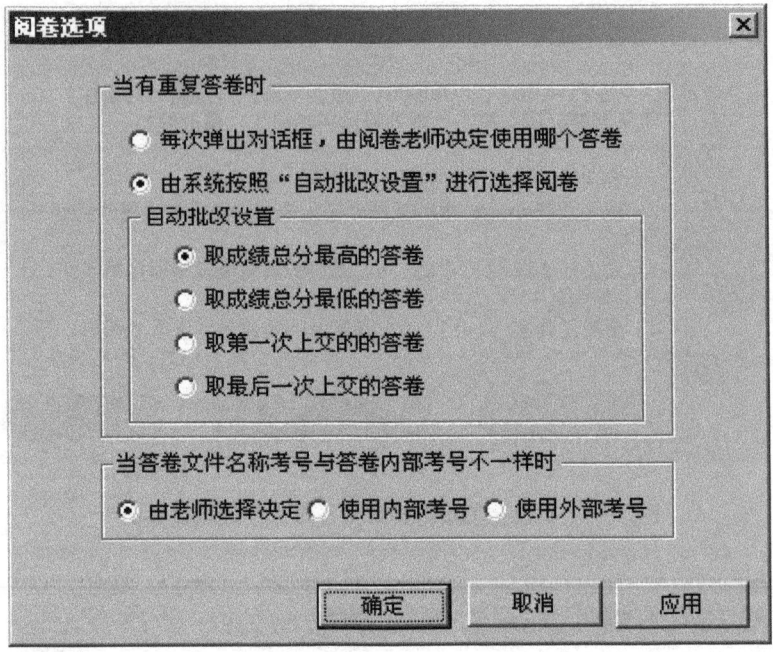

图 3 - 6　信息技能形成性评价系统阅卷选项

　　做完题目后，学生即可单击提交答卷按钮，这时系统会自动评价，并给出相应得分的对话框，单击确定后会出现评价结果画面。此时，学生可以具体查看每一道题的得失，尤其是做错的知识点。在学习认识到练习卷的问题后，可以在本界面上单击"继续形成性评价"，则会再次进入评价。由于上次评价已经有了相关评价信息，因此系统会弹出一个对话框，询问用户是否继续在上次评价的基础上进行评价（见图 3 - 7）。如果用户选择确定，则在上次评价基础上仅仅将做错的题目进行呈现，让用户做题。如果选择查看，则用户可以查看到具体做题内容和评价结果。如果用户选择删除，则系统会删除刚才所做的评价信息，进而重新开始评价。如果用户选择取消，则回到信息技能形成性评价的选择主界面。

　　如果选择确定，则只有上次做错的题目会呈现出来，做对的题目不再呈现。再次提交，如果还有错误，仍然可以继续单击"继续形成性评价"，则会再次进入评价。如此循环，直到用户掌握了所有知识点。如果用户希望退出，则直接单击"退出系统"即可。如果用户希望换个练习卷进行形成性评价，

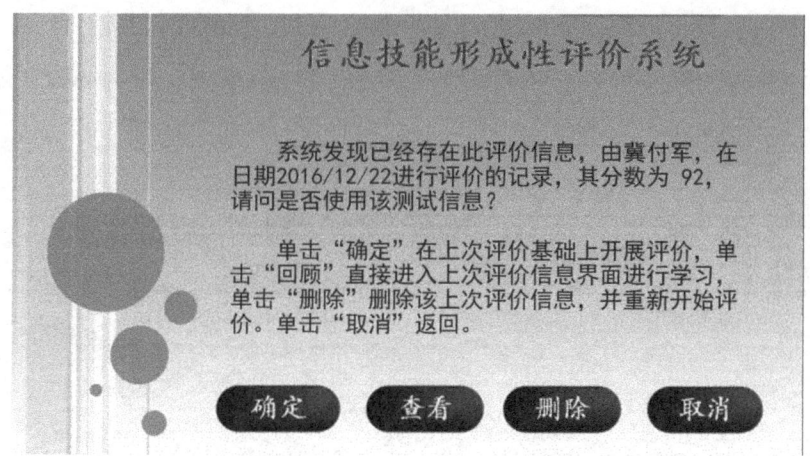

图 3 - 7 信息技能形成性评价系统继续评价询问图

则可以单击"重新选择",系统会自动将评价练习卷定位到所使用练习卷的下一个,如果已经是最后一个了,则会弹出提示。

如果是教师布置的形成性评价作业,则建议做题者不要在界面上单击删除按钮,每次的形成性评价信息都不要删除,这样系统会把本练习卷每次的形成性评价信息全部打包在一起。如果每次删除评价信息,则一条评价信息也没有了,这样就无法将评价信息打包传给教师了,成绩也就传送不到教师那里了。由于每次评价信息系统都会记录,所以学生可以一直进行继续形成性评价,直到全部掌握该作业,再备份传给教师。

三、信息技能出卷、答卷独立技术

信息技能形成性评价系统的出卷功能非常简单,只需要在 Excel 文件中建立三个表:单选题、多选题和判断题(注意字不能写错),然后输入相关试题题目、选项和答案即可。具体截图示意如下(见图 3 - 8 至图 3 - 10)。

制作完成后,注意给该 Excel 文件起一个准确的名字,如"语文一年级一月卷"等。

该文件准备好后,即可单击系统中的评价选择界面,单击图 3 - 11 所示界面左下方的"检查制作练习试卷"即可。检查通过后,系统会弹出让用户指定所制作练习试卷名称的对话框,请仍然给出一个准确的名称,如"语文一年级一月卷"等。如果不想制作,在对话框上取消即可。

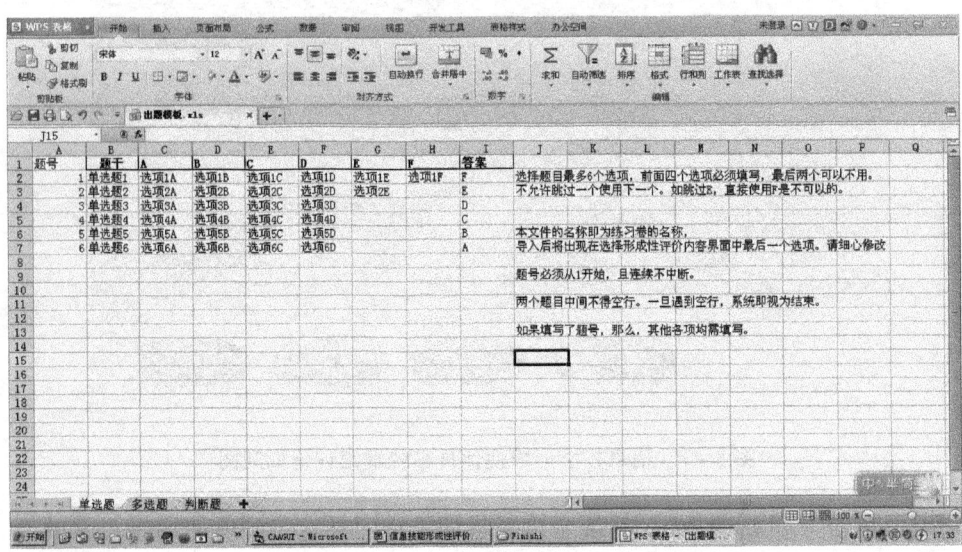

图 3-8　信息技能形成性评价系统单选题制作示意图

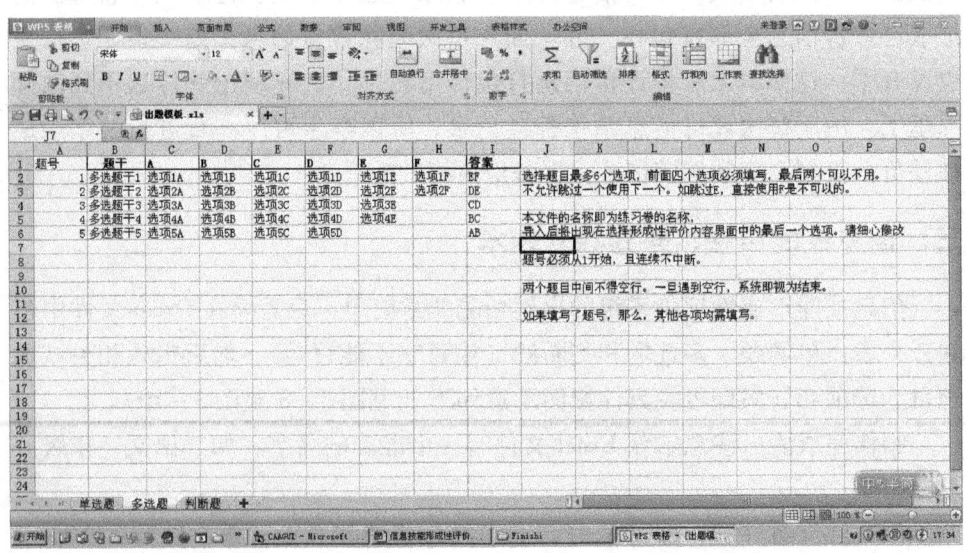

图 3-9　信息技能形成性评价系统多选题制作示意图

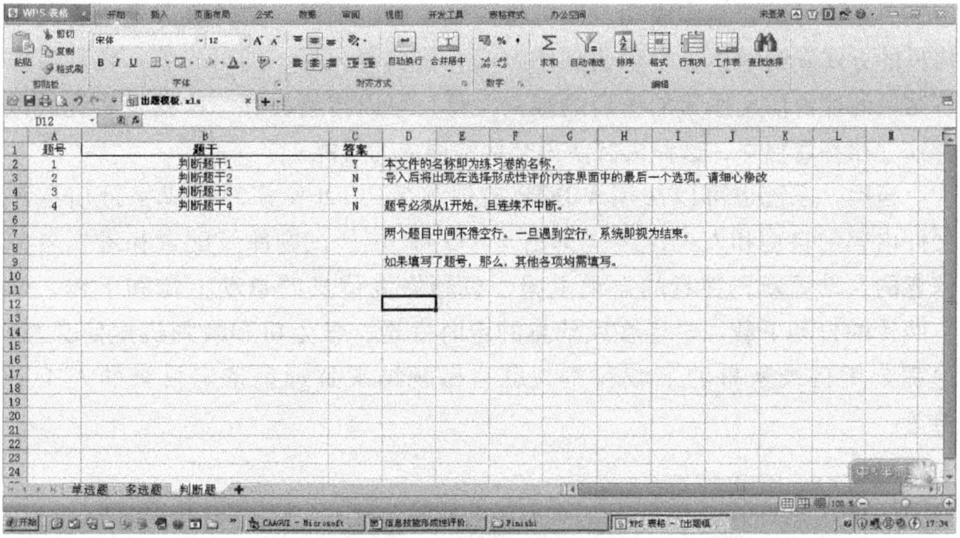

图 3 – 10　信息技能形成性评价系统判断题制作示意图

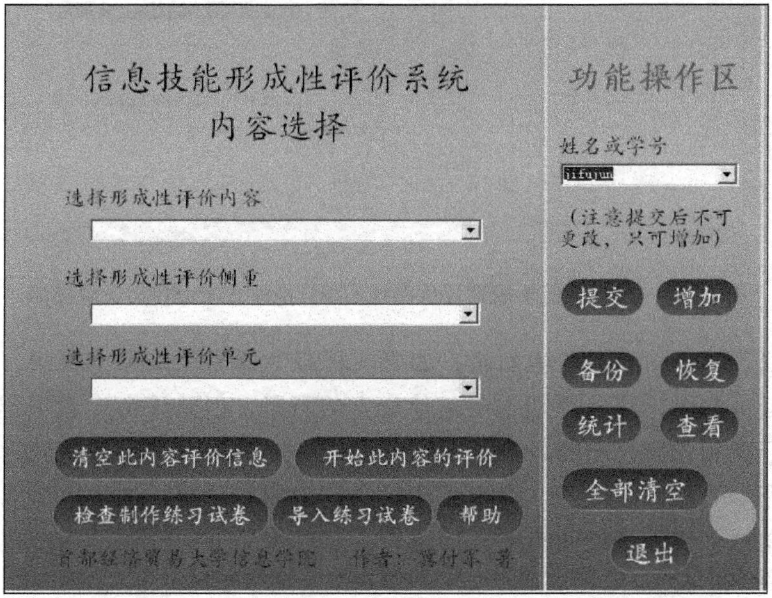

图 3 – 11　信息技能形成性评价系统内容选择主界面

一旦练习试卷制作成功，即可将该试卷通过邮件、文件服务器或者共享拷贝的方式发给学生。学生收到练习卷并将其导入后，即可作答，将最后作答结果的评价信息作为加密后的独立文件，可以传给教师。这就是系统的试卷独立和答卷独立，这种机制使得交换沟通成为可能。

当然，系统也可以使用 VBFTP 控件和 WINSOCK 控件完成字符信息和文件内容的自动和人工传递（见图 3－12）。包括试题库及配置和考生名单信息的自动更新，答卷的自动上报，试题恢复信息的自动上传和下传，学生照片的自动下载，学生在线信息的定时发送，学生机和教师机短信交互，远程公用目录素材的下载和主观题目做题结果到远程指定目录的人工上传等。

图 3－12　信息技能形成性评价系统主观作品题人工上传、下载界面

如图所示，对于该考生而言，如果远程服务器尚无该考生目录，则立即自动创建并显示，尽管可能也有其他学生的目录，但是该考生看不到，只能看到自己的目录和公用的目录，并且可以将本地任何文件都传送到远程自己的目录下，且因系统限制，考生无法传送到公用目录里。考生也可以将公用素材里的任何文件下载到本地任何地方。信息技能形成性评价系统也可以设置答卷自动上报。

在使用 WINSOCK 控件进行远程文件传输时，发现传输多文件、大文件有一些技术上的难处，主要如下：

（1）编程实践中发现的一个限制是最大传输数据块为 8K。

（2）紧紧相连的若干次发送，如果总数据量小于8K，则有时会被一次接收，这样，就会涉及准确拆分问题。

（3）如果发送总数据量大于8K，则会被分为若干次接收，这样就会涉及文件的合并问题。

（4）如果一次发送若干个文件，有大有小，就会涉及准确的区分出各个文件的数据包的问题。这就又包括以下8类子问题：

①接受了一个数据包，这个数据包括一个超过8K的文件的开始部分。

②接受了一个数据包，这个数据包括一个小于8K的文件的开始和全部以及另一个文件的开始部分。

③接受了一个数据包，这个数据包括一个小于8K的文件的开始和全部以及若干个小文件和另一个文件的开始部分。

④接受了一个数据包，这个数据包括一个大文件的结束和另一个文件的开始。

⑤接受了一个数据包，这个数据包括一个文件的结束和若干个小文件和另一个文件的开始。

⑥接受了一个数据包，这个数据包的全部数据只是某个文件的一部分。

⑦接受了一个数据包，这个数据包的全部数据是某个文件的结束部分。

⑧在接收端判断文件结束的问题。

为了实现传输多文件、大文件的编程设计，综合以上考虑思路，设计WINSOCK接收端流程如图3－13所示。

以上传输多文件、大文件的相关功能，具体编程实现的部分核心源代码如下：

```
Private Sub WskServer_ DataArrival （ByVal bytesTotal As Long）
Static t As Long
Dim rvData （） As Byte
Dim thisFile （） As Byte
Dim NextFile （） As Byte
Dim hereByte As Long
Dim NextByte As Long
Dim temp As Integer
Dim P_ ShortFile As Long      'the position of the short files in one bytestotal
```

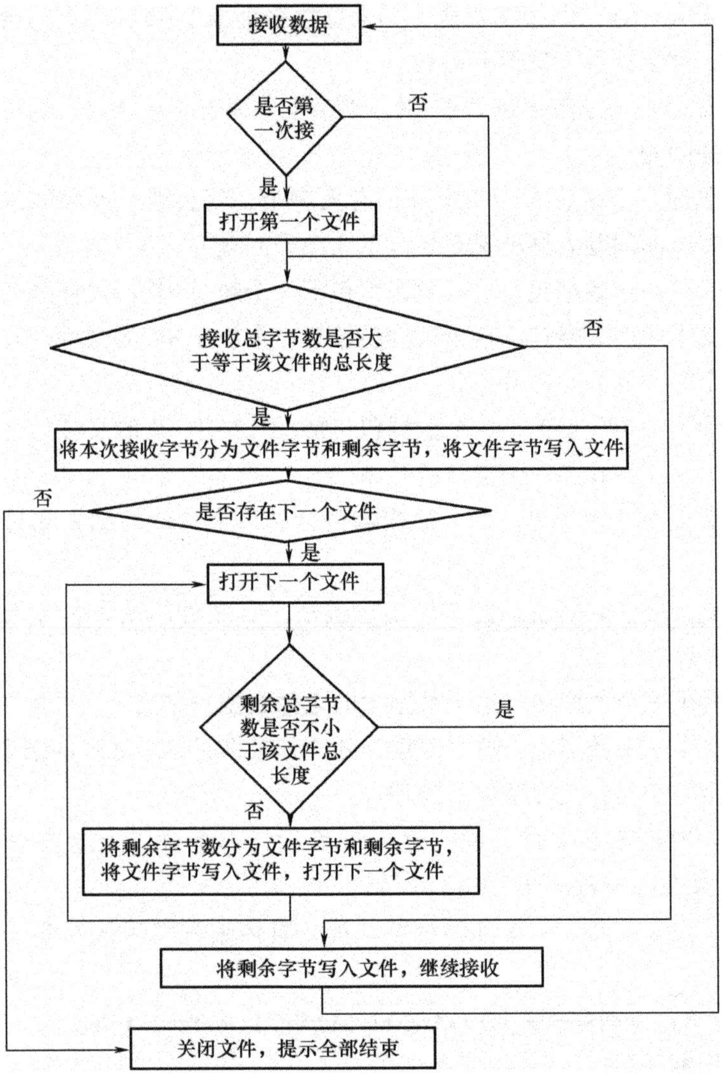

接收数据

是否第一次接 —— 否

↓ 是

打开第一个文件

接收总字节数是否大于等于该文件的总长度 —— 否

↓ 是

将本次接收字节分为文件字节和剩余字节，将文件字节写入文件

是否存在下一个文件 —— 否

↓ 是

打开下一个文件

剩余总字节数是否不小于该文件总长度 —— 是

↓ 否

将剩余字节数分为文件字节和剩余字节，将文件字节写入文件，打开下一个文件

将剩余字节写入文件，继续接收

关闭文件，提示全部结束

图 3 – 13　信息技能形成性评价系统 WINSOCK 接收端流程

P_ ShortFile = 0

t = t + bytesTotal

WskServer. GetData rvData

If t = bytesTotal Then　'the first time, must be a new file

```
    Open dFile For Binary Access Write As #1
End If


If t > = lenFile Then   'the end of last file and the beginning of the next file
sended together
        NextByte = t - lenFile
        hereByte = bytesTotal - NextByte
        P_ ShortFile = 0
shortFile：
        ReDim thisFile (hereByte - 1) As Byte
        For temp = 0 To hereByte - 1
           thisFile (temp) = rvData (temp + P_ ShortFile)
        Next
        Put #1 , , thisFile
        Close #1


    If totalFile < File1. ListCount - 1 Then
            totalFile = totalFile + 1
            sFile = File1. Path + " \ " + File1. List (totalFile)
            dFile = " d：\ " + File1. List (totalFile)
            lenFile = FileLen (sFile)


        If NextByte > lenFile Then
                lenPrev = hereByte   'new hereby beginning
                hereByte = lenFile
                P_ ShortFile = P_ ShortFile + lenPrev + 1
                NextByte = NextByte - hereByte
                NextByte = NextByte - 1 'must erase the eof of the file
                t = NextByte
                Open dFile For Binary Access Write As #1
                GoTo shortFile
```

```
        End If
     NextByte = NextByte－1    'to erase one eof of each file
     t = NextByte
     Open dFile For Binary Access Write As #1
     ReDim NextFile（NextByte－1）As Byte
     For temp = 0 To NextByte－1
        NextFile（temp）= rvData（bytesTotal－NextByte + temp）
     Next
     Put #1，，NextFile
   Else
   MsgBox " all done now"，vbInformation," using " + Str（Timer－timestart）+
" seconds!"
        End If
   Else
     Put #1，，rvData
   End If
   End Sub
```

四、形成性评价组卷及预应用技术

（一）形成性评价组卷策略

对于形成性评价的使用者而言：非形成性评价，对题目不记忆，每次都是随机出现，题量一致。这是题目随机原则。对于形成性评价，则有下面的组卷策略：

其一，每次选择曾做错的题目进行练习，直到全部做对，重新开始抽题。这是题量逐减原则。

其二，每次选择曾做错的题目进行练习，同时会有未做过的新题目出现，这是题量一致原则，直到全部做对，重新开始抽题。

题目在刚开始做时没有次数，会随机抽题。每次应该记录是否做错，只要做错，则后续就必然出现。

1. 组卷参数

在学生考试时，能够自动根据组卷策略设置参数抽调试题，组成试卷。

这些参数如图 3 - 14 所示。

图 3 - 14 信息技能形成性评价系统组卷策略 (2 - 1)

从第 14 个参数以后，自动从题库 type 表中获取知识点并显示出来，以供用户填写权重。该过程的关键语句为：

Add（，" sngBase" + Trim（Str（tmpT － numBfNewPoint）），Trim（Str（tmpT））+ " . " + Trim（tmpRs. Fields（" NAME"））+ " 题占客观题比例"）. SubItems（1）= " 0"

使用循环遍历各知识点类型。

然后再显示 Windows 、IE、Word、Excel、PowerPoint、WPS、网页制作、Outlook Express 等操作题总分及该类型客观题所占客观题权重；最后是打字总分、打字使用时间（分钟）、试卷满分值、试卷平均难度参数（如图 3 - 15 所示）。

2. 组卷分析

对于权重部分的组卷可以分为以下三种情况。

没有设置任何权重：将各部分操作题类型分值所占总分比例作为权重。

部分设置了权重：没有设置权重部分的类型则不出现。

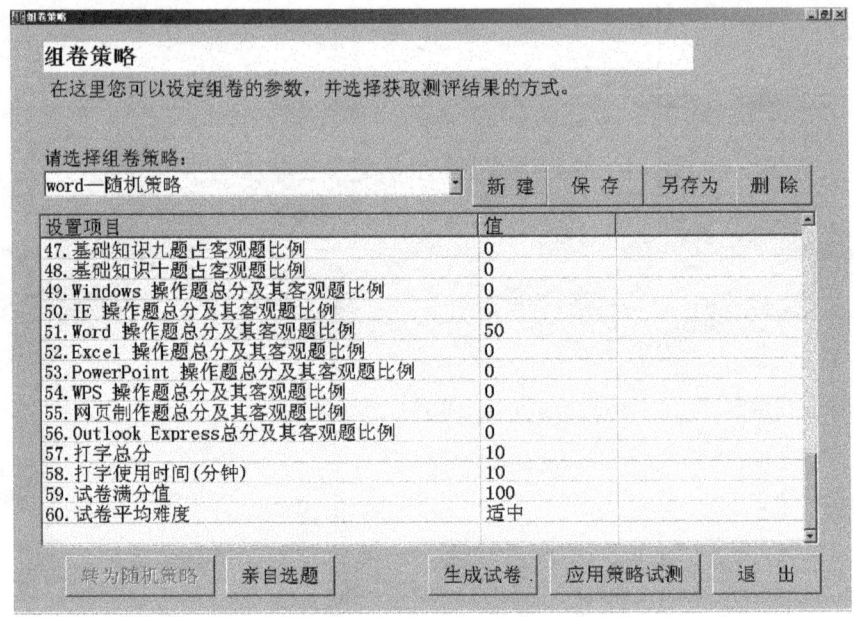

图 3-15　信息技能形成性评价系统组卷策略（2-2）

全部设置了权重：求出总权重，计算出每种类型所占总权重比例作为真实权重。

各类型题量不足又分为以下三种情况：

尚不足每类一题：则按权重从大到小排序，依次分题，分完为止。

不足总量：优先保证每类分配完一题后，剩余的少量题按权重从大到小排序，依次分题，分完为止。

总量足：涉及小数到取整的转换，绝对要保证总题量不变。

此外，还要考虑试卷的总难度情况。

3. 客观题和操作题抽题的解决情况示例

×××操作题总分及其客观题比例，可输入带小数的数字，整数部分表示总分，小数部分表示比例。

操作题目的小数部分的累加和为总值。计算出每一部分的数目。比如：

单选题：20分，10道。

操作题：

IE　　　　　　　0.6表示IE总分20，其客观题比例为0.6

Word　　　　　　0.4表示Word总分20，其客观题比例为0.4

Windows　　　　0.2 表示 Windows 操作空题总分 0，其客观题比例为 0.2

基础知识　　　　0.8

则操作题不出现 Windows 操作题目。

这四部分的客观题比例分别为：

总共 10 道，总权重 0.6 + 0.4 + 0.2 + 0.8 = 2。

IE　　　　　　0.6/2，题量：3

Word　　　　　0.4/2，题量：2

Windows　　　　0.2/2，题量：1

基础知识　　　　0.8/2，题量：4

（二）形成性评价组卷预应用技术

1. 组卷预应用技术——应用策略试测

　　组卷策略出好后，是否是合法的数据，题库中相应类型的题目是否足量、这些都必须确保才能用于考生考试，否则直接使用可能会导致整个考场或班级发生意外混乱。组卷策略预应用技术解决了这一难题，它自动进行数据核查，遇到非法数据会给出友好提示，同时进行真实考试的模拟运行。如果试测成功，则该组卷策略在考生端不会发生意外。如遇题量不足等，会明确给出反馈提示信息。信息技能形成性评价系统组卷策略预应用成功界面如图 3 – 16 所示。

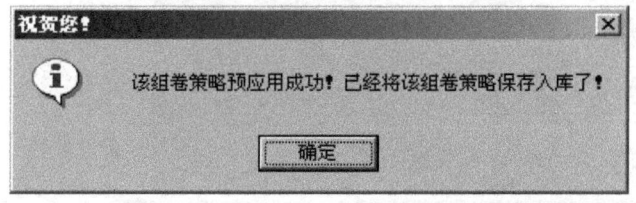

图 3 – 16　信息技能形成性评价系统组卷策略预应用成功界面

2. 试卷与组卷的对应关系

　　一个试卷可以包括一个或多个策略，组卷策略是试题库内固有的，一般改动较少。试卷可以命名为 A 卷、B 卷等，也可以命名为第 1 场、第 2 场等。教委可以事先安排好哪个场次考核哪种策略，到时只需将相应试卷的密码公开即可。该项技术使得试卷跟组卷策略有了一对一或一对多的关系，通过密码即可确定本场使用的策略，而无须重新制定策略或修改策略。并且可以制定本场试卷，可以随机分发指定试卷内的策略，这样学生就不用选择了，避

免使用其他策略而导致无效考试的可能性。另外，对于科目替代性考试的问题也可以得到解决。比如随机选考 Word 和 WPS，但是 IE 必考，就可以使用两个组卷策略：Word + IE 策略和 WPS + IE 策略，然后将这两个策略放入一个试卷内，指定这个试卷为考试试卷，再选中随机分发试卷内的策略即可。信息技能形成性评价系统试卷设置如图 3 - 17 所示。

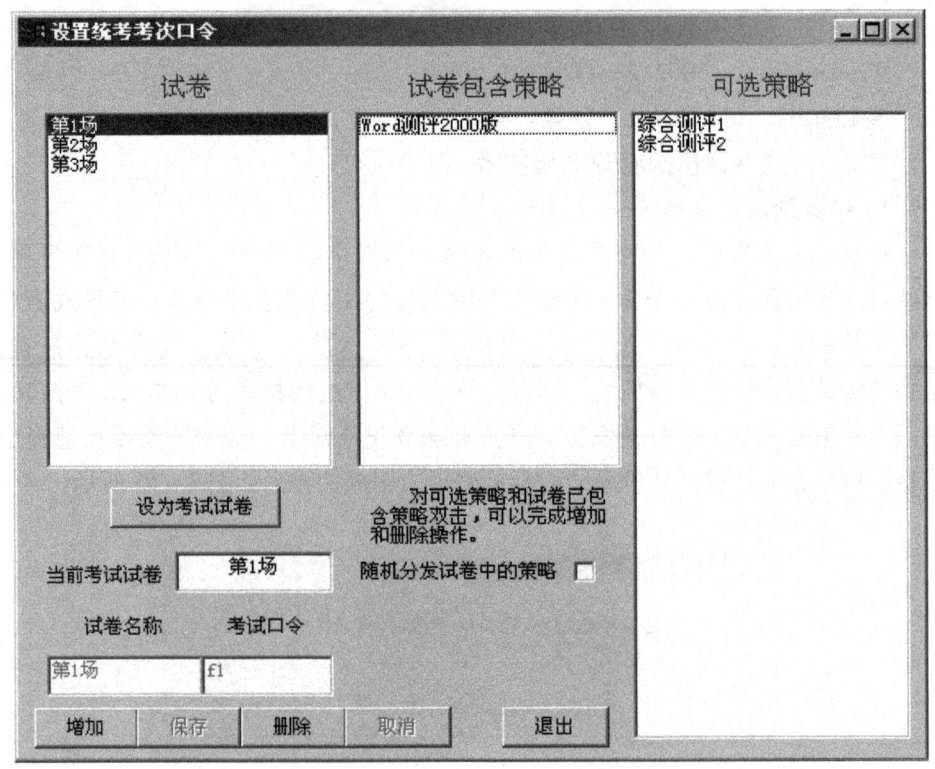

图 3 - 17　信息技能形成性评价系统试卷设置图

五、形成性评价辅助批量导入技术

（一）出客观题和主观题

信息技能形成性评价系统的批量导入出卷功能非常简单，只需要在 Excel 文件中建立三个表：单选题、多选题和判断题（注意字不能写错），然后输入相关试题题目、选项和答案即可。具体截图示意如图 3 - 18 至图 3 - 20 所示。

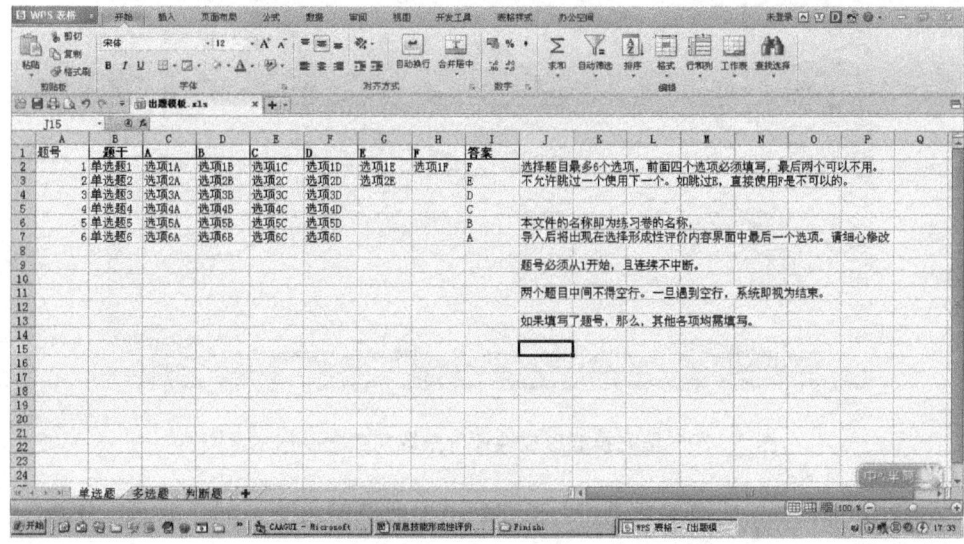

图 3 - 18　信息技能形成性评价系统单选题制作示意图

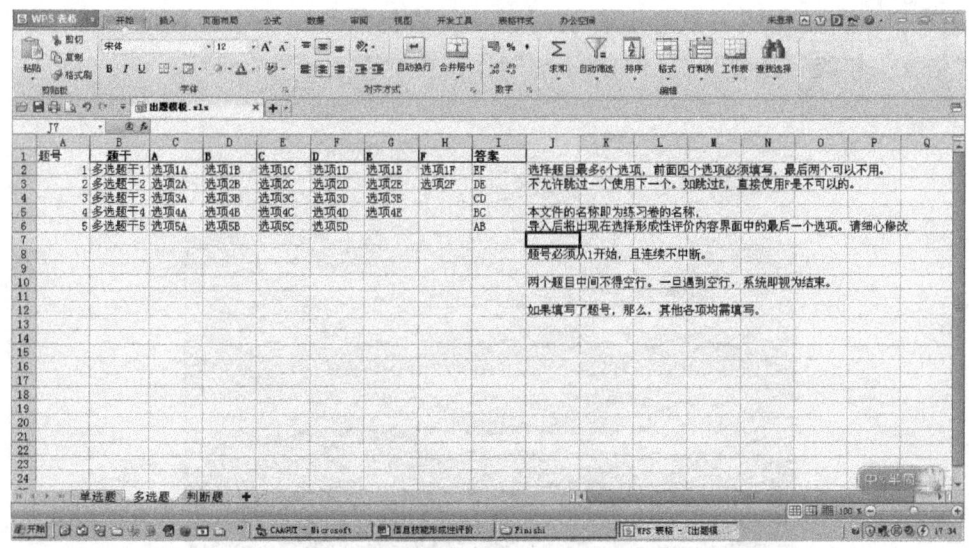

图 3 - 19　信息技能形成性评价系统多选题制作示意图

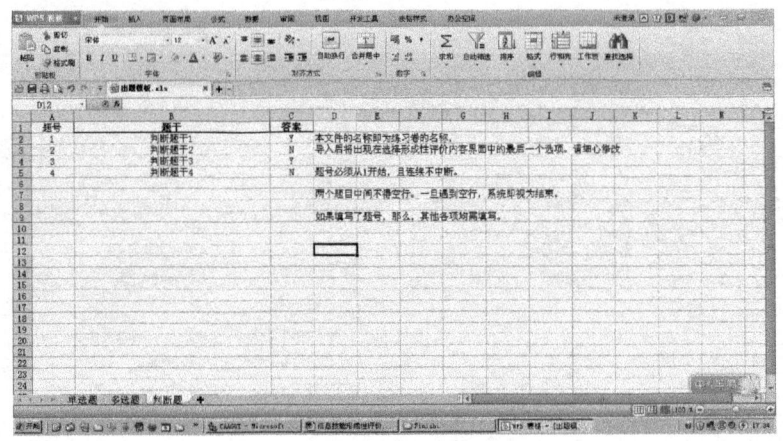

图 3 - 20　信息技能形成性评价系统判断题制作示意图

制作完成后，注意给该 Excel 文件起一个准确的名字，如"语文一年级一月卷"等。

该文件准备好后，即可单击系统中的评价选择界面，单击下面界面左下方的"检查制作练习试卷"即可（见图 3 - 21）。检查通过后，系统会弹出让用户指定所制作练习试卷名称的对话框，请仍然给出一个准确的名称，如"语文一年级一月卷"等。如果不想制作，在对话框上取消即可。

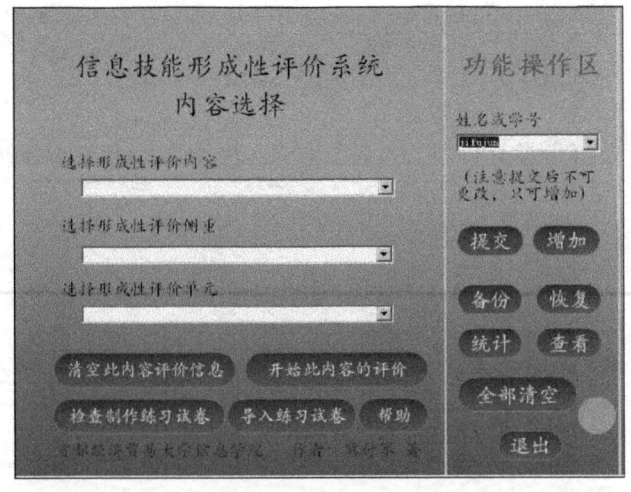

图 3 - 21　信息技能形成性评价系统内容选择主界面

一旦练习试卷制作成功，即可将该试卷通过邮件、文件服务器或者共享拷贝的方式发给学生。学生收到练习卷并将其导入后，即可作答。

（二）出操作题

系统出操作题支持的有如操作题主窗口页面中显示的六项内容，从出题操作的特点上来分，Word、Excel、IE、PowerPoint、FrontPage、WPS 是第一类，IE、Outlook Express 是第二类，Windows 操作系统的是第三类。在现有的信息技能形成性评价系统中，由于出题的复杂性，暂不提供出题功能。

六、形成性评价系统答卷重现技术

答卷重现是指学生考完试或做完练习以后再次看到自己的答卷，并可以知道完整而具体的答题对错分析情况（见图 3 – 22）。测评系统可以让考生练习后立即看到分数及具体的答卷情况，教师机批阅后，可以调出该生的具体答题情况，实现对师生的有效信息反馈。答卷重现采取 Web 页面方式加上智能链接，有利于学生从整体到部分的把握，也为以后的网上成绩查询提供了可能。

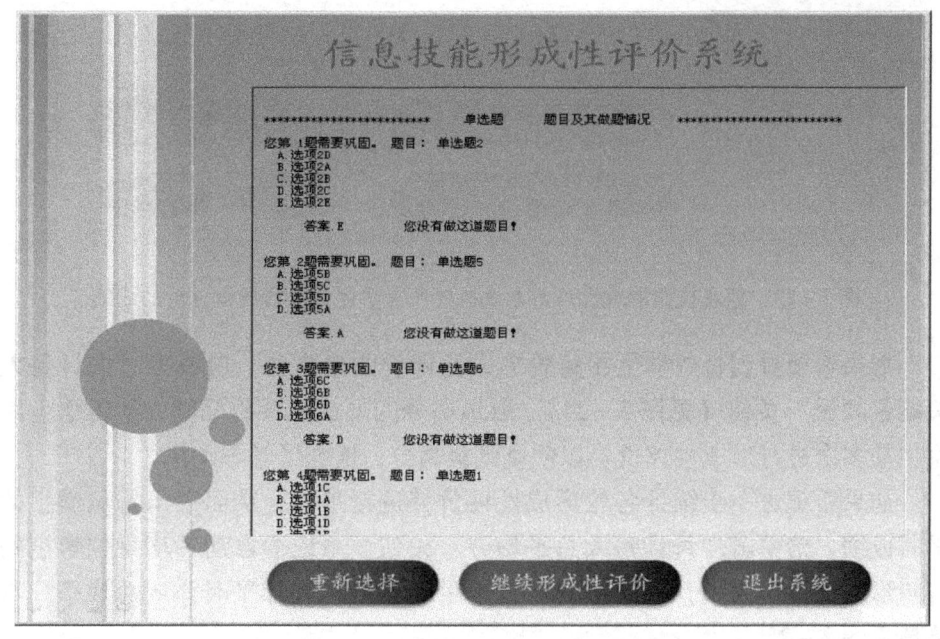

图 3 – 22　信息技能形成性评价系统的评价答卷重现界面

七、形成性评价分级统计查询技术

本系统中教师如何查看统计得知学生提交的成绩？教师将所有学生形成性评价信息恢复到系统中后，单击统计按钮即可查看并统计所有学生的形成性评价成绩。如果希望查看每位学生每次形成性评价的具体信息，请单击"查看每人策略分"按钮（见图3－23）。

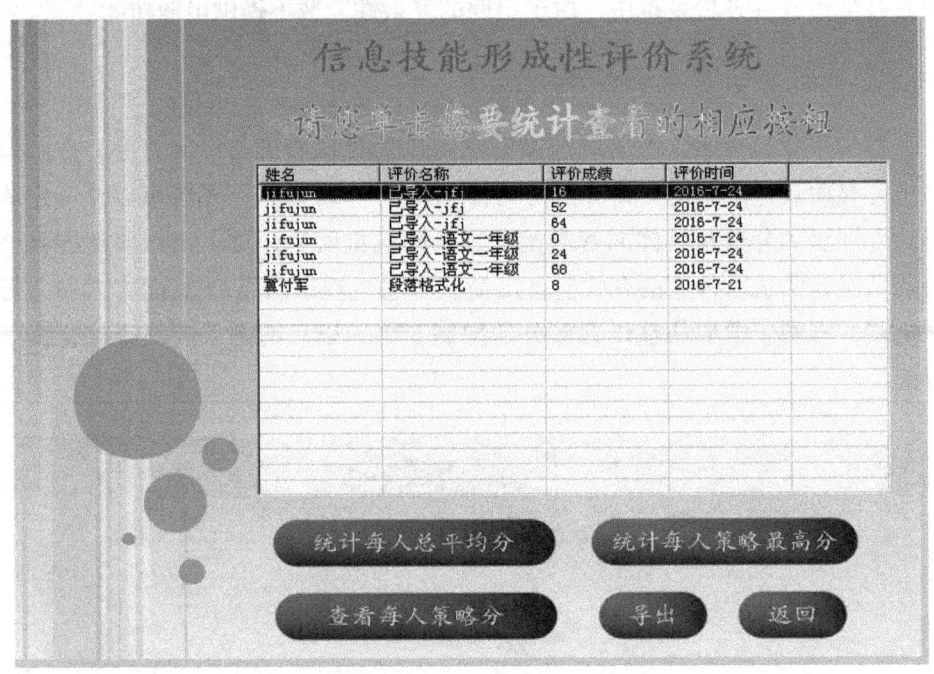

图3－23 信息技能形成性评价系统统计所有学生各次形成性评价的成绩

如果希望看到每位学生在每轮形成性评价的最高分，请单击"统计每人策略最高分"按钮（见图3－24）。取最高分的形成性评价原则，使得学生愿意主动多次进行形成性评价，以便拿到最高分，增强了学习动机。

如果希望进一步统计各轮形成性评价并进行平均，从而得出每位学生的平时成绩，请单击"统计每人总平均分"按钮。系统会自动平均每位学生的各轮形成性评价成绩，进而得到每位学生的总平均分即平时作业总成绩。具体请见图3－25。

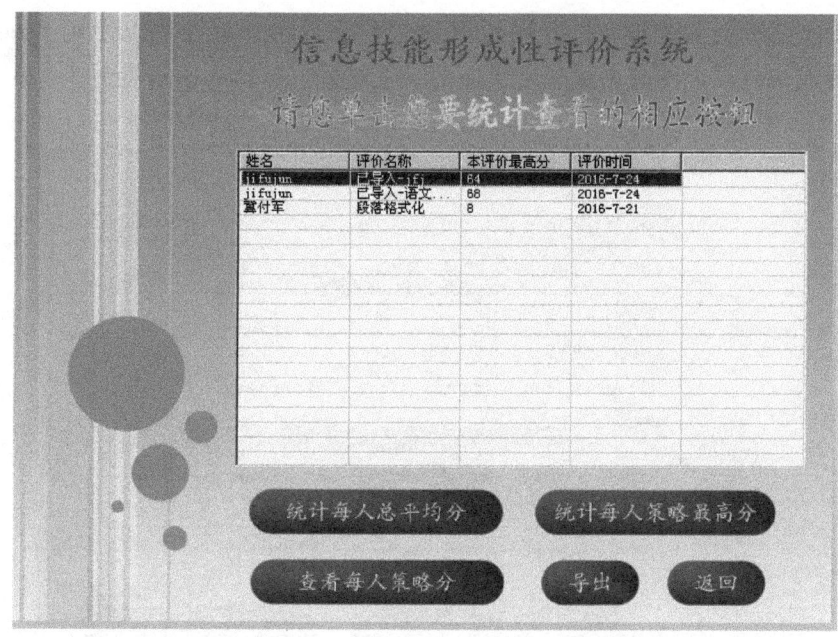

图 3-24　信息技能形成性评价系统统计每位学生在每轮形成性评价的最高分

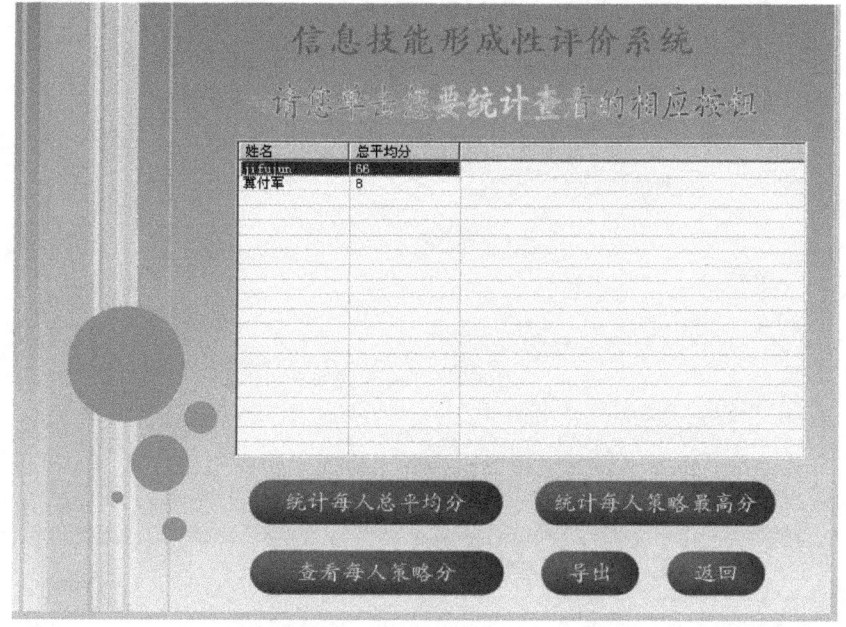

图 3-25　信息技能形成性评价系统统计各位学生的平时成绩

以上三种查询统计，均可以导出到 CSV 文件中，从而可以使用 Excel 打开编辑或修改或以图表形式呈现最后的统计结果。具体导出请见图 3 - 26。

图 3 - 26　信息技能形成性评价系统将统计结果导出为 CSV 文件

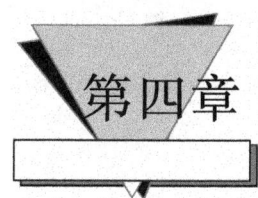

第四章

信息技能形成性评价系统
开发实现

开发教学软件不像其他行业。面对同一个教学软件，不同的教师有不同的应用体会，每一个教师都可以对其评头论足，往往是"公说公有理，婆说婆有理"。常说"教学是一门艺术"，可艺术本身是很难把握规律，也很难准确地定义清楚的。一个企业如果要开发涉及"艺术"性的教学层次的系统，往往会困难一些。①

第一节　信息技能形成性评价系统测试开发实现

基于网络的技能测试系统，不仅能够实现情境技能测评，还能够实现题库等信息的自动接收，控制信息的自动读入，以及答卷和操作结果的网络上报。其结构示意图如图4-1所示。

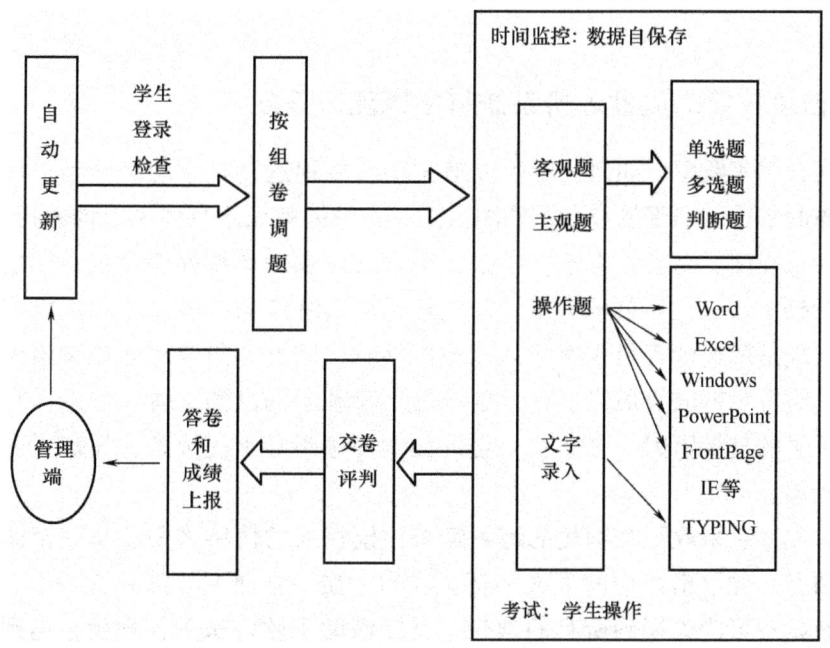

图4-1　信息技能形成性评价系统结构示意图

---

① 阮滢，赵刘成，李谨．教育软件企业生存启示录［J］．中小学信息技术教育，2004（2）．

一、信息技能形成性评价系统客观题测试开发

由于大学信息技能教育中计算机基础知识部分的内容比较多，对于这部分的考试和练习，使用测评系统和收分分析系统，可以实现基础知识部分的课堂测评。这样可以省去教师的很多阅卷、判作业的单调劳动量，在一定程度上提高了教育教学效率。例如，所有学生的答题情况可以当堂得知，使得教师可以立即根据学生情况调整教学策略。这一点，在人工判卷的情况下是连想都不敢想的。同时，在客观题目随机抽取的情况下，相邻考生的试题可能互不相同，即使抽中同一道题，选项也互不相同；在固定策略的情况下，教师指定学生测试用题，但学生的测试题目顺序被打乱了，选项也互不相同；此外还可以进行试题迷惑度的分析。同时，大学信息技能教育是一门技术含量比较高的实践性课程，因此，只针对客观题目进行测验，并不能真正体现出重操作。

二、信息技能形成性评价系统打字题测试开发

在教学实践中，如何让学生能够主动积极地进行打字的练习是一件令教师头痛的事情。如果没有合适的测试工具，教师就无法具体说出谁的指法快，快到什么程度。而且，由于打字是一个非常枯燥的单调操练过程，学生往往不愿意打字。可是如果不练习，首先是无法熟练应用新教材讲到的汉字输入法，其次是影响计算机汉字录入水平的达标。因此，怎样才能让学生愿意打字、喜欢打字就成为最终设计、制作出这套基于网络的包含文字录入在内的测评系统的直接原因。它是在一定的教学理论指导下完成的，体现了一定的教学思想。

首先，它采取了个别化的练习策略，模拟人的情感来关注每一个同学的具体情况，并给出相应的人文关怀。因为，在一堂课上教师只有一个，无论如何教师不可能关怀到所有的学生，所以借助于软件来关怀学生，达到了很好的效果，既全面，又个别。

其次，测评过程中应用维果茨基的"最近发展区"的教学思想。学生的每一次破纪录，实际上就是在最近发展区中向前进步。学生破自己的纪录，是可以达到的，同时又不会很容易地达到，需要经过一番努力才能够达到。根据"最近发展区"的理论，这是最适宜个人取得进步的。因此，在软件配

合计算机教材汉字输入法时，允许学生在一个有限的时间段内练习多次。可以规定取学生的最好成绩作为一次平时成绩，大大激发了学生的练习热情。这也体现了测评软件为教学所用的一个方面。

最后，设计的测评系统要让学生及时得到有效的反馈，不但随时感受到自身的进步，同时还可以通过网络和老师立即得知本人水平在班级的情况。老师可以在教师机上直接看出每一个人的成绩，并且可以直观地看出打字成绩分布直方图，以及平均水平等，从而为学生提供反馈。学生则从纵向和横向两方面得到反馈，从软件和教师两个角度得到激励。心理学研究证明，对个体行为的反馈越及时、越准确，就越有效，越能引起个体学习者的学习动机。由于软件恰当有效的评价和人文关怀，再加上老师的引导，有的学生甚至要求再打一次。

有效的反馈同时也反映在测试的公平上，因此，怎样给出学生公平的测试成绩成为一个关键。现有的很多打字软件没有将打字速度和正确率结合起来。市场上有很多软件，如果使用者胡乱打的话，可以取得很高的速度，尽管错误率很高。这是不行的，会误导学生。那么怎样既考虑到速度，又考虑到准确率呢？所以，应该采取的策略是将每分钟正确的字（符）数计为打字成绩，同时规定必须正确率在75%以上才可以记录成绩。这样就有效地杜绝了作弊、使用者胡乱打的行为。

三、信息技能形成性评价系统操作题测试开发

测验工具的出现实际上是信息技术和信息技术学科本身高层次整合的结果之一。利用信息技术来实现对信息技术技能的测评，克服了测评操作题目难度大的缺点，使得计算机不但能够实现对客观题目的测评，而且能够对操作题目进行测评。然而，很多测评软件往往只是单机版的，这使得教师要事前将所有试题复制到学生机上，而且对于判卷结果，教师还要一台台查看，对测评结果的统计分析带来了很大的麻烦。这些缺点都使得测评工具难以在课堂中有效使用。这些软件虽然提高了测评的效率和公平性，也免去了老师评判的工作量，但却由于试题不能自动更新、成绩不能自动汇总分析，仍然给教师的实际使用，尤其是课堂测评的使用，带来了很大的不方便。

在保证能够测评客观题和操作题目的基础上，要想能够将计算机技能测评用于课堂教学，进行课堂评定，开展形成性评价，必须满足三个条件：第一，必须保证出题的方便、快捷和有效，并且在支持随机出题的情况下允许

教师指定学生所用的试题。只有这样，教师才不致在出题上浪费太多的时间，而且也可以保证学生用的都是教师刚刚出过的练习。第二，必须在网络的支持下进行。只有这样，教师出完题后，学生机的试题才能够立即更新，做完试题后，试卷才可以立即上报集中。第三，学生做完题目后，可以立即评判，可以查看自己做题的详细情况。这样，教师就可以当堂得知所有学生的答题情况，从而可以立即根据学生情况调整教学策略。利用网络所带来的这些优势，在人工判卷的情况下是根本做不到的。

在教学实践中，使用信息技能形成性评价系统平台，获得了较好的实践效果。当教师讲完一个操作知识点后，则使用固定策略让学生在真实操作情境中当堂练习所学过的知识点，并通过网络汇总分析学生掌握情况。同时，每个学生做完课堂练习交卷后，还可以立即看到自己的详细做题情况，以便当堂纠错。学生无法找到出错原因时，教师再进行个别化辅导，从而使得教师的精力更加有的放矢。通过测评系统也做到了反馈更加及时、准确、全面、个别。技能自动测评应成为大学信息技能教育课堂测评的主要方式。①

（一）Windows 技能形成性评价工具开发和代码实现

Windows 技能形成性评价工具开发的核心，就是获取操作系统文件系统中的知识点对应的属性名称及其值，取到值后，就可以与标准值进行对比，判断给分了。所以取出对应知识点的属性值是最为重要的，当然前提是需要知道对应知识点的对应属性名称。下面根据知识点名称的不同，给出核心取值语句，使用 Select Case 分支语句进行代码实现。具体代码如下：

根据知识点进行相关操作取值，主要是取用户操作后的相关值，并进行是否给分判断。

```
Select Case. ValueName
        Case " 文件夹. 新建"
                sArgs = Split（. Value,"；"）
                If UBound（sArgs）= 1 Then
                        If moFS. FolderExists（msUserPath & sArgs（0）&
"\" & sArgs（1））Then
                                sValue =. Value
```

① 冀付军，何克抗. 信息技术教育课堂测评问题探索［J］. 中国远程教育，2004（1）：60－62.

```
                    End If
                End If
            Case "  文件．创建"
                sArgs = Split (. Value,";")
                If UBound (sArgs) = 1 Then
                    If moFS. FileExists (msUserPath & sArgs (0) &
" \" & sArgs (1)) Then
                        sValue =. Value
                    End If
                End If


            Case "  文件夹．重命名"
                sArgs = Split (. Value,";")
                If UBound (sArgs) = 1 Then
                    If Not (moFS. FolderExists (msUserPath & sArgs (0)))
And moFS. FolderExists (msUserPath & moFS. GetParentFolderName (sArgs (0))
& "  \ " & sArgs (1)) Then
                        sValue =. Value
                    End If
                End If


            Case "  文件夹．移动"
                sArgs = Split (. Value,";")
                If UBound (sArgs) = 1 Then
                    If (Not (moFS. FolderExists (msUserPath & sArgs
(0)))) And moFS. FolderExists (msUserPath & sArgs (1) & " \ " &
moFS. GetBaseName (sArgs (0))) Then
                        sValue =. Value
                    End If
                End If
```

```
        Case " 文件. 重命名"
                sArgs = Split (. Value,"；")
                If UBound（sArgs）= 1 Then
                        If Not（moFS. FileExists（msUserPath & sArgs（0）））
And moFS. FileExists（msUserPath & moFS. GetParentFolderName（sArgs（0））&
" ＼ " & sArgs（1））Then
                                sValue =. Value
                        End If
                End If


        Case " 文件. 移动"
                sArgs = Split (. Value,"；")
                If UBound（sArgs）= 1 Then
                        If Not（moFS. FileExists（msUserPath & sArgs（0）））
And  moFS. FileExists（msUserPath & " ＼ " & sArgs（1）& " ＼ " &
moFS. GetFileName（sArgs（0）））Then
                                sValue =. Value
                        End If
                End If


        Case " 文件夹. 拷贝"
                sArgs = Split (. Value,"；")
                If UBound（sArgs）= 1 Then
                        If moFS. FolderExists（msUserPath & sArgs（0））And
moFS. FolderExists（msUserPath & sArgs（1）& " ＼ " & moFS. GetBaseName
（sArgs（0）））Then
                                sValue =. Value
                        End If
                End If


        Case " 文件. 拷贝"
```

```
            sArgs = Split (. Value," ; ")
            If UBound (sArgs) = 1 Then
                    If moFS. FileExists (msUserPath & sArgs (0)) And
moFS. FileExists (msUserPath & sArgs (1) & " \ " & moFS. GetFileName
(sArgs (0))) Then
                            sValue =. Value
                    End If
            End If


        Case " 文件夹. 删除"
            If Not (moFS. FolderExists (msUserPath &. Value)) Then
                sValue =. Value
            End If


        Case " 文件. 删除"
            If Not (moFS. FileExists (msUserPath &. Value)) Then
                sValue =. Value
            End If


        Case " 快捷方式. 创建"
            Dim strtmp As String
            strtmp =. Value
            strDesktop = Left (. Value, InStr (1, . Value," ; ") -1)
            . Value = Mid (. Value, InStr (. Value," ; ") + 1)


            tmpStr = getword (winP. getWinSys," sys") + " Desktop"
& " \ " & strDesktop


            'the following is edited by jifujun, 4. 13
                If moFS. FileExists (getword (winP. getWinSys," sys") +
"Desktop" & " \ " & strDesktop) Then
```

```
            tmpStr = getword (winP. getWinSys," sys") + "Desktop" &
"  \ " & strDesktop
            End If
            If moFS. FileExists (getword (winP. getWinSys," sys") +
"桌面" & "  \ " & strDesktop) Then
                tmpStr = getword (winP. getWinSys," sys") + "桌面"
& "  \ " & strDesktop
            End If
            If moFS. FileExists (" c: \ docume ~ 1 \ admini ~ 1 \ 桌面 \ "
& "  \ " & strDesktop) Then
                tmpStr = " c: \ docume ~ 1 \ admini ~ 1 \ 桌面 \ " & "  \ "
& strDesktop
            End If
            If moFS. FileExists (" c: \ docume ~ 1 \ admini ~ 1 \ desktop \ "
& "  \ " & strDesktop) Then
                tmpStr = " c: \ docume ~ 1 \ admini ~ 1 \desktop \ " & "  \ "
& strDesktop
            End If
            If moFS. FileExists (" c: \ docume ~ 1 \ alluse ~ 1 \ 桌面 \ " &
"  \ "& strDesktop) Then
                tmpStr = " c: \ docume ~ 1 \ alluse ~ 1 \ 桌面 \ " & "  \ "
& strDesktop
            End If
            If moFS. FileExists (" c: \ docume ~ 1 \ alluse ~ 1 \ desktop \ "
& "  \ " & strDesktop) Then
                tmpStr = " c: \ docume ~ 1 \ alluse ~ 1 \ desktop \ " & "  \ "
& strDesktop
            End If
            Set objShort = objWSH. CreateShortcut (tmpStr)
            If LCase (objShort. TargetPath) = LCase (. Value) Then
                . Value = strtmp
```

```
        sValue  =. Value
    End If
moFS. DeleteFile tmpStr
    End Select
```

（二）Word 技能形成性评价工具开发和代码实现

Word 技能形成性评价工具开发的核心，就是获取答案文档中的知识点对应的属性名称及其值，取到值后，就可以与标准值进行对比，再判断给分。所以知道对应知识点的属性或对象值是最为重要的，当然有个重要前提就是需要能够对知识点对象进行正确选取，下面根据知识点名称的不同，给出部分核心对象类属定义语句，使用 IF 语句进行代码判断，具体代码如下。

根据知识点判断应该选择的对象类属：

```
If sPointDir  = " 字体" Then
Result_ 字体 WORD_ gPointObject

ElseIf sPointDir  = " 段落" Then
Result_ 段落 WORD_ gPointObject

ElseIf sPointDir  = " 首字下沉" Then
Result_ 首字下沉 WORD_ gPointObject

ElseIf sPointDir  = " 项目符号和编号" Then
Result_ 项目符号和编号 WORD_ gPointObject

ElseIf sPointDir  = " 边框" Then
Result_ 边框 WORD_ gPointObject

ElseIf sPointDir  = " 底纹" Then
Result_ 底纹 WORD_ gPointObject

ElseIf sPointDir  = " 分栏" Then
  wordApp. Visible = True
```

Result_ 分栏 WORD_ gPointObject

ElseIf sPointDir = " 页眉" Or sPointDir = " 页脚" Then
Result_ 页眉和页脚 WORD_ gPointObject

ElseIf sPointDir = " 页面设置" Then
Result_ 页面设置 WORD_ gPointObject

ElseIf sPointDir = " 打印" Then
'Judge_ Special_ PrintDialog

ElseIf sPointDir = " 表格" Then
Result_ 表格 WORD_ gPointObject

ElseIf sPointDir = " 艺术字" Then
Result_ 艺术字 WORD_ gPointObject

ElseIf sPointDir = " 图形" Then
Result_ 图形 WORD_ gPointObject

ElseIf sPointDir = " 文本框" Then
Result_ 文本框 WORD_ gPointObject

ElseIf sPointDir = " 文本选定区域" Then
Result_ 文本选定区域 WORD_ gPointObject

Else
'MsgBox " 无此知识点处理模块，请检查知识点的选取是否有问题。",
vbInformation + vbOKOnly
End If

（三）Excel 技能形成性评价工具开发和代码实现

Excel 技能形成性评价工具开发的核心，就是获取答案文档中的知识点对

应的属性名称及其值，取到值后，就可以与标准值进行对比，再判断给分。所以知道对应知识点的属性或对象值是最为重要的，当然有个重要前提就是需要能够对知识点对象进行正确的选取。下面根据知识点编号的不同，给出部分核心知识点对应属性值的取值语句，使用 select case 语句进行知识点编号代码分支判断。具体代码如下（此处限于篇幅，仅仅列出部分知识点编号对应的属性值）。

```
'根据知识点编号取得对应属性值。
Case 106     '删除线
        sValue =. Font. Strikethrough
        If. MergeCells Then
                sValue =. Cells（1，1）. Font. Strikethrough
        End If
Case 107     '下划线
        sValue =. Font. Underline
        If. MergeCells Then
                sValue =. Cells（1，1）. Font. Underline
        End If
Case 108     '阴影
        sValue =. Font. Shadow
        If. MergeCells Then
                sValue =. Cells（1，1）. Font. Shadow
        End If
Case 109     '颜色
        sValue =. Font. Color
        If. MergeCells Then
                sValue =. Cells（1，1）. Font. Color
        End If
Case 151     '图表. 标题
        sValue =. Chart. ChartTitle. Caption
Case 152     '图表. 类型
```

```
            sValue =. Chart. ChartType
Case 153      '图表. 数据系列
            sValue =. Chart. PlotBy
Case 154      '图表. 图例位置
            sValue =. Chart. Legend. Position
Case 155      '图表. 数据标志
            sValue =. Chart. SeriesCollection. Item （1）. Points （1）. DataLabel.
Type
Case 156      '图表. 数据源
            sValue = ""
            With. Chart
                For I = 1 To. SeriesCollection. Count
                        sValue = sValue &. SeriesCollection （I）. Formula
                Next I
            End With
Case 200      '工作表图表. 数据源
            sValue = ""
            For I =1 To. SeriesCollection. Count
                        sValue = sValue &. SeriesCollection （I）. Formula
            Next I


Case 201      '工作表图表. 标题
            sValue =. ChartTitle. Text
Case 202      '工作表图表. 类型
            sValue =. ChartType
Case 203      '工作表图表. 数据系列
            sValue =. PlotBy
Case 204      '工作表图表. 图例位置
            sValue =. Legend. Position
Case 205      '工作表图表. 数据标志
            sValue =. SeriesCollection （1）. Points （1）. DataLabel. Type
```

Case 206 '工作表图表.工作表名

　　sValue =.Name

（……此处略去部分知识点编号。）

Case 502，505 '" 数据处理.自动筛选"

　　For I = 1 To. Rows. Count

　　　If. Rows（I）.Hidden Then

　　　　sValue = sValue & I & " . "

　　　End If

　　Next I

（四）PowerPoint 技能形成性评价工具开发和代码实现

PowerPoint 技能形成性评价工具开发的核心，就是获取答案文档中的知识点对应的属性名称及其值，取到值后，就可以与标准值进行对比，再判断给分。所以知道对应知识点的属性或对象值是最为重要的，当然有个重要前提就是需要能够对知识点对象进行正确的选取。下面根据知识点编号的不同，给出部分核心知识点对应属性值的取值语句，使用 select case 语句进行知识点编号代码分支判断。具体代码如下（此处限于篇幅，仅列出部分知识点编号对应的属性值）。

'根据知识点编号取得对应属性值。

Case 25 '" 动画效果.动画效果"

　　　sValue =.AnimationSettings. EntryEffect

Case 26 '" 动画效果.声音"

　　　sValue =.AnimationSettings. SoundEffect. Name

Case 27 '" 动画效果.动画播放后动作"

　　　sValue =.AnimationSettings. AfterEffect

Case 28 '" 动画效果.动画播放后颜色"

　　　sValue =.AnimationSettings. DimColor. RGB

Case 29 '" 图表动画效果.引入图标元素方式"

　　　sValue =.AnimationSettings. ChartUnitEffect

Case 30，31 '" 图表动画效果.网格线和图例使用动画","自选图形.动画形状"

　　　sValue =.AnimationSettings. AnimateBackground

```
Case 32 '"  自选图形．引入文本方式"
        sValue = . AnimationSettings. TextUnitEffect
Case 33 '"  自选图形．按照层段落分组"
        sValue = . AnimationSettings. TextLevelEffect
Case 34 '"  自选图形．相反顺序"
        sValue = . AnimationSettings. AnimateTextInReverse
Case 35 '"  艺术字．文本"
        sValue = . TextEffect. Text
Case 36 '"  艺术字．填充色"
        sValue = . Fill. ForeColor. RGB
Case 37 '"  艺术字．线条色"
        sValue = . Line. ForeColor. RGB
Case 38 '"  艺术字．线条虚实"
        sValue = . Line. DashStyle
Case 39 '"  艺术字．线条粗细"
        sValue = . Line. Weight
Case 40 '"  艺术字．半透明"
        sValue = . Fill. Transparency
Case 41 '"  艺术字．旋转角度"
        sValue = . Rotation
Case 42 '"  表格．行"
        sValue = . Table. Rows. Count
Case 43 '"  表格．列"
        sValue = . Table. Columns. Count
```
（……限于篇幅，代码不再列出。）

四、信息技能形成性评价系统主观题测试开发

　　仅仅使用客观题和操作题来评测学生的信息技能，不足以充分发挥学生的创造性，因此在使用客观题和操作题的同时，每隔一定时期（例如一个月），使用作品评价来作为测评系统的一个补充，是比较完善的一种办法。通过主观题目或作品来检查学生的综合运用能力、创新能力，可收到较好效果。

作品评价是信息技术技能课堂测评一种必不可少的有益补充。技能测评系统可以包含主观题目的考核。此时，测评系统起到试题网络发放、收集、教师机呈现、成绩记录、评语登记、分数汇总的功能。

五、信息技能形成性评价系统测试开发的特点

（1）通过网络，试题自动更新，最大限度地实现了教师在课堂上即出即测的需求，从而更加确切地实现了教师的主导和学生的主体。自动评分则大大节省了教师的时间，可以进行教学个别化辅导。

（2）网络测评能实现真实环境下的技能考核，可以很好测评学生的计算机操作能力和解决实际问题的能力，有利于发挥考试的导向作用，有助于充分发挥学生操作的自主探索性，培养计算机操作思维能力，为实现信息技术的创新应用打下基础，进而培养学生的创新精神。

建构主义认为，学校教学应该尽可能根据自然情境来建立教学模式。学校常常是在人工环境中教学生那些从实际环境中抽象出来的一般性知识和技能，而这些一般性知识和技能常常被遗忘或只是保留在学校内部，当在校外需要时不容易回忆或提取出来。为此，社会建构主义的学者们强调情境性学习、情境性认知。情境性认知的重要意义在于，自觉地向学生支出所学内容的实际应用意义，讨论解决现实问题的各种可能方法等。

（3）学生网络测评结束后，可以立即在成绩网页上看到测评结果，增加了考试成绩的透明度（教师也可以通过网络控制让学生不能立即看到分数），还可以通过网络查看该考生详细的做题情况，从而可以做到在操作的真实情境下、在测试这个注意力高度集中的环境下对自己的薄弱知识点和技能点进行巩固，重新建构或者修正自己的技能。心理研究证明，对学生学习的反馈越及时，就越有效。网络化保证了反馈的及时有效，使得教师可以立即得知整体和个别的学生情况，实现了教学评测的个别化、学生考后学习的个别化。应用维果茨基的"最近发展区"的教学思想，学生的每一次破纪录，实际上就是在最近发展区中向前进步。而破自己的纪录，是可以达到的，同时又不会很容易达到，需要经过一番努力才能够达到。根据"最近发展区"的理论，这是最适宜个人取得进步的，能够大大激发学生的练习热情。

（4）网络测评保证计算机测评的公平性、快速性、准确性和全面性，以及试卷下发和成绩提交的统一性，统一更新，统一交卷到教师机（系统自动测评得出成绩并提交服务器）。采取组卷策略从题库自动抽题组卷，保证试题的差异性与考试的公正性。网络情境测评解决了教师主观判断评价导致的速度慢、工作量大、评分标准不统一的问题，便于教师及时做出对所有同学的评价。课堂评定中这种测验实际上就是形成性评价。形成性评价对教师教学策略的调整、对学生学习的情况总结和知识巩固有着不可替代的作用。对于教学而言，它的作用比诊断性评价或者总结性评价要重要得多。

（5）网络测评提供成绩回收的多种途径（包括网络回收和本地回收在内），防止客观原因导致考试成绩的遗失，保证考试的安全性。这主要是考虑到测验或考试的严肃性、公平性和全体性。

（6）网络化测验工具有效地降低了在机房环境下进行教学所带来的负面影响。在网络环境下，加上学生人手一机，往往造成他们的注意力不如在教室集中，教师对学生的控制能力也不如在教室强。如果学生自控能力差、辨别能力差，则往往不能有效地达到教学目标。由于 IT 技能考试平台是可以用于形成性评价的测验工具，每个学生都有自己的明确目标，即把测验做好，所以能够有效地增强对学习内容的导向性，能够明显地增强学生的自控能力，对学生以后的学习也能起到一个很好的指导作用，尤其是教师仍然是课堂的主导。测评只有网络化才能给教师提供及时有效的全体学生的学习情况，方便教师进行教学调整。

第二节　信息技能形成性评价系统出卷开发实现

命题系统包括两部分，一部分是对题库中的题目进行维护（包括添加、删除、修改），另一部分是对组卷策略的维护。系统支持的组卷策略有固定和随机两种。试题内容包括 Office 办公软件中的 Word、Excel、PowerPoint、FrontPage、Outlook Express 和 WPS、IE 及 Windows 操作系统方面的内容。命题的题型包括单选题、多选题、判断题、文字录入、主观题和操作题。该系统出题功能结构如图 4-2 所示。

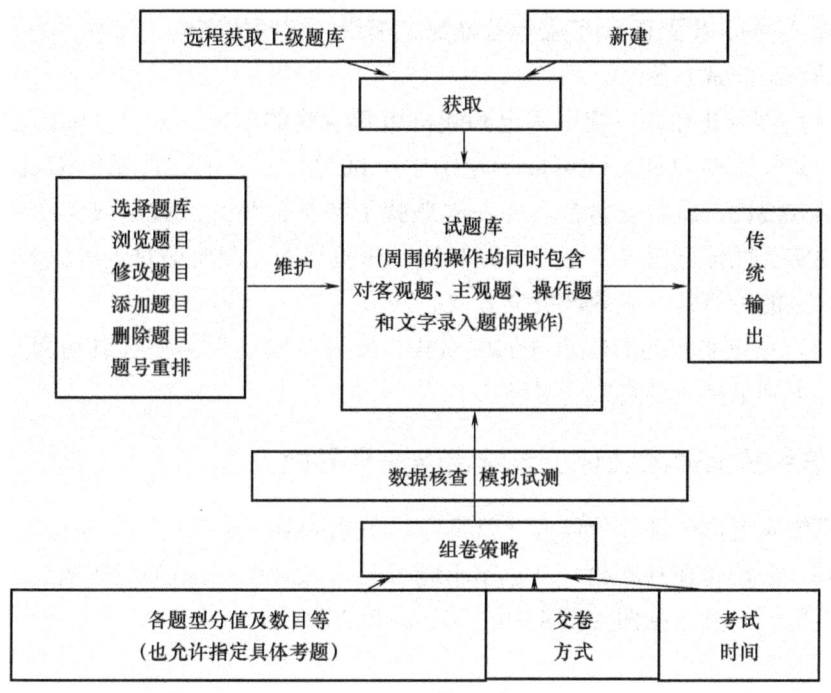

图4-2 信息技能形成性评价系统出题功能结构示意图

一、信息技能形成性评价系统出卷开发特点

（1）为突出教学特点，教师可以通过网络使用命题系统获取题库，也可以修改系统自带试题或者创建新试题，还可以选择符合自己教学特色、教学内容的题目，即本评价系统能有效地给教师提供评价学生学习结果的开放空间，从而实现对教师主体的支持。

（2）命题的方便性，解决了教师自己命操作题的难题，为教师提供了集教与学、测试与评估于一体的全新模式，对于部分内容还提供题目自动生成功能。对于操作题目，几分钟甚至不到一分钟便可以出好一道题。强大的方便性使得课堂出题成为可能，再加上试题的自动更新，使得即出即测成为现实。从而，使得该考试平台可以方便地用于形成性评价，为提高教育教学质量提供了一个切实的课堂测量评定手段。

（3）出题内容丰富，包括 Windows、Word、Excel、PowerPoint、FrontPage、

Outlook Express 以及 IE 浏览器等技能测试模块。试题的浏览、修改、查找、删除等操作也非常方便。

（4）网络化命题系统中固定和随机组卷策略的出现，使得教师出题几乎可以达到任意的程度，既可以指定学生考试题目，又可以让系统随机出题，与命题方便性、试题自动更新性一起造就了课堂检测本次教学或学生学习效果的现实。教师可以灵活指定测验时间、测验类型、测验题目量等组卷参数，尽最大可能为教师的主导性提供方便。

（5）命题系统与测验系统的网络化，使得命题后学生一旦启动测验系统就立即得到最新的题目成为可能。

二、信息技能形成性评价系统出卷实现界面

系统布置形成性评价作业非常简单，只需要在 Excel 文件中建立三个表：单选题、多选题和判断题（注意字不能写错），然后输入相关试题题目、选项和答案即可。具体截图如图 4-3 至图 4-5 所示。

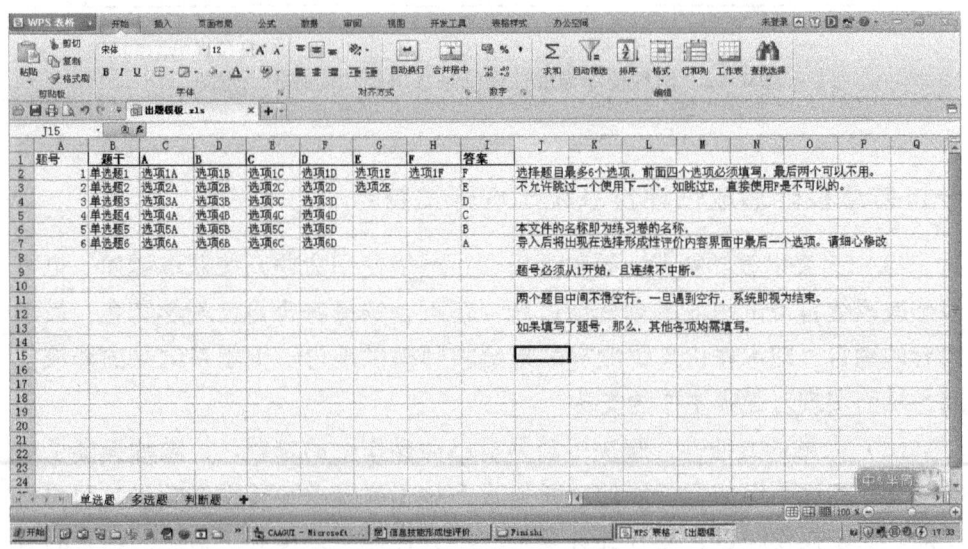

图 4-3　信息技能形成性评价系统单选题制作示意图

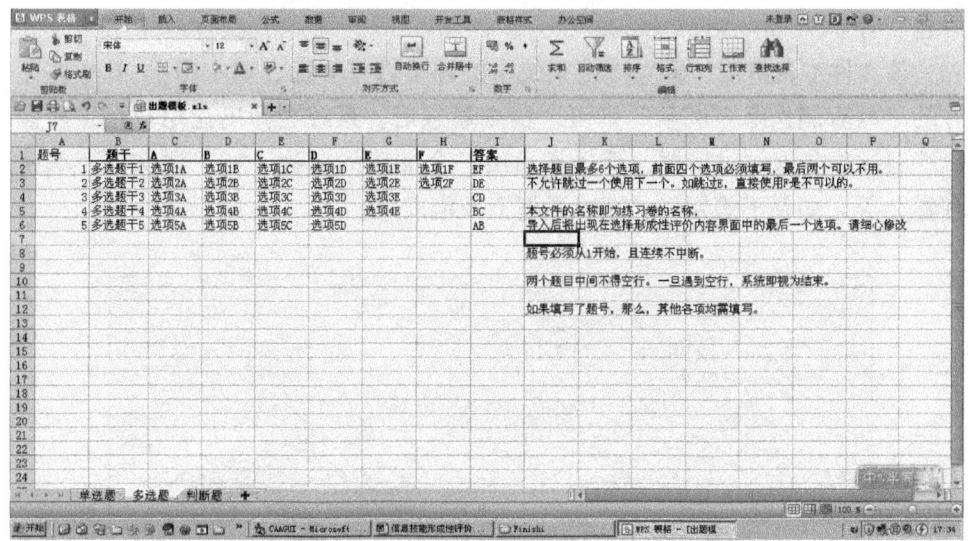

图4-4 信息技能形成性评价系统多选题制作示意图

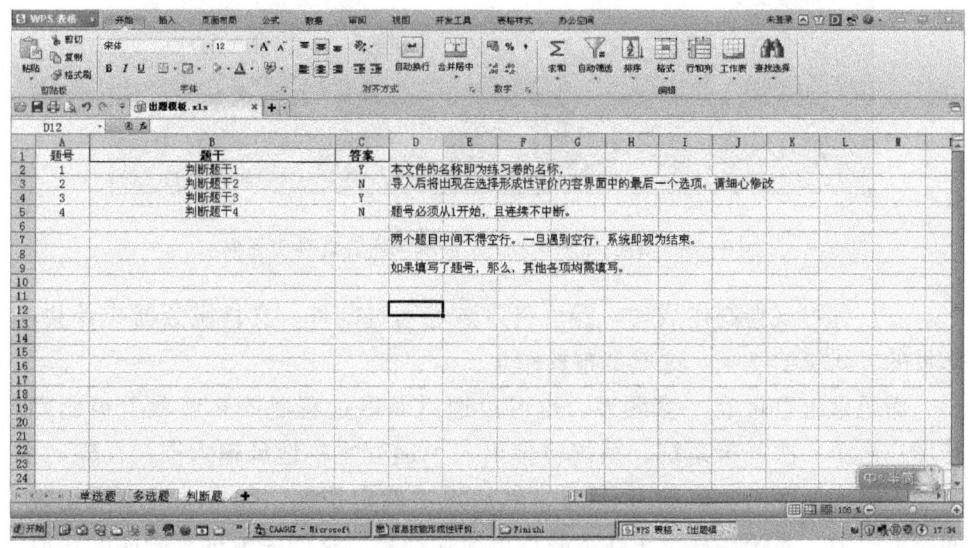

图4-5 信息技能形成性评价系统判断题制作示意图

制作完成后，注意给该 Excel 文件起一个准确的名字，如"语文一年级一月卷"等。

该文件准备好后，即可单击系统中的评价选择界面，单击图 4-6 中左下方的"检查制作练习试卷"即可。检查通过后，系统会弹出让用户指定所制作练习试卷名称的对话框，请仍然给出一个准确的名称，如"语文一年级一月卷"等。如果不想制作，在对话框上取消即可。

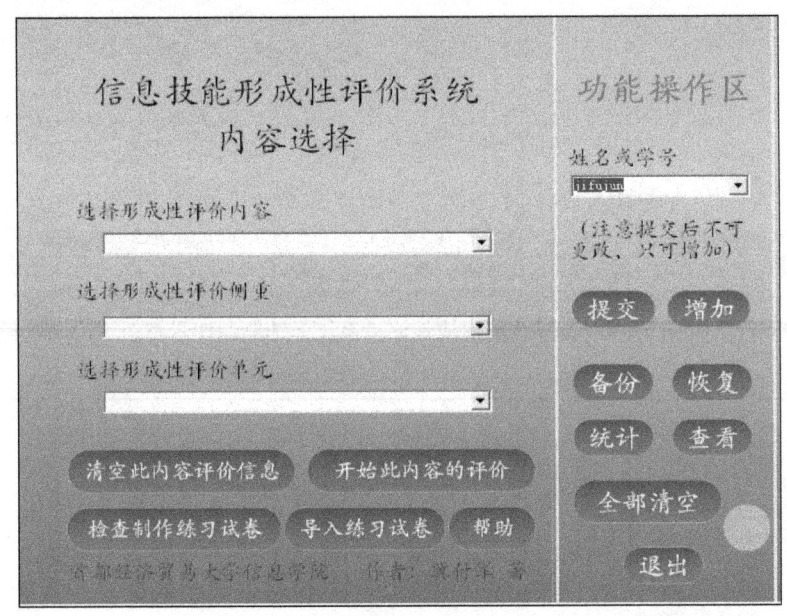

图 4-6 信息技能形成性评价系统内容选择主界面

一旦练习试卷制作成功，即可将该试卷通过邮件、文件服务器或者共享拷贝的方式发给学生。这就是布置作业了。

命题系统自带有一套题库，也可以通过获取远程题库来获取上级题库。若用户是第一次登录系统，系统将弹出一个远程主机地址输入框，在输入框中输入题库所在的主机的 IP 地址，然后点击确定按钮，如果地址填写正确，网络无故障，系统会提示正在下载直至成功信息，从而完成远程题库的获取。只要第一次登录成功后，在主机 IP 没有变动且在网络无故障的情况下，以后每次登录系统获取远程题库，系统都会自动向主机获取题库信息，自动更新题库。如果不使用本平台自带的题库，用户可以自己新建题库。此处使用了

两种方法确保更新，首先使用 WINSOCK 进行远程更新连接，若失败，将自动转化为使用 VBFTP 进行人工下载。

点击命题系统登录页面中的"题库浏览"图标，进入题库浏览页面（如图 4-7 所示）。在进入题库浏览系统的同时，系统会自动将题库内的所有题目检查一遍，并且会把不完整的题目标记出来，在题目类型和题目前打上钩，如单选题下面的某道题选项不全或没有题干，系统会在客观题、单选题和该题目前打上钩作为标记。

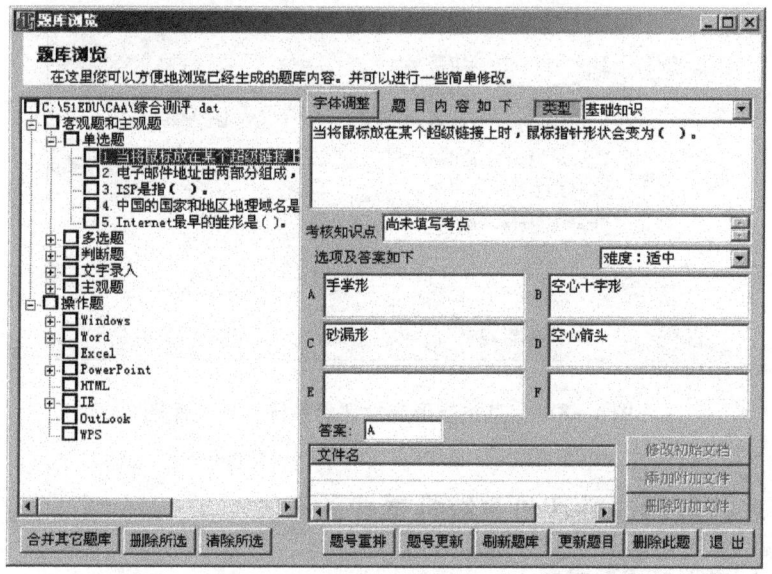

图 4-7　信息技能形成性评价系统题库浏览界面

题库维护就是在组卷前对原有题库中的试题做修改、删除操作，对试题的题号加以调整，如果是 Word、Excel、PowerPoint、FrontPage、IE、OutLook、WPS 类的操作题，还可以修改它们的初始文档（一般不需要修改），一些题目还可以添加附加文件，以便学生在考试时用到这些文件。比如题目需要学生在 Word 文档里添加一张图片，那么这个插入的图片就是附加文件，可以删除附加文件。

选中某道题时题库浏览页面的右上方会显示题目的类型，利用"字体调整"可以根据用户的习惯来调整页面显示字体的字体、字形和大小。在题库浏览时系统支持使用 shift 进行批量选择题目，支持题号分部重排，支持题库的合并，从而呈现一个开放的题库系统。

图 4 - 8 所示即合并题库功能界面图，用户可以很方便地将其他题库有选择性地合并进来，在合并的同时还可以进行重复题目的核查。

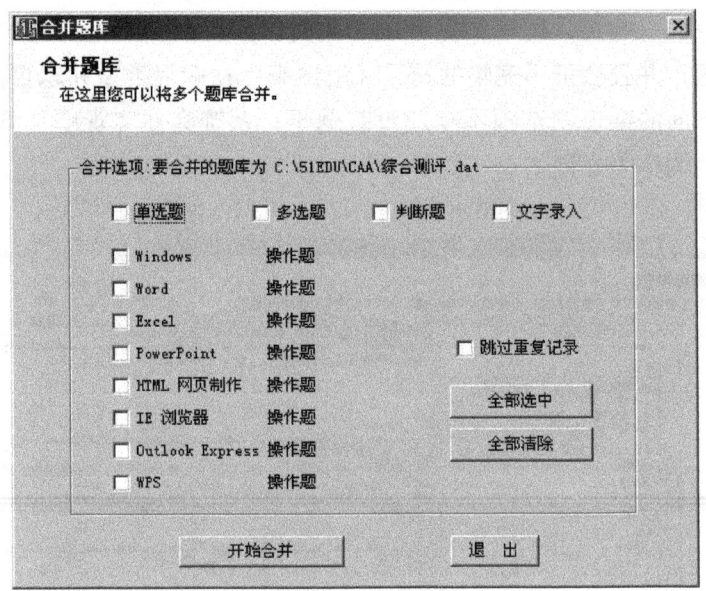

图 4 - 8　信息技能形成性评价系统合并题库图

三、信息技能形成性评价系统批量导入开发

（一）文件格式要求

（1）必须是以 .xls 或 .xlsx 为后缀的 Excel 文件。

（2）文件内的工作表必须有单选题、多选题、判断题三个工作表，名称不能错。

（3）单选题和多选题表格内的列标题必须为"题号""题目""选项 A""选项 B""选项 C""选项 D""选项 E""选项 F""答案"这几个顺序，表头具体文字可以不一样，但是含义和顺序必须一样。

（4）需要注意的是，单选题目和多选题目最多 6 个选项，前面四个选项必须填写，最后两个可以不用。不允许跳过一个使用下一个，如跳过 E 直接使用 F 是不可以的。

（5）判断题表格内的列标题必须为"题号""题目""答案"这几个顺

序，表头具体文字可以不一样，但是含义和顺序必须一样。

（6）题号必须从 1 开始，且连续不中断。

（7）两个题目中间不得空行。一旦遇到空行，系统即视为结束。

（8）如果填写了题号，那么，其他各项均须填写。

（9）单选题的答案只能是 A 到 F 间的一个字母，多选题的答案只能是 A 到 F 内字母的组合，判断题的答案只能是 Y 或 N。

（10）本文件的名称即为练习卷的名称，导入后将出现在选择形成性评价内容界面中最后一个选项，以备学生选择使用该评价内容。所以制作完成后，务必注意给该 Excel 文件起一个准确的名字，如"数学一年级一月卷"等。

（二）文件样例

具体批量录入的文件就是 Excel 工作簿文件，可以是 .xls 或 .xlsx 为后缀的 Excel 文件，里面必须有三张表，单选题、多选题和判断题，即使教师出卷不需要多选题或判断题，在批量导入时，也必须有相应的表格，但是表格内容可以为空。Excel 批量导入工作簿内的三个表格的内容样例如下（见表 4 - 1 至表 4 - 3）。

表 4 - 1　批量录入 Excel 文件单选题表格内容样例

题号	题干	A	B	C	D	E	F	答案
1	单选题 1	选项 1A	选项 1B	选项 1C	选项 1D	选项 1E	选项 1F	F
2	单选题 2	选项 2A	选项 2B	选项 2C	选项 2D	选项 2E		E
3	单选题 3	选项 3A	选项 3B	选项 3C	选项 3D			D
4	单选题 4	选项 4A	选项 4B	选项 4C	选项 4D			C
5	单选题 5	选项 5A	选项 5B	选项 5C	选项 5D			B
6	单选题 6	选项 6A	选项 6B	选项 6C	选项 6D			A

表 4 - 2　批量录入 Excel 文件多选题表格内容样例

题号	题干	A	B	C	D	E	F	答案
1	多选题干 1	选项 1A	选项 1B	选项 1C	选项 1D	选项 1E	选项 1F	EF
2	多选题干 2	选项 2A	选项 2B	选项 2C	选项 2D	选项 2E	选项 2F	DE
3	多选题干 3	选项 3A	选项 3B	选项 3C	选项 3D	选项 3E		CD
4	多选题干 4	选项 4A	选项 4B	选项 4C	选项 4D	选项 4E		BC
5	多选题干 5	选项 5A	选项 5B	选项 5C	选项 5D			AB

表 4 - 3 批量录入 Excel 文件判断题表格内容样例

题号	题干	答案
1	判断题干 1	Y
2	判断题干 2	N
3	判断题干 3	Y
4	判断题干 4	N

第三节 信息技能形成性评价系统统计开发实现

信息技能形成性评价系统流程结构主要包括三个库相关数据信息的流程：一个是练习卷信息库，是用来存储教师所出练习的，学生将练习导入系统；然后学生使用练习卷，形成答卷库；对答卷进行评判形成学生成绩库。具体信息技能形成性评价系统流程结构示意如下（见图 4 - 9）。

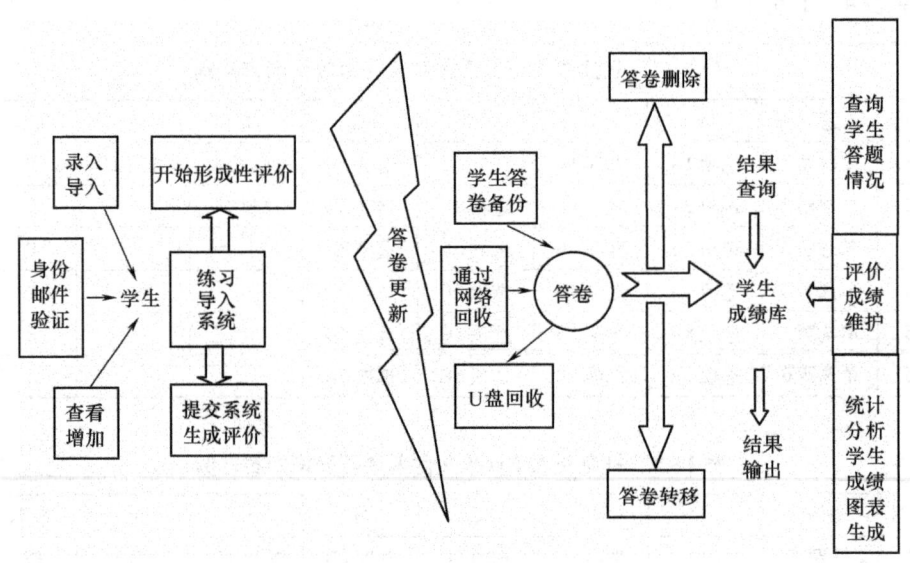

图 4 - 9 信息技能形成性评价系统流程结构

下面从信息技能形成性评价系统的统计开发特点以及统计实现界面两个方面阐述信息技能形成性评价系统统计的开发实现。

一、信息技能形成性评价系统统计开发特点

（1）信息技能形成性评价系统能够实现成绩的分类汇总管理功能，可以实现各学生、各学生各卷和各学生各卷每次形成性评价三级的统计分析，评价内容、评价时间、评价成绩等一目了然，还可生成 CSV 文件提供输出，方便教师在导出文件基础上进一步修改。另外，教师也可以得知全体学生试题每一部分的成绩及其排序，从而采取激励措施，有效地实现对学生的教学监控引导。

（2）对学生做题的详细情况，系统还提供了学生自己查询功能，教师也可以直接调出每一个学生的做题情况，一方面可以用作复查，另一方面也可以用于了解学生技能掌握的详细情况。

（3）可以导入所出练习卷，可进行答卷信息的备份和恢复，且均可以将相应文件通过网络传递，为练习卷的教师之间的沟通交流和教师导入学生评价信息提供了方便，体现了现代教育技术的优势。

（4）智能化的练习卷管理功能，主要是方便教师或试题库管理员。教师可以对 Excel 文件中的试题进行部分或者全部的修改、删除、增加等操作，然后制作生成练习卷，当练习卷再次导入时，已经导入成功的试题不会重复保存，而修改过的试题会重新校正，为教师修改练习卷提供了良好的功能。

（5）为了验证学生身份，系统提供了邮件验证身份功能，主要是防止学生填错姓名和非学生填写答卷。如果学生修改了所提交答卷文件名中的姓名，那么答卷文件中加密存储的姓名是改不了的，这样就在一定程度上保证了学生的身份。

二、信息技能形成性评价系统统计实现界面

教师将所有学生的形成性评价信息恢复到系统中后，单击统计按钮即可查看并统计所有学生的形成性评价成绩。如果希望查看每位学生每次形成性评价的具体信息，请单击"查看每人策略分"按钮（见图 4 – 10）。

如果希望看到每位学生在每轮形成性评价的最高分，请单击"统计每人策略最高分"按钮。取最高分的形成性评价原则，使得学生愿意主动多次进行形成性评价，以便拿到最高分，增强了学习动机（见图 4 – 11）。

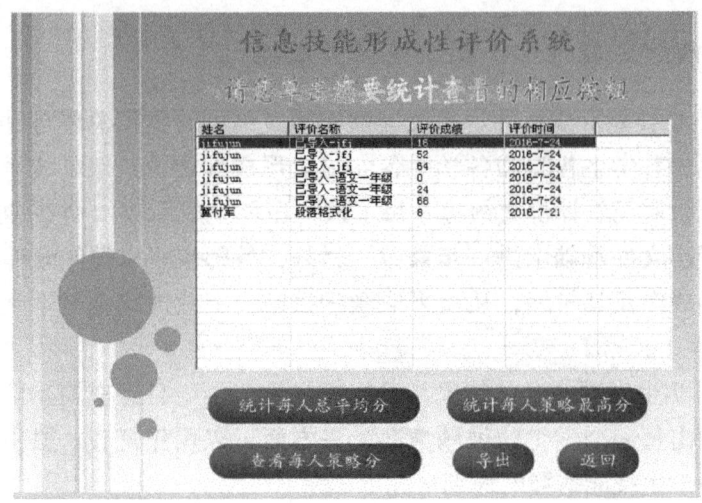

图4-10　信息技能形成性评价系统统计所有学生各次形成性评价的成绩

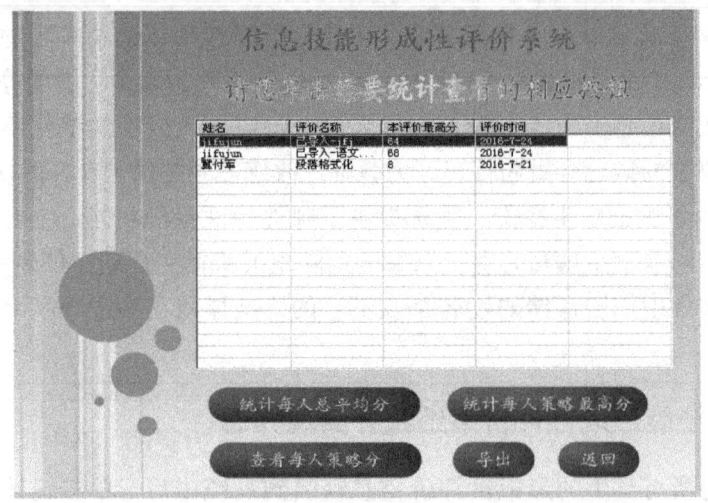

图4-11　信息技能形成性评价系统统计每位学生在每轮形成性评价的最高分

　　如果希望进一步统计各轮形成性评价进行平均，从而得出每位学生的平时成绩，请单击"统计每人总平均分"按钮。系统会自动平均每位学生的各轮形成性评价成绩，进而得到每位学生的总平均分即平时作业总成绩。具体请见图4-12统计各位学生的平时成绩。

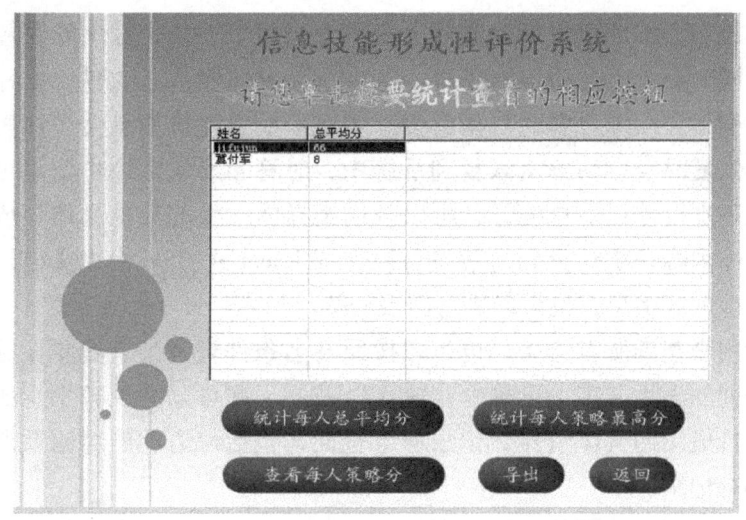

图 4 - 12　信息技能形成性评价系统统计各位学生的平时成绩

以上三种查询统计，均可以导出到 CSV 文件中，从而可以使用 Excel 打开、编辑或修改，或以图表形式呈现最后的统计结果。具体导出请见图 4 - 13 将统计结果导出为 CSV 文件（三种统计均可导出）。

图 4 - 13　信息技能形成性评价系统将统计结果导出为 CSV 文件

信息技能形成性评价系统实际上是一个自组织系统，即出卷收卷收发一体化。它同时提供了自动化的管理，包括：Excel 批量导入文件，制作练习卷的自动加密，导入练习卷的自动解密。学生形成性评价信息会被加密备份成文件，当恢复时会自动解密恢复到系统中，对答卷形成性评价信息可以按不同抽象程序进行分级汇总统计，可以查询某具体学生的某次具体形成性评价信息的具体内容，统计得到的信息可以生成 Excel 或 CSV 格式文档，可以编辑打印学生的成绩单，也可以进行图表分析。

统计用来查询所有考生，也可以按照姓名条件查询，只需要在姓名栏输入需要查询的学生名字，再单击"查询"按钮，则可以呈现该学生所有各次形成性评价成绩的具体信息，记录非常全面，包括每道题的对错及所有的题目文本都有记录。

如果不是形成性评价，需要考试，可以在下面的系统设置图中，较为全面地完成对考生考试的控制（见图 4-14）。具体包括：题库导入、密封、启封，系统时间控制设置，二次登录许可方式设置，二次登录考试方式，考号长度，考生操作盘，上交教师机地址，备用机地址，统考标志的设置，自动开考的设置，网上邻居的屏蔽设置，回收端口，阅卷设置，统考考次口令设置，题库密码设置，上报密码设置，开考后登录时间限制，考号登录核查控制，重设考试环境，考生照片目录设置，本次考试素材目录设置，本机 FTP 目录的确定等，关键考试控制信息大都在此。

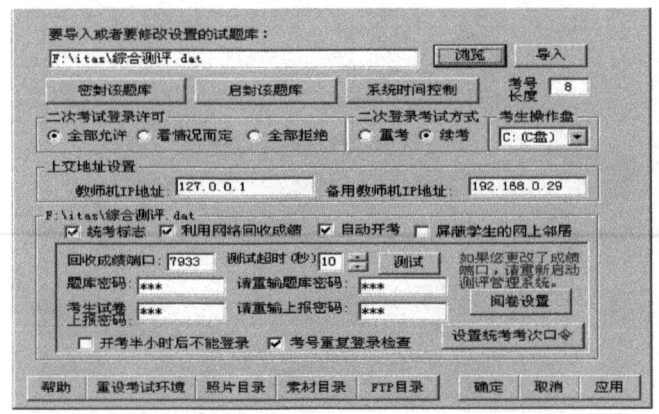

图 4-14　信息技能形成性评价系统系统设置界面设计图

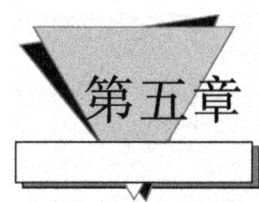

第五章

信息技能形成性评价系统实践应用

第一节　信息技能形成性评价方法实施步骤

信息技能形成性评价系统，属于教育评价自动化技术领域。该形成性评价方法包括教师服务端和学生客户端两方面的交互，同一个信息技能形成性评价系统既可以是教师服务端，也可以是学生客户端，两者功能都在系统中。教师服务端与学生客户端的区分仅仅在于使用者，教师和学生都使用自己计算机上安装的信息技能形成性评价系统。

在同一轮形成性评价中，学生客户端可多次重复参与评价并提交答卷。该方法包括以下步骤：

（1）教师设置形成性评价，生成并发布相应的评价内容。

（2）学生将发布评价内容导入，然后登录，浏览形成性评价窗口，进行形成性评价练习。系统将答卷呈现，供学习者参考。学习者可以在上一次形成性评价的基础上持续进行形成性评价，直到完全掌握知识点。

（3）如果使用者使用系统内的练习卷，则无须上述操作，直接提交姓名，选择评价内容，开始形成性评价即可。每轮形成性评价的结束以完全掌握此部分知识技能为止。

（4）当然，如果学习者中途想更换练习卷进行其他内容的形成性评价，以后再回到原来的练习卷继续进行形成性评价，也是可以的。

（5）如果是教师布置作业，完成后，需要提交形成性评价信息给教师，则学生可以将自己的形成性评价信息备份出来，通过网络或拷贝等方式传给教师后。教师恢复学生的形成性评价信息到系统中，这样就可以看到学生所提交答卷、评判分数，并能看到相应的知识点对错信息。如此反复进行。

（6）在学期课程结束时，教师服务端根据形成性评价答题记录中本门课程各学生客户端各次形成性评价分数，统计给出各位学生本门课程的加权平均形成性评价成绩，作为平时成绩的主要参考。学期末可自动生成平时成绩，可将本班级课程本学期的平时成绩文件导出，以便使用。本方法降低了形成性评价作业对信息技术教师的大量批改需求，提高了师生教和学的针对性。

本信息技能形成性评价方法的多次反馈机制和最高成绩取用机制是指，学生每次做评价，无论对错，都会有相应反馈提示，便于学生改正错误。可以再次答试卷，再次提交，此项机制极大调动了学生的主动性。这是形成性

评价的核心要素之一。而最高成绩取用机制，则是指学生多次提交时取学生这几次提交的最高成绩作为学生成绩，这可以极大地激励学生通过不断查漏补缺来改进自己，不断提高成绩。这也是形成性评价的核心要素之一。

本信息技能形成性评价方法中设计的自动横纵评价机制是指，现有评价实践往往是横向评价，这导致顶尖同学一直都在被表扬，而落后同学可能尽管有进步，却一直都被批评。因此，纵向评价使得学生可以自身与自身比，一旦取得自身进步，即可获得表扬。这有效激励了每位学生的主动性，贯彻了最近发展区的教育思想。横纵评价将横向评价和纵向评价结合起来，为教师表扬和鼓励学生提供了全面视野。这又是形成性评价的核心要素之一。

在本信息技能形成性评价方法中，纵向评价是指相对于学生本身而言，学生的发展评价。纵向评价按照进步的不同类型可以分为进步和退步。其中，进步表示与之前成绩相比，成绩提高了；退步则表示与之前成绩相比，成绩降低了。

现有大多数成绩评价系统只给出分数，不能给出评语或只能给出定义好的不可改变的系统评语，对于不同用户，其评语是一样的。而利用本信息技能形成性评价方法中的教师个性评语机制，不同教师可以根据学生进步情况和学生在班内情况给出横纵两种评价的评语，评语完全由教师自定，从而实现了教师个性化评语机制，保证了教师分身有术。这是形成性评价的要素之一。为方便教师，本系统内置了若干教师个性评语，并允许教师修改评语！

第二节　信息技能形成性评价实践案例

为了验证信息技能形成性评价系统在实际教学过程中的效果，作者在开发过程中先行编译出一款并不完备但是具备信息技能形成性评价核心功能的软件，在作者任教的班级中投入使用，开展教学实验。作者同时分析了生物学 DNA 分子结构的优势特点，针对当前我国软件人才培养的实际突出问题，在使用信息技能形成性评价系统的基础上，将类 DNA 分子结构创新引入教学领域，以相关教育理论为基础，借鉴国际先进软件教学理念及网游沉溺中的动机机制，结合自身十余年软件教学经验，总结提出了面向软件人才培养的类 DNA 教学结构。信息技能形成性评价系统是此实践教学结构的必备技术基础，作者在该系统技术基础上展开了类 DNA 教学结构的实践应用，最后通过

统计验证了信息技能形成性评价系统和所提结构的有效性。

一、基于信息技能形成性评价的类 DNA 教学结构的缘起

脱氧核糖核酸（DNA）是生物界最重要的大分子体系，在生物进化中起着非常重要的作用，其结构中蕴藏着决定遗传、细胞分裂、分化、生长和蛋白质生物合成等生命过程的信息。DNA 分子具有双螺旋结构，其螺旋的骨架由磷酸根和糖基通过共价键连接而成。同时，DNA 分子具有两个独特的性质，即自识别和自组装功能。由于 DNA 自身结构的复杂性，科学家一直在寻找一个最为恰当的模型来对它进行研究，到目前为止，科学家已建立了一维紧束缚模型、鱼骨模型、梯子模型、三维紧束缚模型等几个模型，从不同的侧重点来研究 DNA 分子[①]。

DNA 结构的特点和优势在于其双螺旋式循环上升，既简单重复，又有递进。作者结合十余年的软件教学经验，敏感地觉察到 DNA 双螺旋与软件教学中的知识与技能双主线循环递进的内在一致性；同时 DNA 分子的自识别和自组装特性与软件教学的技能自反馈和知识自建构也是出奇的一致，因此提出面向软件人才培养的类 DNA 教学结构。

当前软件人才培养的主要问题是什么呢？国际上有哪些可以借鉴的先进理念？

当前我国软件行业发展迅速，但与世界其他国家相比仍存在较大差距。印度原来与我国处于同一起跑线上，如今却成为仅次于美国的世界软件大国。其高速增长的背后是强大的人才队伍支持，其 NIIT 的 MCLA（榜样教学法）教学模式是印度软件教学的创举[②]。MCLA 是印度 NIIT 教学模式的基础和核心，它是以实际应用为导向，在全任务驱动中教学，强调基本技能和动手操作能力的培养[③]，按照 NIIT 课程体系技术路线[④]设置课程，实现软件理论与实践对接。

我国软件产业所面临的主要问题，一是软件人才匮乏，供需矛盾突出，

① 高绪团. DNA 分子的电子结构及其电荷输运性质研究 [D]. 山东大学，2007.

② 李洛，等. 印度 NIIT 软件人才培养模式的探索与实践 [J]. 广东轻工职业技术学院学报，2003（3）：49 - 53.

③ 刘彦姝，唐乘花，张克俭. 引入印度 NIIT 构建教学新模式 [J]. 计算机光盘软件与应用，2012（3）：232 - 233.

④ 田祥宏，陈爱萍. 构建 NIIT 嵌入式软件人才培养课程体系 [J]. 金陵科技学院学报，2009（2）.

直接影响了产业发展和市场的占有份额；二是知识、能力结构不尽合理①。软件行业低迷的主要原因在于培养的软件人才不符合当前市场经济的需求，其中课堂教学结构的不合理又直接影响软件人才的培养②。人才培养包括课堂和课外两个阵地，其中课堂教学是专业技术人才培养的主渠道，抓住了课堂教学的变革，就抓住了教学改革实施的主要渠道之一。而课堂教学结构又是课堂教学中的关键因素，因此软件人才培养中的课堂教学结构就成为重中之重，或者说课堂教学结构对人才培养起着至关重要的作用。这与何克抗教授的教学深化改革的主要目标应当指向教学结构变革的观点是一致的。教育技术泰斗何克抗教授指出，教学结构是指在一定的教育思想、教学理论和学习理论指导下的、在某种环境中展开的教学活动进程的稳定结构形式，是教学系统四个组成要素（教师、学生、教材和教学媒体）相互联系、相互作用的具体体现。在多年从事教学改革试验研究探索的基础上，何教授经过深层次的理论思考指出：当前各级各类学校教学深化改革的主要目标应当指向教学结构的变革。

在以教师为中心的传统教学结构下的软件教学中，通常都是照本宣科讲述软件的功能以及工具栏里各种工具的作用，没有将软件的功能与设计中的应用结合③，而如今市场经济体制下企事业单位尤其是 IT 企事业单位只招聘有经验的专业人才。因此，产生了软件人才培养与人才需求的矛盾。显然，人才需求不易改变，能够进行控制和改变的是对人才的培养，改革现有的软件教学结构，才能更好地培养出符合企事业单位需要的软件人才。

对于当前软件教学中的这些问题，我国教育学者已经提出一些有效的解决思路。

从宏观策略上看，软件教育者主张形成软件人才培养梯队，构建软件人才的金字塔结构，如图 5 - 1 所示④；倡导与企业的合作，提高学生的动手操作能力，如图 5 - 2 所示。当前我国也充分意识到与企业合作培养工程人才的

---

① 向毅，彭军，吴英. 普通高校应用型软件人才培养存在的问题及对策［J］. 计算机教育，2009（22）：9 - 11.

② 赵春雨，栗红霞，李鸿宝. 我国软件教育的发展趋势［J］. 黄河科技大学学报，2005（2）：118 - 119.

③ 李蓟宁. 多途径教学方法在艺术设计专业计算机软件教学的应用［J］. 艺术与设计：理论，2011（9）：190 - 192.

④ 邓子云. 高校软件教育的问题与对策分析［J］. 高等函授学报：自然科学版，2005（1）：6 - 7.

重要性，于2012年6月7日公布了国家级工程实践教育中心的第一批名单①。

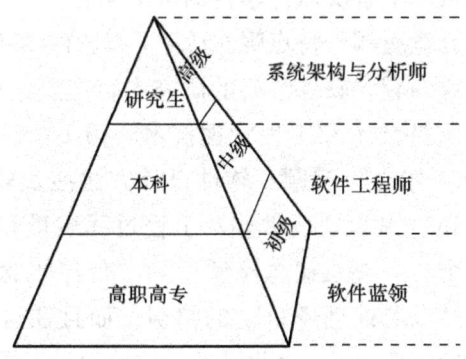

图5-1 人才金字塔结构示意图

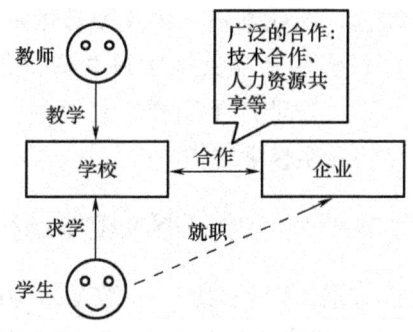

图5-2 校企合作示意图

从微观策略来看，案例教学通过对具体情境的分析，提升学生的分析能力与解决问题能力②；基于网络视频资源的小组合作教学模式开展计算机应用软件教学，培养学生自我反思、讨论和交流的能力，培养学生的知识共享和社会交往能力③。

以上软件人才培养梯队、企业合作、案例教学和合作教学等策略从宏观方面和微观方面为我国软件人才的培养做出了积极有益的贡献。本文则试图

① 教育部. 教育部等部门关于建设国家级工程实践教育中心的通知［Z］. 2012.
② 熊英. 试论计算机软件专业教学改革方向［J］. 科技资讯，2011（19）：210.
③ 张洪洋. 计算机应用软件教学的实践与探索——基于网络视频资源的小组合作教学模式［J］. 现代教育技术，2008（11）.

依据软件学科的特点，在软件教学结构上进行变革，提出适合软件学科特点的新型教学结构，从根本上解决软件学科的教学问题。

那么，软件学科究竟有哪些特点呢？要想了解软件学科的特点，就必须首先洞悉软件学科的研究内容。软件学科的研究内容主要包括：软件开发范型、软件设计方法、工程支持技术和工程管理技术。杨芙清院士指出：软件开发范型涉及软件工程的"方向"问题；软件设计方法涉及软件工程的"途径"问题；工程支持技术和过程管理技术涉及工程过程质量和产品质量问题。软件开发就是实施了一个从"高层概念模型"到"低层概念模型"的映射，从"高层处理逻辑"到"低层处理逻辑"的映射，而且在这一映射中还涉及人员、技术、成本、进度等要素①。由此可见，软件学科不同于常见的语文或数学学科，它是建立在计算机科学基础上、指导计算机软件开发和维护的工程性学科，其理论性、技术性、工程性、抽象性与应用性都很强。这决定了软件是一门实践性很强的课程，因此常用于语文或数学的教学结构并不能较好地适应软件学科特点，盲目套用指导其他学科并取得很好效果的教学结构、教学模式、教学策略等并不一定能产生同样的好效果。软件学科教学迫切需要提出适合软件学科特点的新型教学结构。

二、基于信息技能形成性评价的类 DNA 教学结构研究

（一）基于信息技能形成性评价的类 DNA 教学结构理论基础

类 DNA 教学结构并不是直接创造出来的，是作者在十余年来从事软件相关教学经验的积累和总结的基础上，借鉴了生物学 DNA 结构的优势特点并将其引入软件教学领域中而来的。事实上，关于类 DNA 教学结构中的螺旋式教学，最早是孔子提出的，孔子通过使没有疑问的学生产生疑问，有了疑问并帮助他解决疑问，进而产生新的疑问，如此反复，螺旋上升，使发问和解疑节节逼近，相辅相成。作者考虑到软件学科的知识性和技能性双主线循环上升的学习特点，结合自身的软件螺旋式教学经验，总结了教师与学生群体的一对多交互特征，并吸收借鉴了网游沉溺动机中的螺旋式任务奖励机制、场景循环变换机制、装备人物生长发展机制、竞争协作促进机制等，历经十余年，至今才提出基于信息技能形成性评价的类 DNA 教学结构。

---

① 杨芙清. 软件工程技术发展思索［J］. 软件学报，2005（1）：1 – 7.

　　类 DNA 教学结构的理论基础有建构主义学习理论、实用主义教学思想和要素教育论等。从建构主义学习理论方面讲，类 DNA 教学结构旨在通过教师的层层螺旋上升式引导，在知识和技能两个方面，不断激发学生求知的欲望，一步步使学生提出关键问题，在老师的引导下分析问题并解决问题，再提出新的关键问题，形成螺旋，使学生不断循环校正完善自主构建的知识体系。类 DNA 教学结构汲取杜威实用主义教育思想的精华，践行"从做中学"杜威教学理论的基本原则[①]，以实现学生知识与技能的同步发展为目标，真正实现软件学生在做中学。类 DNA 教学结构同时以裴斯泰洛奇的要素教育[②]为指导，从最基本、最简单的知识技能出发，使"零基础"的学生轻松地获取知识技能，逐步积累知识技能，从而达到较高的知识技能水平。它抛弃了以往教学中盲目追求知识和技能的深度的做法，注重从学生现有水平出发，不断进行信息技能的形成性评价，尽量使每个学生都跟得上教学进度，不断循环，逐渐进行知识和技能的深化。螺旋吸收发展相应知识和技能更利于学生知识的同化和异化，就像网游玩家之所以容易沉溺一样，学生不断在其最近发展区中获得进步，享受自己追求上的愉悦感和成就感。

　　（二）基于信息技能形成性评价的类 DNA 教学结构理论设计

　　类 DNA 教学结构位于双主教学结构之下[③]，是双主教学结构在软件人才培养领域的具体教学结构。类 DNA 教学结构中的双螺旋是指知识与技能双主线，螺旋的骨架是由教师和学生通过交互连接而成，通过知识与技能的双螺旋师生交互，知识和技能的学习深化呈现类似 DNA 结构的双螺旋递进上升的现象。

　　类 DNA 教学结构是专门针对软件学科课堂教学，以建构主义认知教学理论、实用主义教育思想、要素教育论为指导，以学生、教师为主体，以知识与技能为主要方面，以信息技能形成性评价为技术手段，以知识与技能在实践中的应用效果为评价机制，运用教材、教学媒体和实验器材，在教师的情境引导下学生主动提出新的问题，进行新的探究，实现知识与技能基本同步

---

　　① 柏峰．谈杜威实用主义教育思想的实践与理论［J］．陕西教育（高教版）．2014（3）：34－35.

　　② 王阳．裴斯泰洛奇的要素教育论——对我国当代职业教育的借鉴［J］．传奇·传记文学选刊：理论研究，2010（6）.

　　③ 教学结构分为以教为主的教学结构、以学为主的教学结构和教学并重的以教师为主导、以学生为主体的双主教学结构。

发展的教学结构。类 DNA 教学结构突破了原有传统教学结构仅注重知识而忽略技能的限制，以螺旋方式充分发挥了教师的引导职能，螺旋培养学生不断上升的思维和质疑能力，可以成功解决软件人才培养中所缺乏的经多层螺旋深化的熟练技能问题。

类 DNA 教学结构以教师与学生为双主体，以知识与技能为双主线，教师与学生在教学过程中逐步进行教与学的螺旋交互，最终实现知识与技能的同步螺旋式上升发展。类 DNA 教学结构在交互过程中，教师以螺旋式形成性评价对学生的学习效果进行查漏补缺，并确定更高层次螺旋的内容，同时利用螺旋反馈不断完善自己的教学。

类 DNA 教学结构倡导教师螺旋式指导学生的主动学习，教师是类 DNA 教学结构的知识传授者和技能培育者，教师在了解学生现有知识水平的基础上，以最简单、最直白的方式将新知识传授给"零基础"的学生，使学生轻而易举的获取知识，并在学生消化知识之后积极指导学生进行技能训练，对学生在训练中的表现进行螺旋式评估，促使学生及时改正错误，不断开始教学过程的更高层次螺旋。学生则在螺旋吸收知识技能基础之上，积极、大胆地提出新问题，逐步进行新知识的探究，通过螺旋式情境培养深化思维能力及探索创新精神。类 DNA 教学结构设计示意图如图 5-3 所示。

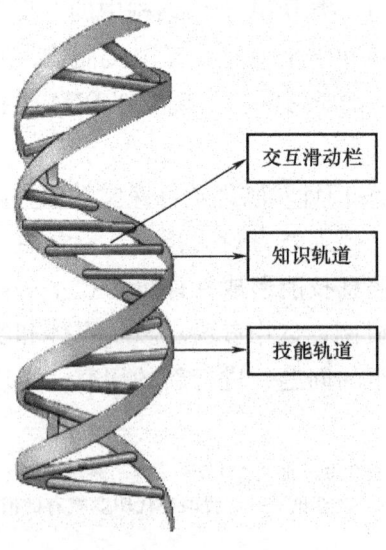

图 5-3　类 DNA 教学结构示意图

　　类 DNA 教学结构在以教师与学生为双主体、以知识与技能为主要内容的前提之下，四者交互进行，以促进学生的学、教师的教。为了详细说明这四者之间的交互关系，将这种关系分为三个层次：一个是以知识为轨道的层次，一个是以技能为轨道的层次，一个为知识与技能两个轨道交互的层次。

　　知识与技能双轨的交互教学结构主要特色如下：

　　在类 DNA 教学结构中，教师与学生通过交互形成 DNA 结构中的共价键，师生交互在知识轨道和技能轨道中间滑动，交互结束后跳到更上一层交互，从而形成类 DNA 螺旋骨架。教师首先在知识方面与学生进行交互，教师以简洁方式将最基本的知识传授给学生并对学生进行引导，学生汲取知识，两者教与学相遇于知识轨道的起点处，学生求知欲逐渐得到激发，教师不断引导学生探求新知识。学生在学习知识时，教师不断提出疑问，使学生带着疑问进行深层次的学习，促使学生积极思考并进行创造性思维活动。

　　在知识不断增长的同时，师生交互开始逐渐转入技能轨道，技能与知识两者的交互点之间有一定的距离。在对知识的探索过程中，技能的学习有可能赶上或者超过知识的学习。总体上，知识与技能在各自的轨道上基本同步运行。最终，教师与学生在知识和技能方面所形成的交互点不断形成类 DNA 结构的螺旋式轨道循环上升，达到学生知识与技能的互相促进和提高。

　　类 DNA 教学结构中蕴含形成性评价，重视教学过程中的反馈和矫正，通过网络系统体现个别化教学反馈优势[1][2]，及时诊断教与学的状况，从而采取必要补救措施，促进教学目标的实现，这是类 DNA 教学结构的自识别特性。在整个教学结构中，教师在每堂课后会以学生原有知识经验积累为基础对学生的学习效果进行螺旋层次检验，并不断纠正学生存在的错误与其自身在教学过程中存在的问题，从而完成学生和教师的知识和技能的不断自主建构。这正是类 DNA 教学结构的自组装特性。类 DNA 教学结构的自识别特性和自组装特性正是生物界 DNA 分子结构的固有特性。

　　类 DNA 教学结构实现了学生知识与技能的同步发展，螺旋交互教学过程的设计有利于学生深化知识与技能，提升学生学习效果，使得学生在理论与

　　① Moss K，M Crowley. Effective Learning in Science：The Use of Personal Response Systems with a Wide Range of Audiences［J］. Computers & Education，2011，56（1）：36－43.

　　② Chen L. Enhancement of Student Learning Performance Using Personalized Diagnosis and Remedial Learning System［J］. Computers & Education，2011. 56（1）：289－299.

实践方面齐头并进，有效地解决当前软件的教学难题，为软件行业培养出理论结合实践、知识配备技能的应用性创新人才。图5-4所示为类DNA教学交互盘微观示意图。

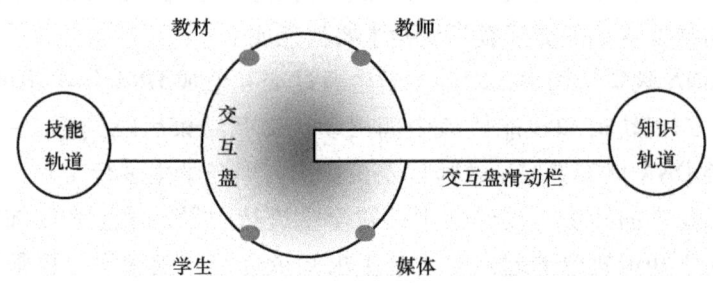

图5-4　类DNA教学结构交互盘微观示意图

类DNA教学结构以知识与技能为主要内容，两者沿两条不同的螺旋骨架同步运行。知识在整个类DNA教学结构中处于基础地位，一定的基础知识是进行技能训练的必要条件。技能是此教学结构中的核心组成部分，交互作为骨架的"共价键"，对于在软件教学中最终实现知识与技能起着至关重要的作用。知识与技能的成功交互是实现类DNA教学结构的关键环节。网游沉溺动机机制的实现也都有赖于这种"共价"交互。

以知识与技能为双主线的类DNA教学结构，从教学起点就开始激发学生的学习动机，使零基础的学生首先掌握基本知识，并获得成就感，再及时训练学生的基本技能，使其获取新的成就感，充分感受到进步所带来的尊重，在网游沉溺机制动机的驱动下，自主学习欲望强烈。然后在此循环教学中不断进行形成性评价，不断在最近发展区内给学生以适度鼓励或刺激，进一步激发其学习动机，从而通过以知识与技能的螺旋式共同发展逐步实现软件人才的培养革新。它避免了传统教学结构只注重教师传授知识的弊端，知识与技能并重更符合对当前软件人才的需求，对推进软件人才培养进程有重要意义，有利于软件人才的理论知识与实践能力的并重发展，从而彻底解决软件人才需求与软件人才培养的突出矛盾。

三、基于信息技能形成性评价的类DNA教学结构案例及应用

（一）基于信息技能形成性评价的类DNA教学结构实践案例

为简化起见，在这里以基于类DNA教学结构的Word教学为案例。在

Word 教学中，将熟练运用 Word 作为教学目标，将教学内容分为五部分，即安装、文字、表格、图形及打印。第一部分为 Word 最基本的安装知识，教师首先讲解 Word 的一些基本常识，如基本简介、功能特点等，并演示安装过程，在学生进行一段时间的消化以后，开始进行技能练习，自己动手进行安装。第二部分为 Word 的文字编辑教程，文字的编辑是 Word 最核心的功能，同样也是教学的重中之重，为了便于学生理解，激发学生的求知欲，教师从最简单的文字录入讲起，在教师一步步"还有没有简单的办法，希望达到某某效果该怎么办呢"等提问之下，逐步进行知识深化教学，使学生最终掌握 Word 文字编辑的全部功能，在进行系统知识讲解的同时，在学生对知识的理解过程中，穿插相对应的技能训练，最终实现知识与技能的同步推进。表格、图形及打印的教学结构与文字编辑的结构大致相同，均采用螺旋递进的教学方式，深化教学内容，最终达到使学生精通 Word 的教学目标。其具体示意如图 5－5 所示。

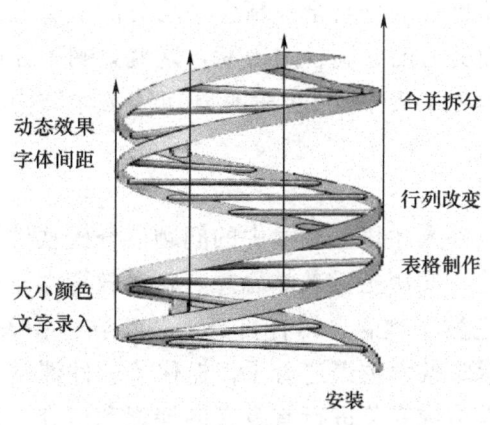

图 5－5　Word 教学案例类 DNA 教学结构示意图

（二）基于信息技能形成性评价的类 DNA 教学结构的实践应用

为了验证类 DNA 教学结构的有效性，笔者在类 DNA 教学结构指导下进行了相应教学设计，在 2012～2013 第一学期计算机技能教学中进行了具体实践应用，首先对全校 2012 级新生进行了授课前测，之后，笔者在实验班（班级编号 20120405）贯彻类 DNA 教学结构的指导，实施类 DNA 教学设计，在学期结束时，对全校新生进行计算机技能期末测试。学期前测和期末测试均

采用机考自动化测评得分方式进行，以保证客观公平。两次机考测评难度系数相同。经统计，前后两次具体成绩情况如表5-1所示。

表5-1　实验班及全校新生学期前后成绩统计对比表

	实验班平均分	全校平均分	标准差	实验班Z分数
授课前测	38.809	38.126	11.310	0.302
期末测评	78.128	68.365	12.061	4.047

由此可见，实验班在学期授课开始前，其前测平均分与全校总平均分相比，相应的Z分数为0.302 < 1.96，即实验班与全校新生在授课前测中并无显著差异，或者说实验班与全校的平均成绩是一致的。而实验班期末测评的Z分数为4.047 > 2.58，这说明，实验班与全校新生在期末测评中的成绩呈现极其显著性差异。由于只有笔者所任教班级实施了类DNA教学结构指导下的教学设计，且前测成绩一致，尽管在期末测评中全校新生平均分大大提高，但是因为检验的是实验班平均分与全校新生平均分的显著性差异，因此已排除了全校新生教学方面努力的共同普遍因素。这就只剩下任课教师特殊教学方面的因素，故此数据可在某种程度上表明类DNA教学结构的有效性。

四、案例总结

本研究着眼于软件人才培养教学中的问题，分析软件学科的特点，在建构主义学习认知理论、实用主义教学思想、要素教育理论基础上，借鉴国外软件人才培养的先进教学理念，结合自身十余年软件相关教学的经验积累，从软件人才培养的课堂教学主渠道着手，抓住了软件课堂教学结构这个关键因素，对于软件教学结构变革进行有意义的探索和研究。借鉴引进了生物学中的DNA结构，在信息技能形成性评价系统的技术支持下，创新提出了软件学科教学结构——类DNA新型教学结构，对该结构进行理论和实践研究，并在实践应用后基于统计学原理进行显著性检验，数据验证表明了信息技能形成性评价系统和所提类DNA新型教学结构的有效性。

第三节　信息技能形成性评价实践效益

信息技术教师是学校大学信息技能教育的支点，并在学校大学信息技能

教育工作中扮演各种不同的角色。他们首先是学习者，必须随时更新所学的专业知识，内化现代教育的理论与思想。其次他们是设计者，随时向学校领导反馈信息技术发展的趋势，对学校信息技术环境与资源等的配置提出建设性的意见。他们也是学校大学信息技能教育的合作者，既要培养学生学习使用信息技术的能力，又要与各学科教师合作运用信息技术开展教学活动，还要培养学生主动利用信息技术对信息进行获取、处理、创新的学习能力。①

同样，大学信息技能教育信息技能形成性评价系统的广泛应用也是离不开大学信息技能教育一线教师的，信息技能形成性评价系统的不断成长必然与信息技术教师大量使用和反馈相关。

一、信息技能形成性评价系统实践模式

（一）信息技能形成性评价系统应用模式探索

1. 练习模式

教师使用命题系统，出好题目。在机房上课时，使用网络化命题系统获取题库，并制定出相应的组卷策略，设置为考试后立即显示分数。启动管理系统后，学生就可以开始测验，测验一启动，立即自动更新。客观题可以互不相同，即使相同的题目，其顺序和选项的顺序也是随机的，可有效防止作弊；操作题目则使用真实情境测验。考生做完后，单击交卷，答卷自动交到教师机，同时，在考生机器上显示考试分数，还可以在网页上看到详细的做题情况，包括客观题目和操作题目，操作文档也可以调出。考生在这种形成性评价的作用下，可以有效地查漏补缺，系统针对每个人的情况给出相应的评价，实施个别化评测学习策略。而教师则借助于网络化的信息技能形成性评价系统，很容易地得到准确的、全体的、及时的、快速的评价信息，为当堂根据测验效果实施教学策略提供了依据。信息技能形成性评价教学应用模式如图 5-6 所示。

2. 考试模式或统测模式

考试模式即信息技能形成性评价系统应用模式之总结性评价模式。

网络化的信息技能形成性评价使得跨地域的考核成为可能。以市级统测

---

① 何毅. 学校信息技术教育的思考［OL］. http：//itedu. dgzx. net/Article_ show. asp？ ArticleID = 5782.

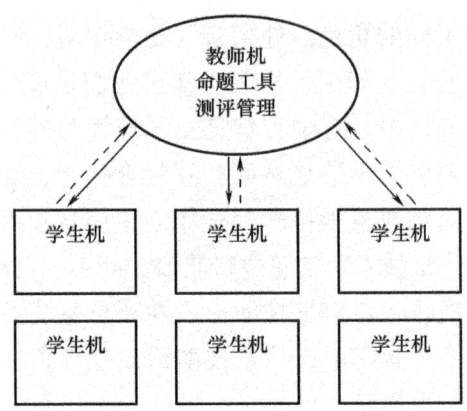

图 5-6　信息技能形成性评价系统教学应用模式

说明：①图中，实线表明试题自动更新，虚线表明答卷成绩自动上报。②学生机上，只需安装支持网络的测试工具即可。③举例：教师利用命题工具出题，指定测验该题，学生通过测验系统自动更新，开始做题，做完后，显示分数及做错的地方，教师再个别辅导。

为例，由市级统测部门组织专案教师命题，然后在市中央服务器上启动管理系统，设置考试试卷和统考标志，答卷后不立即显示分数，可以密封题库。区级部门使用网络化的命题系统远程获取题库后，在区服务器上启动管理系统。学校机房教师机启动命题系统从区服务器上获取网络题库，由监考老师在考试第一天输入启封密码，即可开始考试。网络考试后，学生答卷自动交至教师机，因为有统考标志，教师机无法判卷，通过网络上报到上级部门。区级接收到各学校上报来的试卷后，再统一将其利用网络化的管理系统上报市中央服务器，由市服务器统一阅卷。阅卷时，网络化的信息技能形成性评价系统能够自动根据试卷上报地区和日期进行试卷分类汇总，从而生成市、区、校三级的统计分析。这样，利用网络化的信息技能形成性评价系统就可以实现计算机水平统测和总结性评价了。

（二）引发新型教学模式

评价工具的创新使得一线信息技术教师从繁重的测验批改、作品评价中解放出来，实现了快速、简单、准确的出题和评判，实现了课堂教学的及时反馈，势必催生基于新型测验工具的高效教学模式。这种教学模式最大的特点就是教、学、评高效性，它关注全体，关注情境，关注个别，关注发展，而新型教学模式的广泛应用必将直接导致教育质量、教学效率的一次提升。

　　因此，对一个好的测验工具或考试平台的需要就显得日益迫切。从另一个角度讲，合适的支持网络的测验工具的广泛使用，势必大大减少信息技术一线教师的单调劳动工作量。而对测量效果的及时反馈分析，将使得教师可以更加快捷、准确地调整教学策略，提高教学质量和效率。因此教学测验工具的改进，尤其是对自动评判和网络的支持，才能真正将教师从单调劳动的束缚中解放出来，从而在一定程度上解放了教育生产力。

　　信息技术网络测评工具实际上也是信息技术本身和信息技术学科的一种高层次整合。它使用计算机、使用网络通过形成性评价的具体实施来提高信息技术学科教学的效率和质量。基于网络的课堂信息技能形成性评价将使得考试成为一种学生学习、巩固知识的手段，教师可以当堂进行教学讲评，会出现基于考试的教学和学习模式。这种教学模式与传统教学模式相比，最显著的特征在于：新的教学模式中引入教学反馈电教设备和互动课件，有效地解决了教学信息的展示和反馈问题，能够实施真正意义上的反馈调控。那么教学反馈系统收集到的反馈信息又如何处理？课堂的情况千变万化，教师的临场应变能力是非常重要的，但有局限。互动课件能够给教师很大的帮助，教师应该在课前，尽可能多地考虑到课堂上可能出现的情况，在备课的时候就编写成互动课件，设置通向解释可能出现情况的链接。在课堂上，互动课件与"教学反馈系统"配合使用，实现了以前技术上不易操作的互动教学。

　　课堂上的互动教学是这样来实施的：学生群体使用"教学反馈系统"作为媒体向教师提供信息；教师根据得到的信息做出决策，选择教学进行的方向和内容。互动课件是教师向学生传输信息的重要手段，可以包含多种教学方法，多套不同程度的练习。教师根据实际情况，以教育效益最优化为准绳，做出决策，用鼠标轻松点击所需的链接图标，就可以向学生提供丰富的教学信息；学生接受了信息，再用反馈媒体传输信息给教师。如此循环往复，直到学生掌握教学目标。由于采用现代教育技术手段，信息的传输和调控相当快捷、精确，教师教得轻松，学生学得明白。

　　这种包含先进反馈设备和互动课件的教学模式的优越性表现在：①教学效率高；②学生可以及时了解自己的学习状况，能激发参与的积极性；③反馈性强；④师生双向激励，学生为学习主体；⑤克服接收学习。

　　运用互动课件和教学反馈系统相结合进行教学，是对传统教学模式的变革。推广和普及该方法，可以有效地优化课堂教学过程；同时为更加完善的

人与人、人与机互动教育积累素材和经验。

二、信息技能形成性评价系统效益分析

目前，本信息技能形成性评价系统仍在完善，先前定版的系统产生的直接经济效益尚不足，但是，可以计算，该项目最终将产生巨大的经济效益和社会效益。

（一）经济效益

本系统极大地提高了教师的出卷、改卷效率，练习和考试都可以使用，节省了大量的时间，节约了大量的纸张和印制费用，节省了改卷费用，降低了统计分析时间，节约了劳务使用，使用网络还降低了磁盘消耗，减少了交通费用，因此，可缩短教育周期，降低教育成本。

（二）社会效益

通过形成性评价和总结性评价的实施，促进了个别化教学、全面教学，保证了练习考试的公平性、准确性，为教和学质量的评估提供了有效的量化依据和有效的教学决策。提高教育质量，提升教育地位，实现了校本教育试题资源的可持续发展，增大了试题资源的可重复利用率。同时，其开放性还增加了各学科内和各学科间的互用性，避免了不同教师的重复试题开发。

提供基于 Web 的在线自测和基于客户/服务器模式的安全考试两种考试方式，可以分别取代传统的单元测试和期末考试。它能够及时考察学生的学习情况，可以解决传统考试需要比较集中的大量人力物力的问题，例如出题、印刷保密、监考、判卷等。①

---

① 蒋东兴，陶超全，沈培华．清华大学校园网络教学系统设计［J］．中国数据通信网络，2000（5）：5-7.

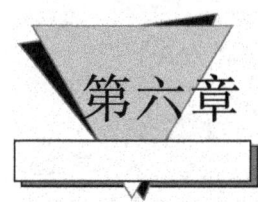

第六章

信息技能形成性评价系统
使用说明

第一节 信息技能形成性评价系统推荐配置

信息技能形成性评价系统方案配置如表 6 - 1 所示。

表 6 - 1 信息技能形成性评价系统计算机软硬件配置

	项目名称	最低配置	建议配置
软件	操作系统	Windows 2000	Windows XP 或 Windows 2003 或 Windows 7，Windows 8 以上
	其他软件	Office 97 - 2003	Office 2003 或 Office 2007 或 Office 2010，Office 2015 以上
硬件	CPU	1G Hz 以上	2GHz 或更高
	内存	512MB	1GB 或更高
	硬盘	50GB	320GB 或更高
	网卡	10/100MB 自适应	10/100MB/1000M 自适应
	其他	光驱、键盘、鼠标	

第二节 信息技能形成性评价系统客观题说明

一、单选题使用说明

（一）单选题出题使用说明

系统出单选题非常简单，只需要在 Excel 文件中建立三个表：单选题、多选题和判断题（注意字不能写错），然后在单选题表内输入相关试题题目、选项和答案即可，非常简单。具体截图如图 6 - 1 所示。

需要注意的是，单选题目最多 6 个选项，前面 4 个选项必须填写，最后 2 个可以不用。不允许跳过一个使用下一个。如跳过 E，直接使用 F 是不可以的。

另外本文件的名称即为练习卷的名称，导入后将出现在选择形成性评价内容界面中最后一个选项，以备学生选择使用该评价内容。

题号必须从 1 开始，且连续不中断。两个题目中间不得空行。一旦遇到空行，系统即视为结束。如果填写了题号，那么，其他各项均需填写。单选题的答案只能是 A 到 F 间的一个字母。

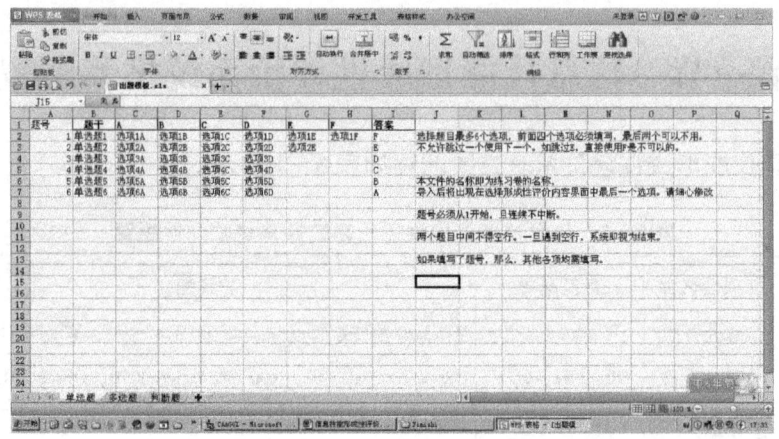

图 6 - 1　信息技能形成性评价系统单选题制作示意图

制作完成后，注意给该 Excel 文件起一个准确的名字，如"数学一年级一月卷"等。

该文件准备好后，即可单击系统中的评价选择界面，单击图 6 - 2 界面左下方的"检查制作练习试卷"即可。检查通过后，系统会弹出让用户指定所制作练习试卷名称的对话框，请仍然给出一个准确的名称，如"数学一年级一月卷"等。如果不想制作，在对话框上取消即可。

图 6 - 2　信息技能形成性评价系统内容选择主界面

　　一旦练习试卷制作成功，即可将该试卷通过邮件、文件服务器或者共享拷贝的方式发给学生。学生即可使用图6－2中左面中下部的"导入练习试卷"按钮导入所发练习卷。导入练习卷后，教师出的练习卷名称会出现在"选择形成性评价内容"下面的下拉框中的最后一个，学生选择此内容，即可展开教师指定内容的形成性评价练习。每一个导入文件都视作一个独立的练习卷，所以导入时尽可能连同多选题和判断题一起导入。另外，如果发现有题目文字信息有误，可以将修改后的整个Excel文件重新检查制作练习卷导入，那么其他没有修改的题目信息，系统会自动检查是否有修改，如果没有修改，不会增加新的题目，但是会把原来题目的题号安排给新导入的练习卷名称。如果导入的练习卷一模一样，系统会自动甄别，避免同样题目入库，所以，对于部分用户的多导入误操作，也不用担心，系统会自动处理好。由于系统只检查题目选项是否一致，因此如果更改了答案，需要修改的话，则必须对题目或选项稍作修改，然后再行导入即可。此规则对于多选题也是一样的。

（二）单选题测试使用说明

　　当学生导入练习试卷后，即可在第一个"选择形成性评价内容"下拉框内的最后一项，看到自己新导入的练习试卷（如图6－3所示）。

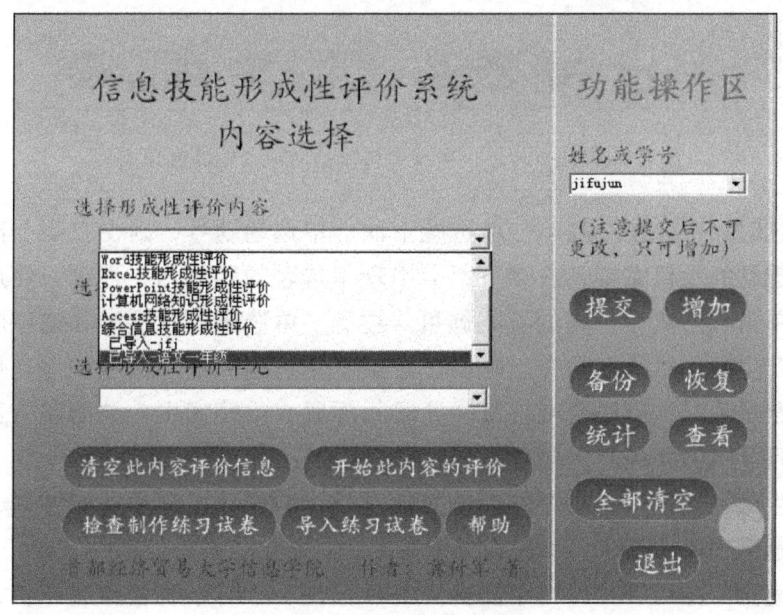

图6－3　信息技能形成性评价系统查看新导入的练习卷

选定所导入的练习卷，单击本界面左侧的"开始此内容的评价"，即可开始本部分练习的形成性评价。注意，如果姓名尚未提交，则必须首先填写姓名后提交，姓名一旦提交则不可修改。如果有多人使用同一台机器，可以增加人名，每次使用时需要使用姓名的下拉按钮选择自己的姓名。建议每台电脑仅供一人使用。

具体做题界面如图6－4所示。

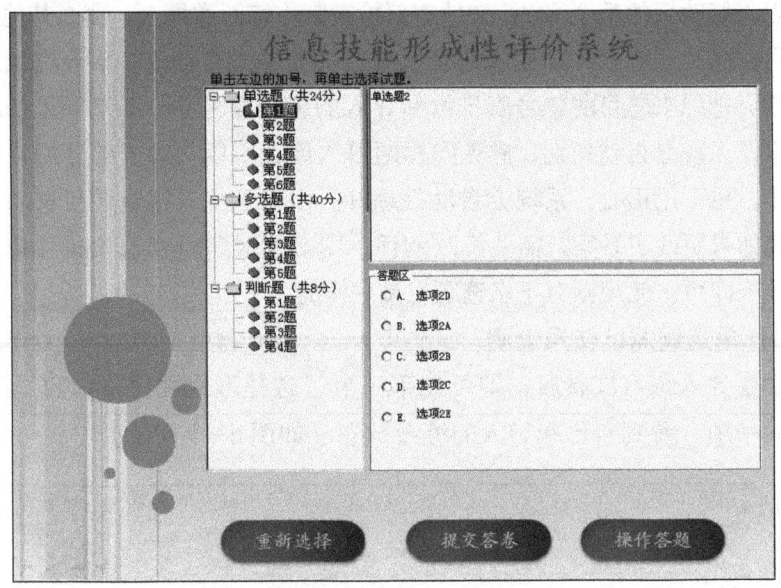

图6－4　信息技能形成性评价系统的单选题做题界面

做题时，首先在左侧单击单选题下面的单选题题号，则在右侧上部会出现此单选题的题目文本，右侧下部会出现单选题的四到六个选项，使用者使用鼠标单击自己认为正确的答案即可。注意，单选题题目顺序和选项顺序都是随机产生的，尽管教师在出题时已经给了单选题顺序和选项顺序，但是在具体答题呈现时，顺序会被打乱，此时教师原有的答案也会被调整为新的答案，一旦学生做完提交，会有一个正确的得分。

学生做完此题后，在左侧单击其他题号，即可开始做另外的题目，做题时对做题顺序不做要求，不影响学生得分。

做完全部题目后，即可单击提交答卷按钮，这时系统会自动评价，并给出相应得分的对话框，单击确定后会出现评价结果画面，具体见图6－5。此

时，可以具体查看每一道题的得失，尤其是做错的知识点。在学习认识到练习卷的问题后，可以在本界面上单击"继续形成性评价"，则会再次进入评价，由于上次评价已经有了相关评价信息，因此系统会弹出一个对话框，询问用户是否继续在上次评价的基础上进行评价。如果用户选择确定，则在上次评价基础上仅仅将做错的题目进行呈现，让用户做题。如果选择查看，则用户可以进而查看具体做题内容和评价结果。如果用户选择删除，则系统会删除刚才所做的评价信息，进而重新开始评价。如果用户选择取消，则回到信息技能形成性评价的选择主界面。

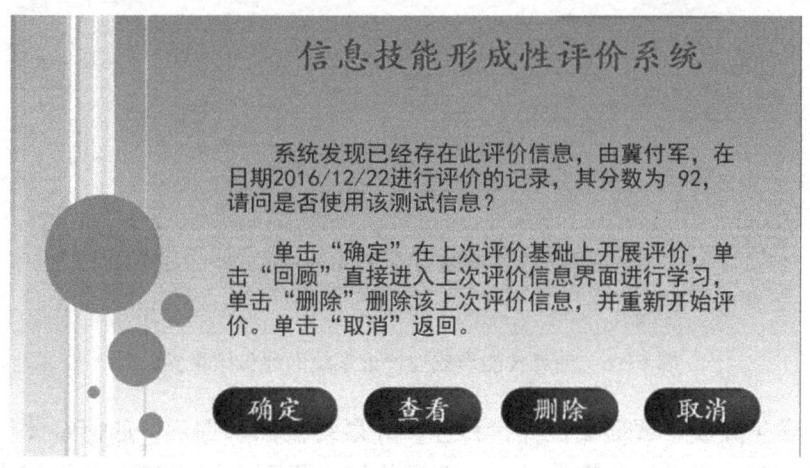

图6-5　信息技能形成性评价系统继续评价询问图

如图6-6所示，再次呈现的题目只有上次做错的题目，做对的题目不再呈现。再次提交，如果还有错误，仍然可以继续单击"继续形成性评价"，则会再次进入评价。如此循环，直到用户掌握了所有知识点。如果用户希望退出，则直接单击"退出系统"即可。如果用户希望换个练习卷进行形成性评价，则可以单击"重新选择"，系统会自动将评价练习卷定位到所使用练习卷的下一个，如果已经是最后一个了，则会弹出提示。

如果是教师布置的形成性评价作业，则建议做题者不要在界面上单击删除按钮，每次的形成性评价信息都不要删除，这样系统会把本练习卷每次的形成性评价信息全部打包在一起。如果每次删除评价信息，则一条评价信息也没有，这样就无法将评价信息打包传给教师，成绩也就传送不到教师那里。

由于每次评价信息系统都会记录，所以学生可以一直进行继续形成性评价，直到全部掌握该作业，再备份传给教师。

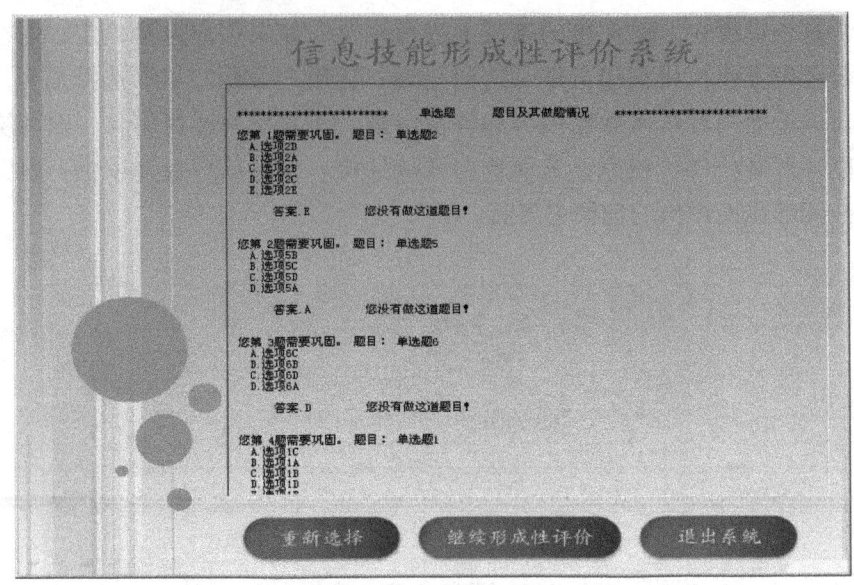

图6-6　信息技能形成性评价系统的评价结果界面

当学生完成一项形成性评价作业，并最终全部掌握后，如何将评价信息传给教师呢？当学生全部做对后，在评价结果界面上再次单击"继续形成性评价"按钮时，就会弹出如图6-7所示的对话框。

图6-7　信息技能形成性评价系统删除相应评价信息询问图

此时由于需要将评价信息上交，因此在这个界面务必单击"否"，这样就会回到形成性评价内容选择主界面。然后单击"备份"按钮，即可将自己的形成性评价备份到文件中。然后将备份文件通过邮件或"QQ"或U盘等方式传给教师即可。此评价成绩备份是加密存储的，传递过程不会被修改。

当教师收到学生提交过来的形成性评价信息后，使用形成性评价内容选择主界面右侧的"恢复"按钮，即可弹出选择学生备份文件的对话框，然后选择希望恢复到系统内的备份文件，单击确定即可将学生的相关形成性评价信息恢复到系统中。不断重复此步骤，即可将所有学生的答卷形成性评价信息恢复到系统中。

二、多选题使用说明

（一）多选题出题使用说明

系统出多选题非常简单，只需要在 Excel 文件中建立三个表：单选题、多选题和判断题（注意字不能写错），然后在多选题表内输入相关试题题目、选项和答案即可。具体截图如图 6 - 8 所示。

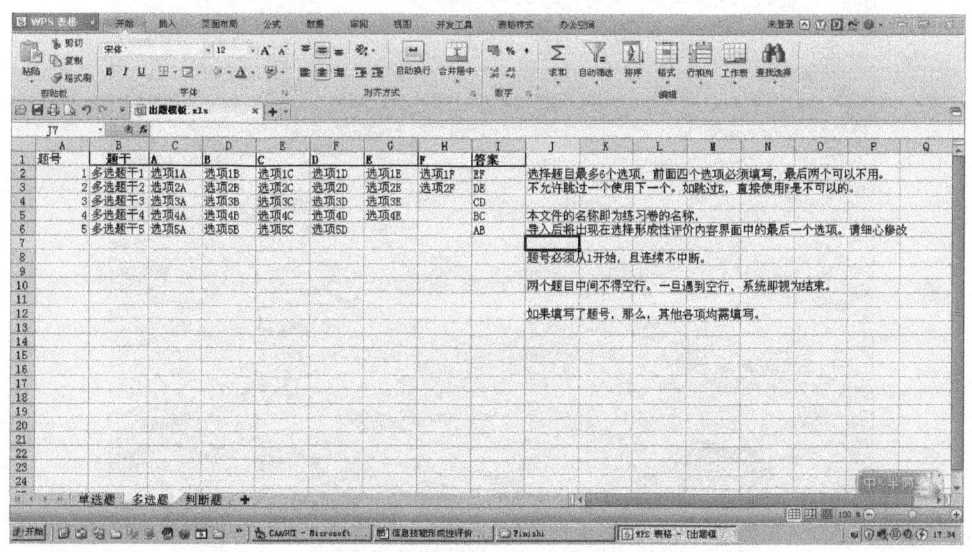

图 6 - 8　信息技能形成性评价系统多选题制作示意图

需要注意的是，多选题目最多 6 个选项，前面 4 个选项必须填写，最后 2 个可以不用。不允许跳过一个使用下一个。如跳过 E，直接使用 F 是不可以的。

另外本文件的名称即为练习卷的名称，导入后将出现在选择形成性评价内容界面中最后一个选项，以备学生选择使用该评价内容。

题号必须从 1 开始，且连续不中断。两个题目中间不得空行，一旦遇到空行，系统即视为结束。如果填写了题号，那么，其他各项均需填写。单选题的答案只能是 A 到 F 间的字母。

制作完成后，注意给该 Excel 文件起一个准确的名字，如"语文一年级一月卷"等。

该文件准备好后，即可单击系统中的评价选择界面，单击图 6 - 9 界面左下方的"检查制作练习试卷"即可。检查通过后，系统会弹出让用户指定所制作练习试卷名称的对话框，请仍然给出一个准确的名称，如"语文一年级一月卷"等。如果不想制作，在对话框上取消即可。

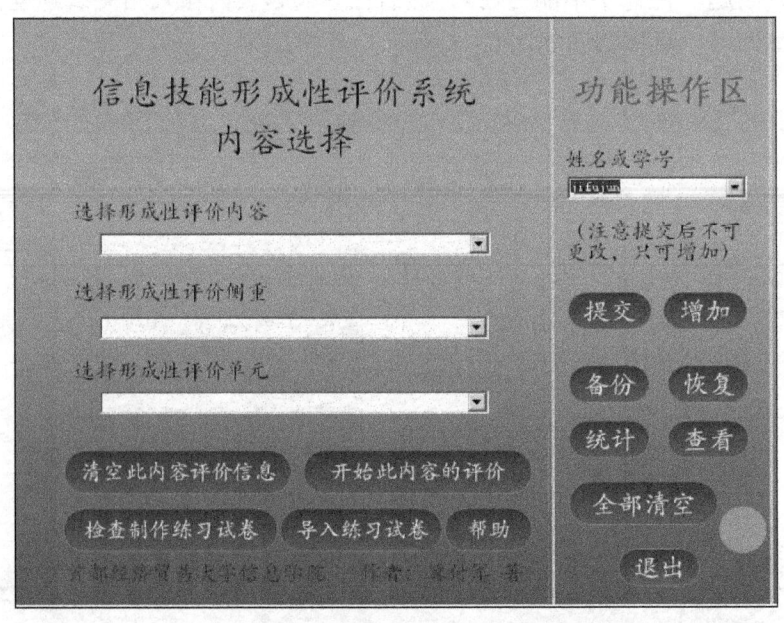

图 6 - 9　信息技能形成性评价系统内容选择主界面

一旦练习试卷制作成功，即可将该试卷通过邮件、文件服务器或者共享拷贝的方式发给学生。学生可使用图 6 - 9 中左面中下部的"导入练习试卷"按钮导入所发练习卷，导入练习卷后，教师出的练习卷名称会出现在"选择形成性评价内容"下面的下拉框中的最后一个，学生选择此内容，即可展开教师指定内容的形成性评价练习。每一个导入文件都视作一个独立的练习卷，所以导入时尽可能连同单选题和判断题一起导入。另外，如果发现有题目文

字信息有误，可以将修改后的整个 Excel 文件重新检查制作练习卷导入，那么其他没有修改的题目信息，系统会自动检查是否有修改，如果没有修改，不会增加新的题目，但是会把原来题目的题号安排给新导入的练习卷名称。如果导入的练习卷内试题题目一模一样，系统也如对单选题一样会自动甄别，避免同样题目入库造成重复。由于系统只检查题目选项是否一致，因此如果更改了答案，需要修改的话，则必须对题目或选项稍作修改，然后再行导入即可。

（二）多选题测试使用说明

当学生导入练习试卷后，即可在第一个"选择形成性评价内容"下拉框内的最后一项，看到自己新导入的练习试卷（如图 6 – 10 所示）。

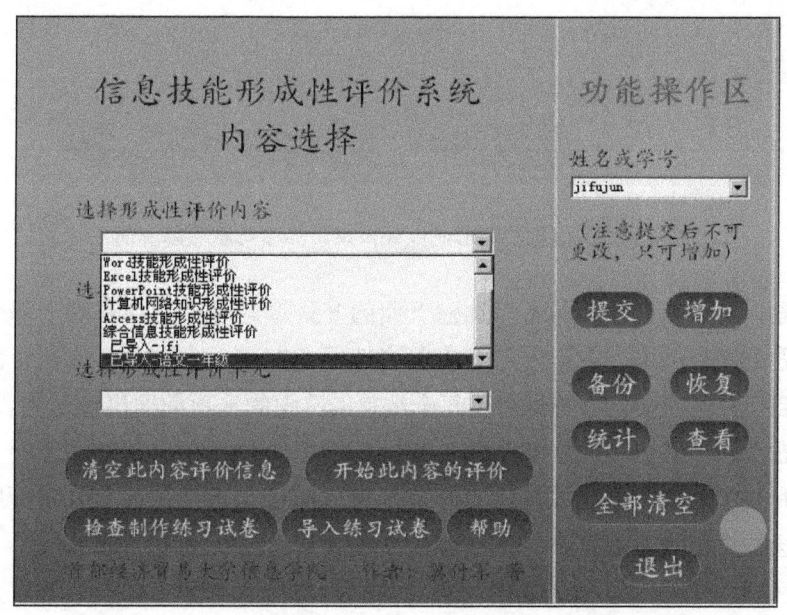

图 6 – 10　信息技能形成性评价系统查看新导入的练习卷

选定所导入的练习卷，单击本界面左侧的"开始此内容的评价"，即可开始本部分练习的形成性评价。注意，如果姓名尚未提交，则必须首先填写姓名后提交，姓名一旦提交即不可修改。如果有多人使用同一台机器，可以增加人名，每次使用时需要使用姓名的下拉按钮选择自己的姓名。建议每台电脑仅供一人使用。

具体做题界面如图 6 – 11 所示。

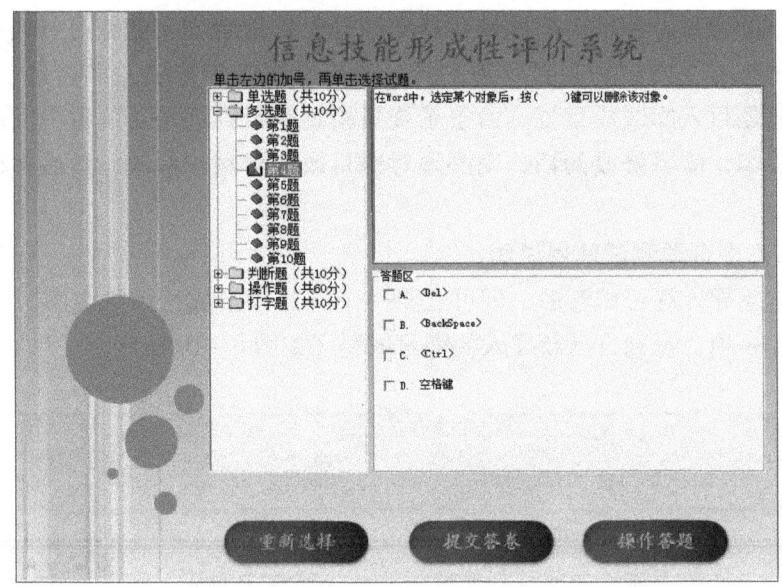

图 6 – 11　信息技能形成性评价系统的多选题做题界面

做题时，首先在左侧单击多选题下面的多选题题号，则在右侧上部会出现此多选题的题目文本，右侧下部会出现多选题的四到六个选项，使用者使用鼠标单击自己认为正确的答案即可，每个被单击选中的选项前面出现对钩。注意，多选题题目顺序和选项顺序都是随机产生的，尽管教师在出题时已经给了多选题顺序和选项顺序，但是在具体答题呈现时，顺序会被打乱，此时教师原有的答案也会被调整为新的答案，一旦学生做完提交，会有一个正确的得分。

学生做完此题后，在左侧单击其他题号，即可开始做另外的题目，做题时对做题顺序不做要求，不影响学生得分。

做完全部题目后，即可单击提交答卷按钮，这时系统会自动评价，并给出相应得分的对话框，单击确定后会出现评价结果画面，具体见图 6 – 12。此时，可以具体查看每一道题的得失，尤其是做错的知识点。在学习认识到练习卷的问题后，可以在本界面上单击"继续形成性评价"，则会再次进入评价，由于上次评价已经有了相关评价信息，因此系统会弹出一个对话框，询问用户是否继续在上次评价的基础上进行评价。如果用户选择确定，则在上

次评价基础上仅仅将做错的题目进行呈现，让用户做题。如果选择查看，则用户可以进而查看具体做题内容和评价结果。如果用户选择删除，则系统会删除刚才所做的评价信息，进而重新开始评价。如果用户选择取消，则回到信息技能形成性评价的选择主界面。

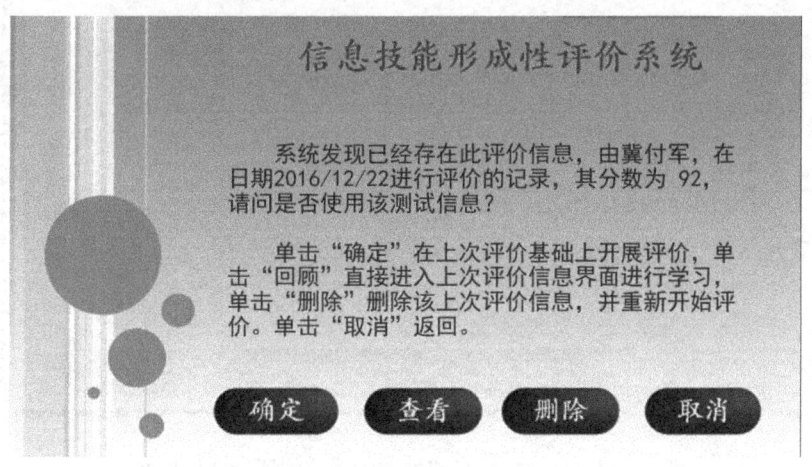

图 6 – 12　信息技能形成性评价系统继续评价询问图

　　如图 6 – 13 所示，再次呈现的题目只有上次做错的题目，做对的题目不再呈现。再次提交，如果还有错误，仍然可以继续单击"继续形成性评价"，则会再次进入评价。如此循环，直到用户掌握了所有知识点。如果用户希望退出，则直接单击"退出系统"即可。如果用户希望换个练习卷进行形成性评价，则可以单击"重新选择"，系统会自动将评价练习卷定位到所使用练习卷的下一个，如果已经是最后一个，则会弹出提示。

　　如果是教师布置的形成性评价作业，则建议做题者不要在界面上单击删除按钮，每次的形成性评价信息都不要删除，这样系统会把本练习卷每次的形成性评价信息全部打包在一起。如果每次删除评价信息，则一条评价信息也没有，这样就无法将评价信息打包传给教师，成绩也就传送不到教师那里。由于每次评价信息系统都会记录，所以学生可以一直进行继续形成性评价，直到全部掌握该作业，再备份传给教师。

　　当学生完成一项形成性评价作业，全部做对后，在评价结果界面上再次单击"继续形成性评价"按钮时，就会弹出如图 6 – 14 所示的对话框。

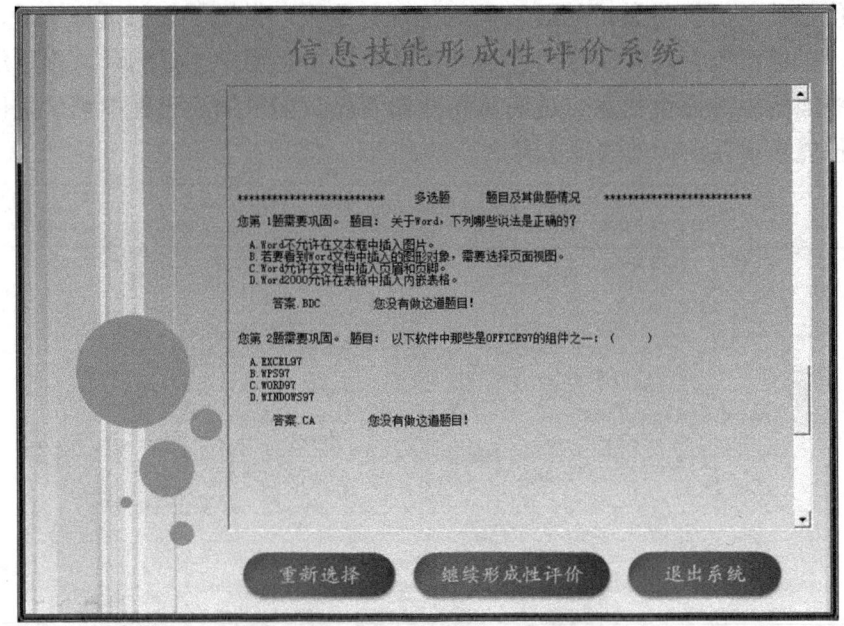

图 6 – 13　信息技能形成性评价系统的评价结果界面

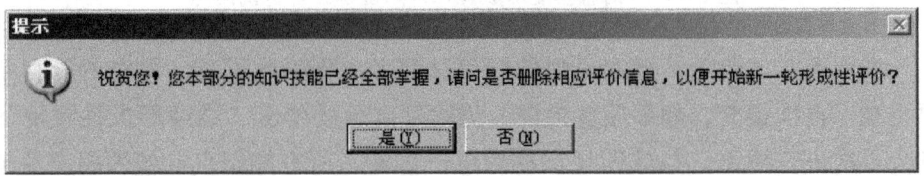

图 6 – 14　信息技能形成性评价系统删除相应评价信息询问图

　　此时由于需要将评价信息上交，因此在这个界面务必单击"否"，这样就会回到形成性评价内容选择主界面。然后单击"备份"按钮，即可将自己的形成性评价备份到文件中。然后将备份文件通过邮件或"QQ"或 U 盘等方式传给教师即可。此评价成绩备份是加密存储的，传递过程不会被修改。

　　当教师收到学生提交过来的形成性评价信息后，使用形成性评价内容选择主界面右侧的"恢复"按钮，即可弹出选择学生备份文件的对话框，然后选择希望恢复到系统内的备份文件，单击确定即可将学生的相关形成性评价信息恢复到系统中。不断重复此步骤，即可将所有学生的答卷形成性评价信息恢复到系统中。

三、判断题使用说明

（一）判断题出题使用说明

与其他两种题型相同，系统出判断题只需要在 Excel 文件中建立三个表：单选题、多选题和判断题（注意字不能写错），然后在判断题表内输入相关试题题目和答案即可。具体截图如图 6 – 15 所示。

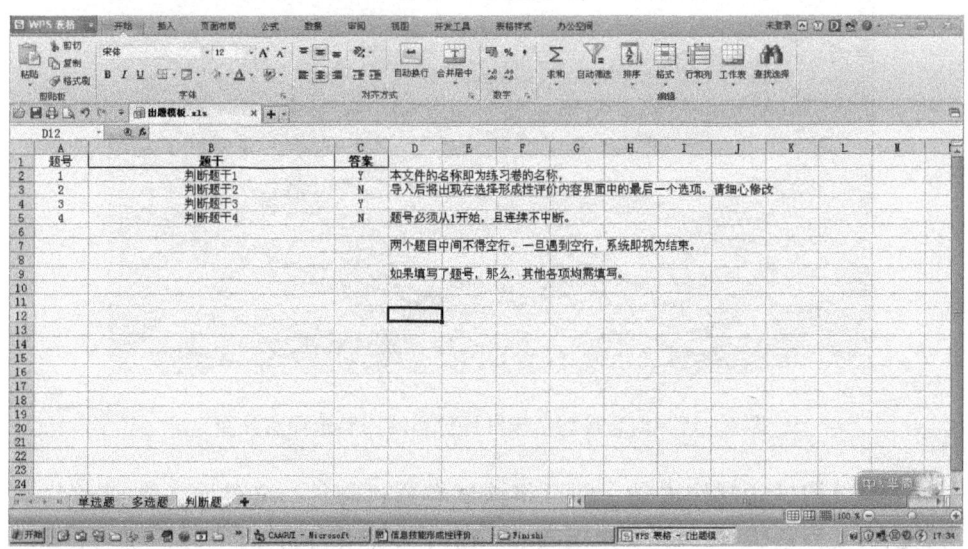

图 6 – 15 信息技能形成性评价系统判断题制作示意图

需要注意的是，判断题目的题干必须填写，另外，本文件的名称即为练习卷的名称，导入后将出现在选择形成性评价内容界面中最后一个选项，以备学生选择使用该评价内容。所以起名称时，务必词能达意。

题号必须从 1 开始，且连续不中断。两个题目中间不得空行。一旦遇到空行，系统即视为结束。如果填写了题号，那么，其他各项均须填写。判断题的答案只能是字母 Y 或 N。

制作完成后，注意给该 Excel 文件起一个准确的名字。

该文件准备好后，单击系统中的评价选择界面，单击图 6 – 16 界面左下方的"检查制作练习试卷"即可。检查通过后，系统会弹出让用户指定所制作练习试卷名称的对话框，请仍然给出一个准确的名称。如果不想制作，在

对话框上取消即可。

图 6 – 16　信息技能形成性评价系统内容选择主界面

　　一旦练习试卷制作成功，即可将该试卷通过邮件、文件服务器或者共享拷贝的方式发给学生。学生使用图 6 – 16 中左面中下部的"导入练习试卷"按钮导入所发练习卷。导入练习卷后，教师出的练习卷名称会出现在"选择形成性评价内容"下面的下拉框中的最后一个，学生选择此内容，即可展开教师指定内容的形成性评价练习。每一个导入文件都视作一个独立的练习卷，所以导入时尽可能连同单选题和多选题一起导入。另外，如果发现有题目文字信息有误，可以将修改后的整个 Excel 文件重新检查制作练习卷导入，那么其他没有修改的题目信息，系统会自动检查是否有修改，如果没有修改，不会增加新的题目，但是会把原来题目的题号安排给新导入的练习卷名称。如果导入的练习卷内试题题目一模一样，系统会自动甄别，避免同样题目入库造成重复浪费。由于系统只检查题目是否一致，因此如果更改了答案，需要修改的话，则必须对题目稍作修改，然后再行导入即可。此规则对于单选题和多选题也是类似的，唯一不同就是，单选题和多选题除了检查题目题干文字外还会检查选项是否一致，但是三者都不会同时对答案进行检查或查重，

所以这一点要注意。

(二) 判断题测试使用说明

当学生导入练习试卷后，即可在第一个"选择形成性评价内容"下拉框内的最后一项，看到自己新导入的练习试卷（如图 6 – 17 所示）。

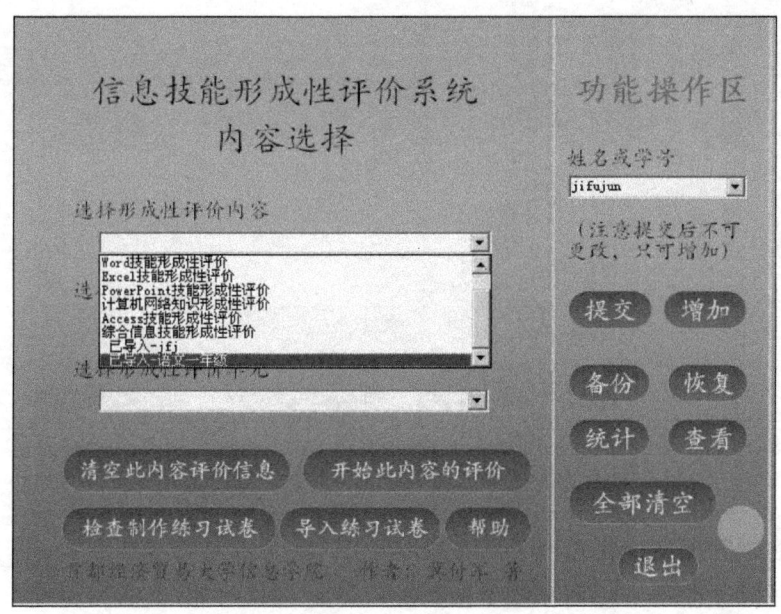

图 6 – 17 信息技能形成性评价系统查看新导入的练习卷

选定所导入的练习卷，单击本界面左侧的"开始此内容的评价"，即可开始本部分练习的形成性评价。注意，如果姓名尚未提交，则必须首先填写姓名后提交，姓名一旦提交则不可修改。如果有多人使用同一台机器，可以增加人名，每次使用时需要使用姓名的下拉按钮选择自己的姓名。建议每台电脑仅供一人使用。

具体做题界面如图 6 – 18 所示。

做题时，首先在左侧单击判断题下面的判断题题号，则在右侧上部会出现此判断题的题目文本，右侧下部会出现判断题的对错选项，使用者使用鼠标单击自己认为正确的答案即可，每个被单击选中的选项前面出现圆点，只能选择对错选项中的一个。注意，判断题题目顺序都是随机产生的，尽管教师在出题时已经给了判断题顺序，但是在具体答题呈现时，顺序会被打乱，

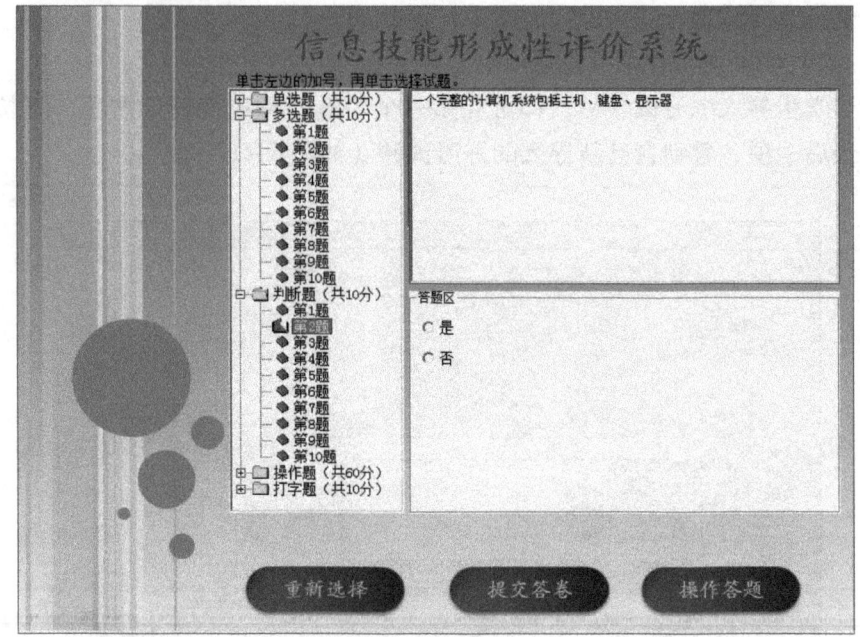

图6-18 信息技能形成性评价系统的判断题做题界面

一旦学生做完提交，会有一个正确的得分。

学生做完此题后，在左侧单击其他题号，即可开始做另外的题目，做题时对做题顺序不做要求，不影响学生得分。

做完全部题目后，即可单击提交答卷按钮，这时系统会自动评价，并给出相应得分的对话框，单击确定后会出现评价结果画面，具体见图6-19。此时，可以具体查看每一道题的得失，尤其是做错的知识点。在学习认识到练习卷的问题后，可以在本界面上单击"继续形成性评价"，则会再次进入评价，由于上次评价已经有了相关评价信息，因此系统会弹出一个对话框，询问用户是否继续在上次评价的基础上进行评价。如果用户选择确定，则在上次评价基础上仅仅将做错的题目进行呈现，让用户做题。如果选择查看，则用户可以进而查看具体做题内容和评价结果。如果用户选择删除，则系统会删除刚才所做的评价信息，进而重新开始评价。如果用户选择取消，则回到信息技能形成性评价的选择主界面。

如图6-20所示，此次呈现只有上次做错的题目，做对的题目不再呈现。再次提交，如果还有错误，仍然可以继续单击"继续形成性评价"，则会再次

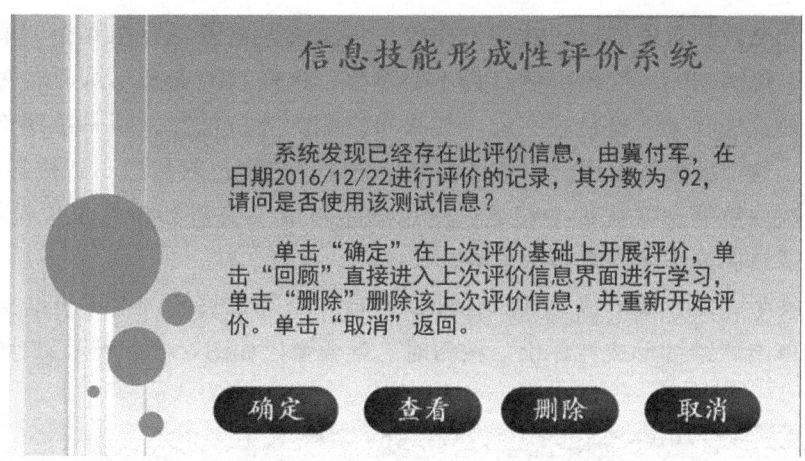

图 6-19 信息技能形成性评价系统继续评价询问图

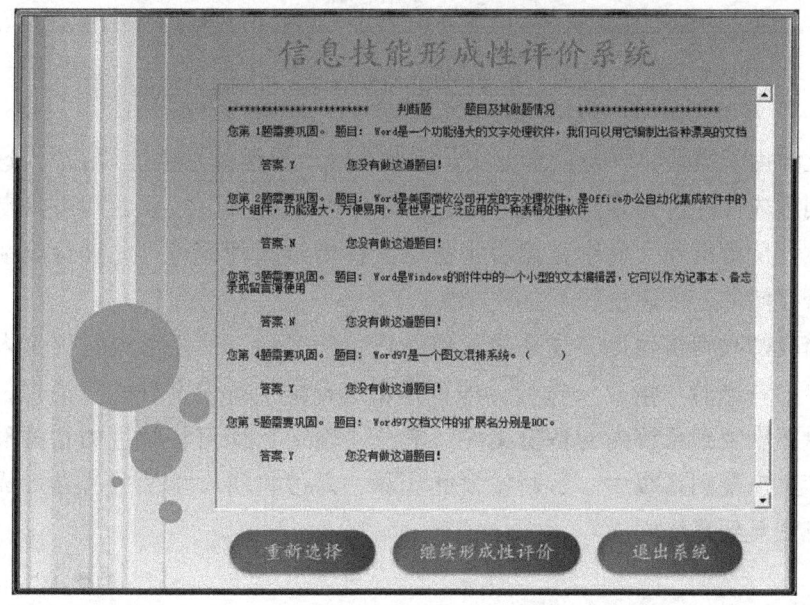

图 6-20 信息技能形成性评价系统的评价结果界面

进入评价。如此循环，直到用户掌握了所有知识点。如果用户希望退出，则直接单击"退出系统"即可。如果用户希望换个练习卷进行形成性评价，则可以单击"重新选择"，系统会自动将评价练习卷定位到所使用练习卷的下一个，如果已经是最后一个了，则会弹出提示。

如果是教师布置的形成性评价作业，则建议做题者不要在界面上单击删除按钮，每次的形成性评价信息都不要删除，这样系统会把本练习卷每次的形成性评价信息全部打包在一起。如果每次删除评价信息，则一条评价信息也没有，这样就无法将评价信息打包传给教师，成绩也就传送不到教师那里。由于每次评价信息系统都会记录，所以学生可以一直进行继续形成性评价，直到全部掌握该作业，再备份传给教师。

当学生完成一项形成性评价作业，并最终全部掌握后，在评价结果界面上再次单击"继续形成性评价"按钮时，就会弹出如图 6 - 21 所示的对话框。

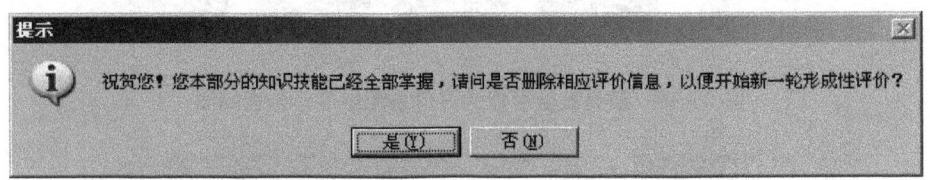

图 6 - 21　信息技能形成性评价系统删除相应评价信息询问图

此时由于需要将评价信息上交，因此在这个界面务必单击"否"，这样就会回到形成性评价内容选择主界面，然后单击"备份"按钮，即可将自己的形成性评价备份到文件中，然后将备份文件传给教师即可。此评价成绩备份是加密存储的，传递过程不会被修改。

当教师收到学生提交过来的形成性评价信息后，使用形成性评价内容选择主界面右侧的"恢复"按钮，即可弹出选择学生备份文件的对话框，然后选择希望恢复到系统内的备份文件，单击"确定"即可将学生的相关形成性评价信息恢复到系统中。不断重复此步骤，即可将所有学生的答卷形成性评价信息恢复到系统中。

第三节　信息技能形成性评价系统操作题说明

对于信息技能形成性评价系统所有操作题的出题，因为出题稍微复杂一些，加上作者时间、精力有限，操作题出题功能尚不完善，暂未提供在本形成性评价系统当中，另外主观题目相关功能也暂未在本形成性评价系统中提供。希望能在下一版本中结合读者需求进行改进或补充。此处对于打字、

Word、Excel、PowerPoint 的出题及使用说明列示如下。

一、打字题使用说明

（一）打字题出题使用说明

关于打字题的出题，是比较简单的，只要指定一段中文或英文或中英文文字，然后指定满分所需要的时间即可，那么，测试者如果在此时间内正确输入所有文字，即可拿到满分。在评判规则上，主要采用单位时间内输入正确的文字数来给分，用来防止快速输入但是正确率比较低的情况。

（二）打字题测试使用说明

打字题在测试时，会在图 6－22 所示的屏幕右下角显示"开始录入"、"字体"和"取消"相关控制按钮，一旦开始输入，会在左下角明显位置显示剩余时间，同时开始录入按钮也会变成"提交"按钮（如图 6－23 所示）。

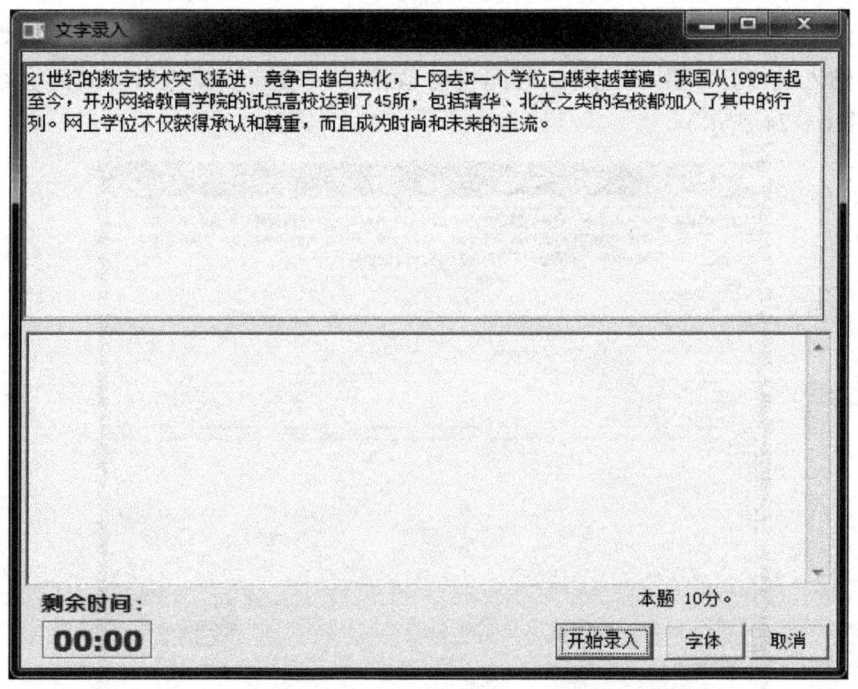

图6－22　信息技能形成性评价系统打字题的测试界面

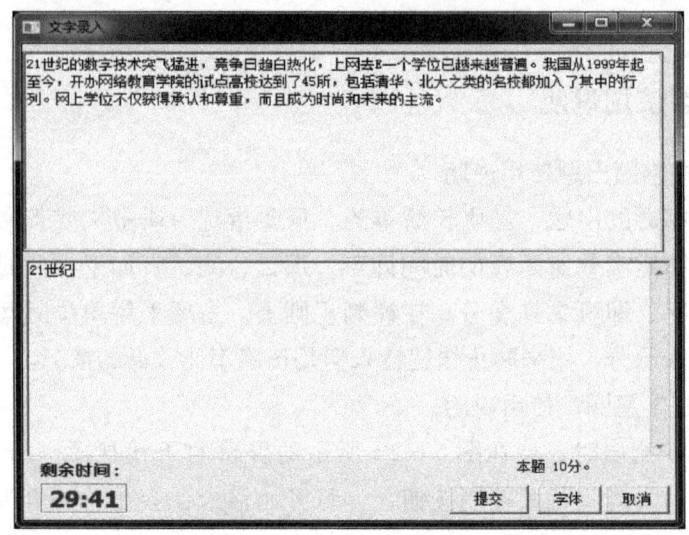

图6-23　信息技能形成性评价系统打字开始后待提交界面

　　本打字题测试时允许暂时中断后继续输入测试，也就是说，如果打字累了，暂时不想输入了，那么可以选择取消，先去做别的题目，其后可以返回继续输入进行打字测试，那么时间也会暂停，回来继续输入后，时间会继续（如图6-24所示）。

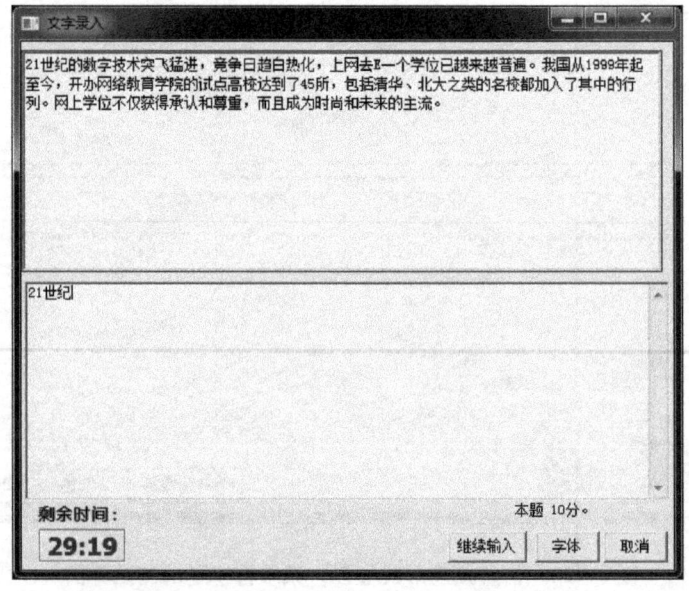

图6-24　信息技能形成性评价系统打字题取消后返回等待继续输入的界面

如果用户感觉打字题目字体不合适，可以单击"字体"按钮，将题目字体设置成比较适合的大小，然后再进行测试。测试选择规定时间内的正确字符数给分，有效的引导和督促学生提高单位时间内的打字正确数。

二、Word 题使用说明

（一）Word 出题使用说明

Word 题目的出题稍微复杂，一般需要提供初始文档，如果需要考核 Word 新建文件录入相应文字并考核功能，就无须提供初始文档。但是不管如何，结果文档都是需要提供的，系统会在正确操作后的结果文档中抽取相应的知识点以获取相应的阅卷参数信息。需要注意的是，并不是 Word 所有的功能都可以作为知识点。

一般 Word 出题首先需要能够准确选定一个对象，或者是文本，或者是段落，或者是整篇，或者是页眉或页脚，或者是页面边框，或者是表格，或者是图片，然后调用其相关属性，获取其属性值，将其存入答案库，同时，需要生成相应的题目要求描述。目前，作者设计的出题环节为，使用者自行选定对象，然后进行操作，之后单击自动生成相应的题目描述文本，并同时生成判题所需的属性名称及其值，使用者可以对题目描述文本稍加修改，即可保存存入题库。存入题库需要三个要素：一个是初始文档，一个是题目文本，一个是判题属性名称及其值。初始文档主要是生成题目情境时使用的，是使用者操作的基础文档；题目文本是使用者操作的要求；判题属性名称及其值是用来判题的。其实出题过程中需要的真正的答案文档，在出题结束时反而成为不需要的，不用保存在题库中，但是为了给使用者提供样张，可以考虑保留 PDF 格式的文档以及使用图片方式呈现最终文档效果。

（二）Word 测试使用说明

Word 题目测试比较简单，进入形成性评价系统后，呈现做题主界面，单击界面左侧操作题中的某道操作题（根据练习卷指定，可能会有一道或多道操作题），就会出现如下类似界面（见图 6 - 25）。

在此界面右上部，会显示该道 Word 操作题的题目要求文本，此时，可以单击右下方的"操作答题"按钮进入操作情境，开始答题。具体的操作情境中，题目要求文本所在窗口会始终保持在所有窗口的最前面，具体如图 6 - 26 所示。

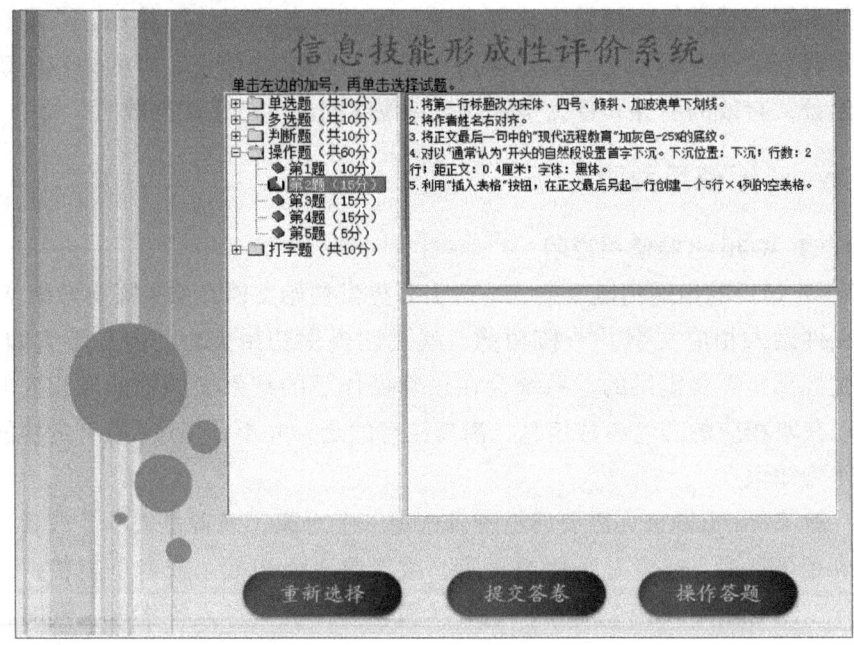

图6-25　信息技能形成性评价系统 Word 主界面

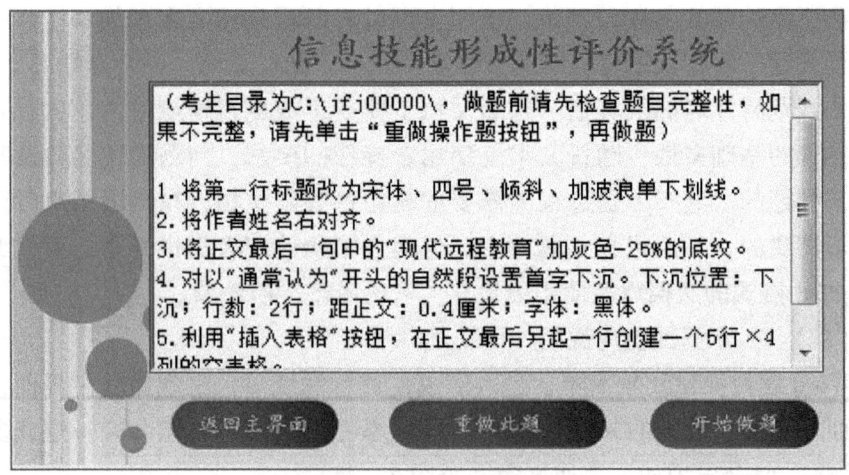

图6-26　信息技能形成性评价系统 Word 题目界面

在呈现此操作题目文本窗口后，使用者单击该窗口右下角的"开始做题"，就可以直接打开对应 Word 类型的操作初始文档，然后使用者就可以在初始文

档基础上，按照题目要求进行做题了。做完题目后，建议使用者自行关闭操作文档，然后单击本窗口的"返回主界面"按钮，即可返回到如图 6 - 25 所示的所有题目 Word 主界面。如果做题过程中不小心破坏了原始文档并且导致无法继续答题，可以单击本窗口中间部分的"重做此题"按钮，这样，可以重新生成初始文档，恢复操作前的文档环境，使用者可以重新开始答题。全部答完后，单击"返回主界面"回到题目选择主界面。

确信做完所有操作题后，在题目选择主界面上单击"提交答卷"按钮，将答卷提交。系统立即开始自动进行评价，并给出得分，确定后会给出具体的知识点对错信息，呈现类似图 6 - 20 的信息技能形成性评价系统的评价结果界面。在这个结果界面上，学习者进行查漏补缺，学习回顾所做知识点后，可以单击该界面上的"继续形成性评价"按钮，在本次评价基础上开始新一轮的形成性评价，那么本次做对的题目将不再呈现。需要注意的是，对于操作题，除非整道操作题所有知识点全部答对，此道操作题下次才不再出现，否则，下次仍会出现。就是说，如果本次 Word 操作题所有知识点都做对了，那么下次呈现的题目中就不会再有 Word 类型的操作题目。

三、Excel 题使用说明

（一）Excel 出题使用说明

Excel 题目的出题和 Word 一样稍微复杂，一般需要提供初始文档，如果需要考核 Excel 新建工作簿并录入相应文字考核功能，就无须提供初始文档。但是不管如何，结果文档都是需要提供的，系统会在正确操作后的结果文档中抽取相应的知识点获取相应的阅卷参数信息。需要注意的是，并不是 Excel 所有的功能都可以作为知识点。

一般 Excel 出题首先需要能够准确选定一个对象，或者是文本，或者是表格，或者是单元格，或者是页眉或页脚，或者是单元格区域，或者是图片，然后调用其相关属性，获取其属性值，将其存入答案库，同时，需要生成相应的题目要求描述。目前，作者设计的出题环节为，使用者自行选定对象，然后进行操作，之后单击自动生成相应的题目描述文本，并同时生成判题所需的属性名称及其值，使用者可以对题目描述文本稍加修改，去除不需要做题者操作的要素，即可保存存入题库。存入题库需要三个要素：一个是初始文档，一个是题目文本，一个是判题属性名称及其值。初始文档主要是生成

题目情境时使用的，是使用者操作的基础文档；题目文本是使用者操作的要求；判题属性名称及其值是用来判题的。其实出题过程中需要的真正的答案文档，在出题结束时反而成为不需要的，不用保存在题库中，但是为了给使用者提供样张，可以考虑保留 PDF 格式的文档以及使用图片方式呈现最终文档效果。

（二）Excel 测试使用说明

Excel 题目测试和 Word 一样比较简单。进入形成性评价系统后，呈现做题主界面，单击界面左侧操作题中的某道操作题（根据练习卷指定，可能会有一道或多道操作题），就会出现与图 6 - 27 类似的界面。

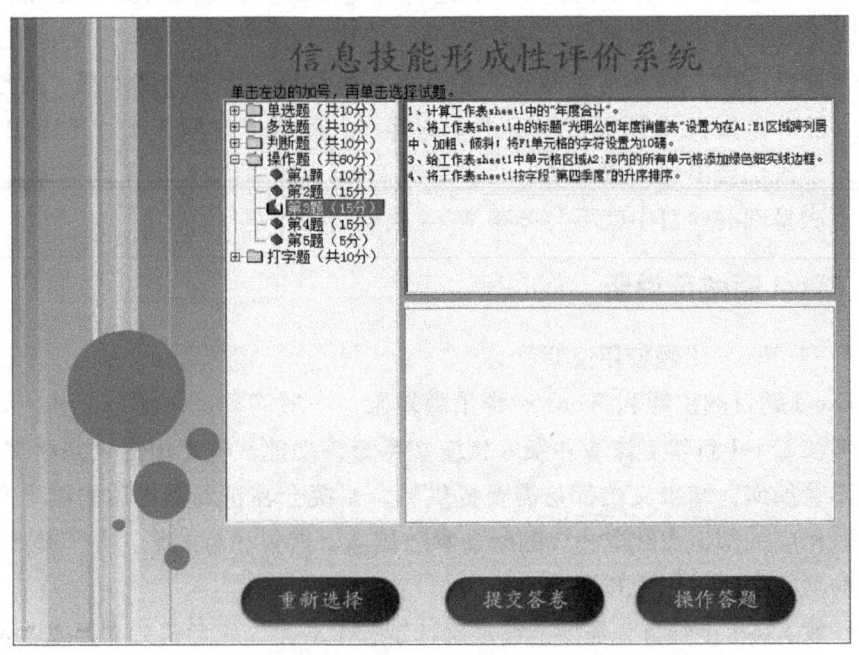

图 6 - 27　信息技能形成性评价系统 Excel 主界面

在此界面右上部，会显示该道 Excel 操作题的题目要求文本，此时，可以单击右下方的"操作答题"按钮进入操作情境，开始答题，具体的操作情境中，题目要求文本所在窗口会始终保持在所有窗口的最前面，具体如图 6 - 28 所示。

在呈现此操作题目文本窗口后，使用者单击该窗口右下角的"开始做题"，

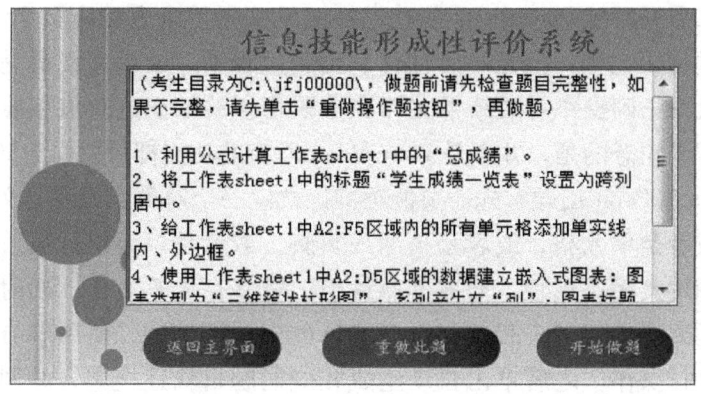

图 6 - 28 信息技能形成性评价系统 Excel 题目界面

就可以直接打开对应 Excel 类型的操作初始文档，然后使用者就可以在初始文档基础上，按照题目要求进行做题了。做完题目后，建议使用者自行关闭操作文档，然后单击本窗口的"返回主界面"按钮，即可返回到如图 6 - 27 所示的所有题目 Excel 主界面。如果做题过程中，不小心破坏了原始文档并且导致无法继续答题，可以单击本窗口中间部分的"重做此题"按钮，这样，可以重新生成初始文档，恢复操作前的文档环境，使用者可以重新开始答题。全部答完后，单击"返回主界面"回到题目选择主界面。

确信做完所有操作题后，在题目选择主界面上单击"提交答卷"按钮，将答卷提交。系统立即开始自动进行评价，并给出得分，确定后会给出具体的知识点对错信息，呈现类似图 6 - 20 的信息技能形成性评价系统的评价结果界面。在这个结果界面上，学习者进行查漏补缺，学习回顾所做知识点后，可以单击该界面上的"继续形成性评价"按钮，在本次评价基础上开始新一轮的形成性评价，本次做对的题目将不再呈现。需要注意的是，对于操作题，除非整道操作题所有知识点全部答对，此道操作题下次才不再出现，否则，下次仍会出现。就是说，如果本次 Excel 操作题所有知识点都做对了，那么下次呈现的题目中就不会再有 Excel 类型的操作题目。

四、PowerPoint 题使用说明

（一）PowerPoint 题出题使用说明

PowerPoint 题目的出题和 Word、Excel 一样稍微复杂，一般需要提供初始

文档，如果需要考核 PowerPoint 新建幻灯演示文稿并录入相应文字考核功能，就无须提供初始文档。但是不管如何，出题过程中，结果文档都是需要提供的，系统会在正确操作后的结果文档中抽取相应的知识点获取相应的阅卷参数信息。需要注意的是，并不是 PowerPoint 所有的功能都可以作为知识点。

一般 PowerPoint 出题首先需要能够准确选定一个对象，或者是文本，或者是表格，或者是单元格，或者是页眉或页脚，或者是单元格区域，或者是图片，然后调用其相关属性，获取其属性值，将其存入答案库，同时，需要生成相应的题目要求描述。目前，作者设计的出题环节为，使用者自行选定对象，然后进行操作，之后单击自动生成相应的题目描述文本，并同时生成判题所需的属性名称及其值，使用者可以对题目描述文本稍加修改，去除不需要做题者操作的要素，即可保存存入题库。存入题库需要三个要素：一个是初始文档，一个是题目文本，一个是判题属性名称及其值。初始文档主要是生成题目情境时使用的，是使用者操作的基础文档；题目文本是使用者操作的要求；判题属性名称及其值是用来判题的。其实出题过程中需要的真正的答案文档，在出题结束时反而成为不需要的，不用保存在题库中。但是为了给使用者提供样张，可以考虑保留 PDF 格式的文档以及使用图片方式呈现最终文档效果。

（二）PowerPoint 题测试使用说明

PowerPoint 题目测试和 Word 以及 Excel 一样比较简单，进入形成性评价系统后，呈现做题主界面，单击界面左侧操作题中的某道操作题（根据练习卷指定，可能会有一道或多道操作题），就会出现如图 6 – 29 的类似界面。

在此界面右上部，会显示该道 PowerPoint 操作题的题目要求文本，此时，可以单击右下方的"操作答题"按钮进入操作情境，开始答题，具体的操作情境中，题目要求文本所在窗口会始终保持在所有窗口的最前面，具体如图 6 – 30 所示。

在呈现此操作题目文本窗口后，使用者单击该窗口右下角的"开始做题"，就可以直接打开对应 PowerPoint 类型的操作初始文档，然后使用者就可以在初始文档基础上，按照题目要求进行做题了。做完题目后，建议使用者自行关闭操作文档，然后单击本窗口的"返回主界面"按钮，即可返回到如图 6 – 29 所示的所有题目 PowerPoint 主界面。如果做题过程中不小心破坏了原始文档并且导致无法继续答题，可以单击本窗口中间部分的"重做此题"

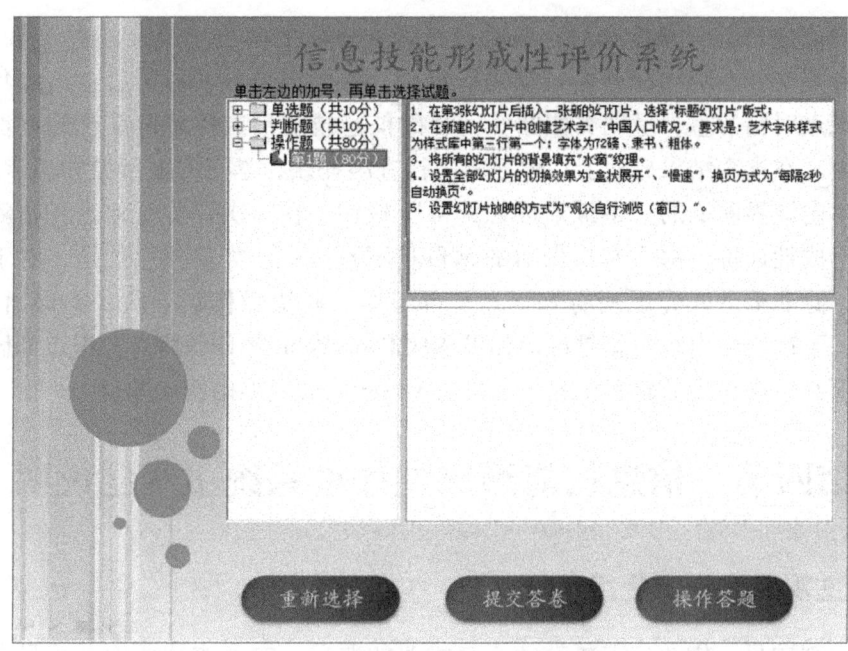

图 6 – 29　信息技能形成性评价系统 PowerPoint 主界面

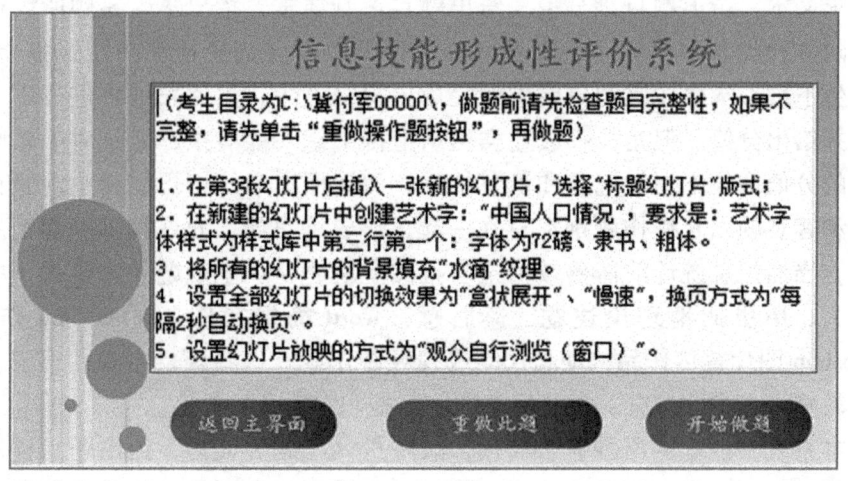

图 6 – 30　信息技能形成性评价系统 PowerPoint 题目界面

按钮，这样，可以重新生成初始文档，恢复操作前的文档环境，使用者可以重新开始答题。全部答完后，单击"返回主界面"回到题目选择主界面。

确信做完所有操作题后，在题目选择主界面上单击"提交答卷"按钮，将答卷提交。系统立即开始自动进行评价，并给出得分，确定后会给出具体的知识点对错信息，呈现类似图6-20的信息技能形成性评价系统的评价结果界面。在这个结果界面上，学习者进行查漏补缺，学习回顾所做知识点后，可以单击该界面上的"继续形成性评价"按钮，在本次评价基础上开始新一轮的形成性评价，那么本次做对的题目将不再呈现。需要注意的是，对于操作题，除非整道操作题所有知识点全部答对，此道操作题下次才不再出现，否则，下次仍会出现。就是说，如果本次PowerPoint操作题所有知识点都做对了，那么下次呈现的题目中就不会再有PowerPoint类型的操作题目。

第四节　信息技能形成性评价系统主观题说明

一、主观题目出题使用说明

主观题目，指的是需要教师亲自批改的题目。本形成性评价系统只是作为一个规范的信息文件集合和交换的工具，具体来说，就是辅助教师出好题目要求文本，指出题目满分值，给出题目评判要求，指出学生答题所需要提交的附件种类和数量。一般主观题目，很多教师会选择挂在网站服务器上，让学生下载，学生按照题目要求做完后再提交过去，然后教师再进行逐个评阅，并给出分值。但是，一般这类网站上传下载功能有余，但是对于教师评阅后的分值往往不提供记录和汇总统计，而使用本系统则可以将主观题目完整地和客观题以及操作题都汇总在一起，形成练习卷，允许教师一起汇总和统计，当然汇总统计前需要教师亲自批阅主观题目。主观题目主要用于中英文作文、历史或地理论述题、读后感、Word简报制作、PowerPoint作品、Photoshop图片宣传作品、动画作品或视频制作等。这些题目主观性很强，都需要教师亲自批阅给分，在技能培训方面是非常有益的补充。

本系统主观题的出题非常简便，教师进入出题界面后，给出题目要求文本、评分细则，指出题目满分值，指出学生需要提交附件的种类和数量，最好可以提供样品样张，保存即可。

二、主观题目测试使用说明

学生进入到信息技能形成性评价系统的做题主界面后，如果本练习卷出

有主观题目，则在主界面的左侧会呈现"主观题"字样，使用者单击加号可以展开主观题，查看其下的具体主观题目，单击某道主观题目，在主界面右上侧会出现主观题目的具体要求文本，同时在主界面右下侧会出现学生可以附加文件的按钮。如果本道主观题目还有样品样张，则相应的会有样品样张按钮呈现，学生可以单击查看相应结果样品样张。学生做完主观题目后，将自己的主观作业作品，使用附加文件功能，附加到题目中，系统会自动辅助教师检查是否是需要的种类及其数量，如果不吻合，会给出提示。当学生确定完成要提交时，系统会将学生附件一起提交，但是不像其他的客观题或操作题，学生提交后，不会马上看到主观题目的分数，主观题目的分数不包括在提交后呈现的分数之中。如果教师已经评判了学生的主观题目，则分数才会包括主观题目所得的分数。

三、主观题目评分使用说明

当学生备份本人所有形成性评价信息时，所提交主观题目的附件会一起自动备份到学生的备份文件中。当教师恢复学生的所有形成性评价信息时，学生所做主观题目的附件，可以一道在教师机安装的信息技能形成性评价系统中呈现。教师可以在重看每位学生提交的附件后，给出该学生所做主观题目的得分，这样在成绩统计时，学生所做主观题目的成绩，可以一道被统计入内。

第五节　信息技能形成性评价系统使用帮助

本信息技能形成性评价系统主要用于信息技术技能的形成性评价，同时也可以用于其他科目如语数外等任何科目的客观题形成性评价。对于信息技术而言，系统尤其提供了操作技能的形成性评价。为了方便师生自由交流使用，系统提供了制作形成性评价练习卷并导入本系统进行使用的功能，这意味着本系统是一个开放性的系统，使用者可以不断地将含有试题的试卷导入其中，并使用本系统进行有效的查漏补缺，进行针对性地学习纠正，从而有效提高学习质量。比如，有驾照考试、职称考试、等级考试等任何考试需求的人员，只要有单选题或多选题或判断题，都可以使用 Excel 简单制作出试题，导入后即可使用形成性评价功能。教师也可以将该系统用于课堂教学的

形成性评价，当学期结束时，还可以使用本系统的统计功能，很方便地得知各位学生各次形成性评价成绩，统计给出各位学生本门课的平时成绩，并可以自由将统计成绩导出。下面以问题的形式对本系统进行介绍。

◆ 本系统是否只能用于信息技术技能的形成性评价？

当然不是。本系统主要用于信息技术技能的形成性评价，同时并不排斥其他学科的使用。它是一个形成性评价系统工具，也可以用于其他科目如语、数、外等任何科目的客观题（包括单选题、多选题和判断题）形成性评价。当然本系统对于信息技术而言，针对性更强，主要表现在除了提供其他科目都能使用的客观题形成性评价功能外，还特地为信息技术技能提供了操作技能的形成性评价。

◆ 本系统在信息技能形成性评价方面有何优势？形成性评价有何优势？

信息技术是一门理论性和实践操作性都很强的学科，本系统专门针对信息技术操作性强的特点，设计了独特的信息技术操作技能的自动评价，这与单纯的只通过纸笔来考核计算机操作技能而言，其优势是不可比拟的。作为形成性评价，其实就是针对个人的个性化评价，对于同样一套题目，不同的人做题会有不同的对错结果，那么形成性评价就是帮助个人针对自己做错的部分，进行专门性的测试巩固，从而实现有效的查漏补缺功能，让自己的学习更有效率。

◆ 本系统能够用于教师平时作业的布置和批改吗？

能。对于作业的批改由于没有合适的工具，很多教师只能自己批改，现在好了，教师可以使用本系统借助 Excel 办公软件快速制作形成性评价练习卷，练习卷导入到系统中后，即可实现该练习卷的形成性评价，从而有效提高作业批改效率。对于学生而言，做完后即可实现自动批改，获知分数，根据做题结果可以针对做错的部分，再次进行形成性评价，这个形成性评价过程可以重复，一直到最后完全掌握教师布置作业的知识点为止。这个辅助学习者直到完全掌握的作业系统，是比较罕见的，正是形成性评价系统的优势所在。

◆ 教师如何布置形成性评价作业？

系统布置形成性评价作业非常简单，只需要在 Excel 文件中建立三个表：单选题、多选题和判断题（注意字不能写错），然后输入相关试题题目、选项和答案即可，非常简单。具体截图示意如图 6-31 至图 6-33 所示。

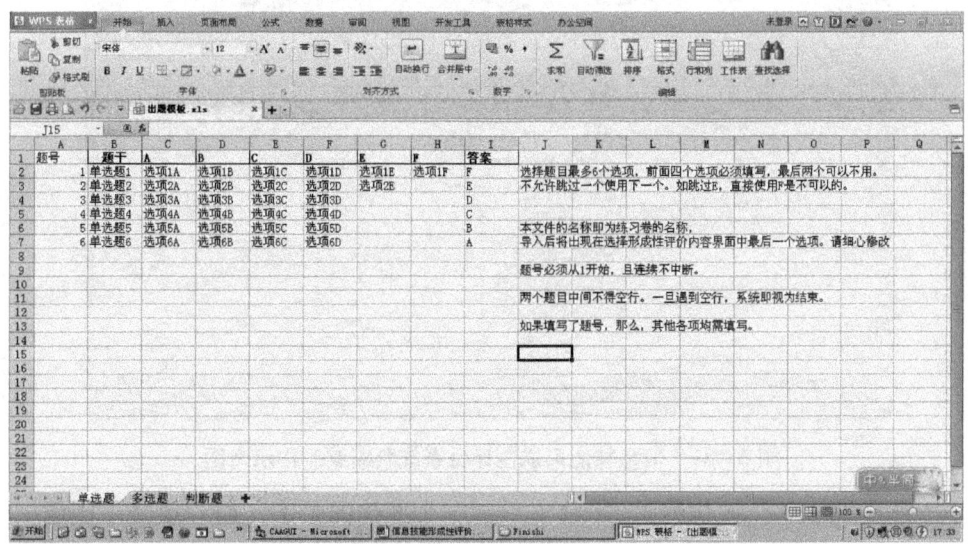

图 6-31 信息技能形成性评价系统单选题制作示意图

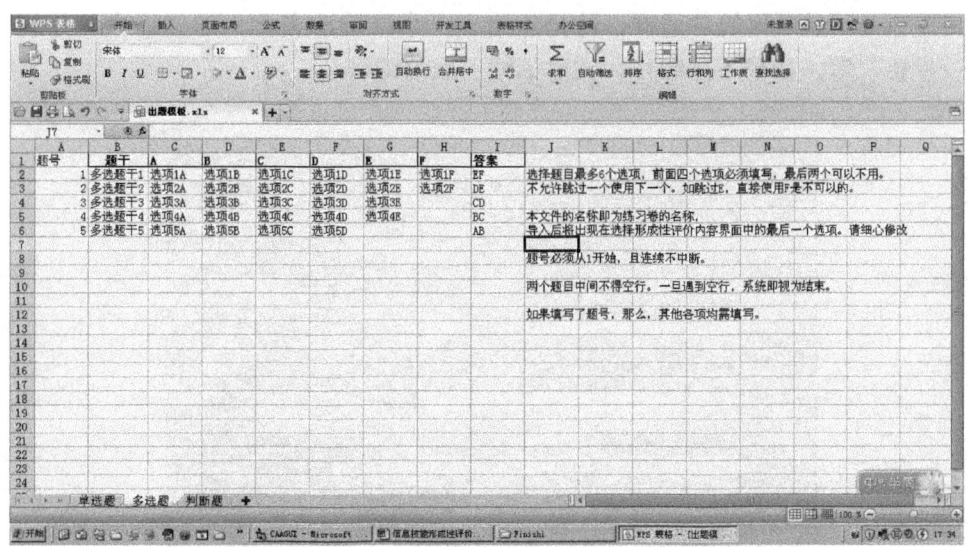

图 6-32 信息技能形成性评价系统多选题制作示意图

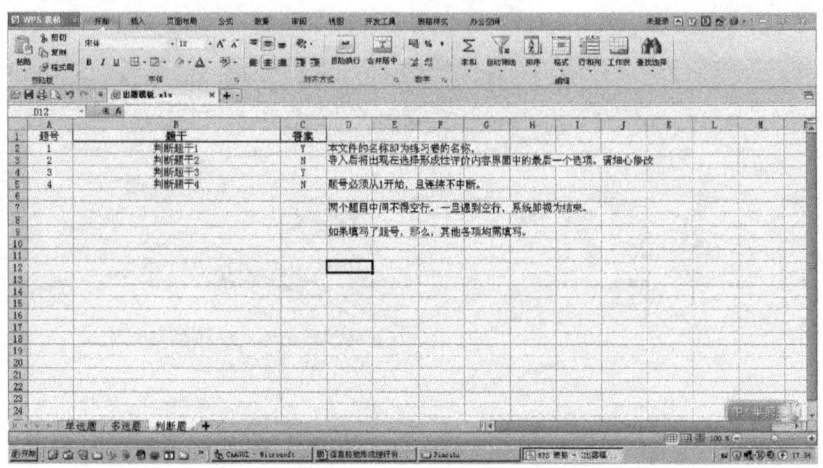

图 6-33　信息技能形成性评价系统判断题制作示意图

　　制作完成后，注意给该 Excel 文件起一个准确的名字，如"语文一年级一月卷"等。

　　该文件准备好后，即可单击系统中的评价选择界面，单击图 6-34 所示界面左下方的"检查制作练习试卷"。检查通过后，系统会弹出让用户指定所制作练习试卷名称的对话框，请仍然给出一个准确的名称，如"语文一年级一月卷"等。如果不想制作，在对话框上取消即可。

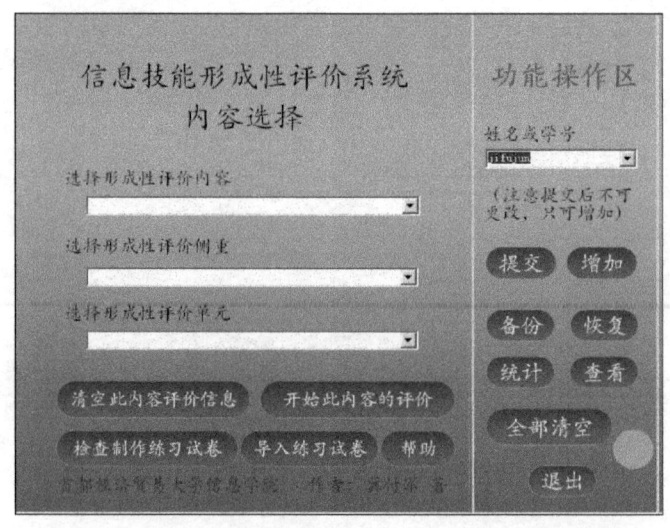

图 6-34　信息技能形成性评价系统内容选择主界面

一旦练习试卷制作成功，即可将该试卷通过邮件、文件服务器或者共享拷贝的方式发给学生。这就是布置作业了。

◆ 教师所布置的作业学生如何做?

学生如何做作业呢?

学生拿到练习卷后（也可以是使用者从网上获取的教师做好的所需练习卷），单击信息技能形成性评价系统内容选择主界面中的"导入练习试卷"功能，即可弹出选择练习试卷的对话框，在对话框内选择所拿到的练习卷，然后导入即可。如果不想导入，单击对话框取消按钮即可。

学生导入练习试卷后，即可在第一个"选择形成性评价内容"下拉框内的最后一项，看到自己新导入的练习试卷，如图 6-35 所示。

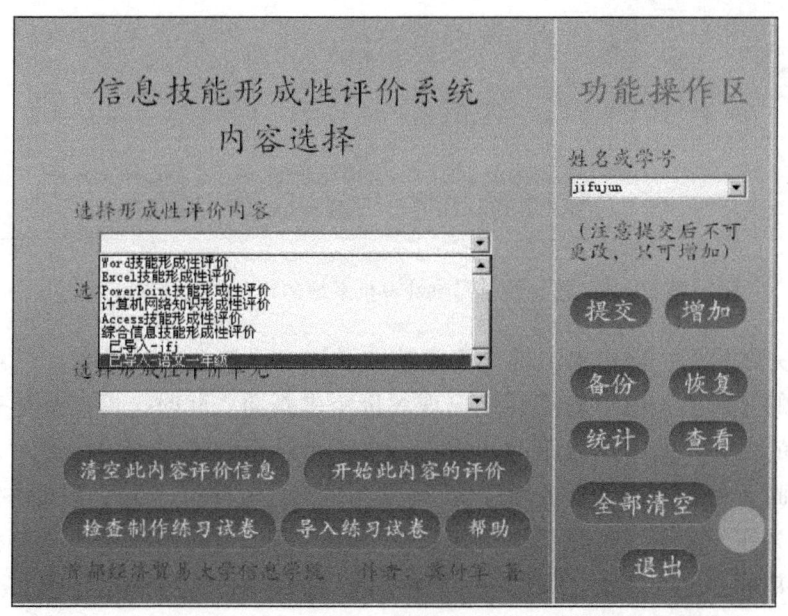

图 6-35 信息技能形成性评价系统查看新导入的练习卷

选定所导入的练习卷，单击本界面左侧的"开始此内容的评价"，即可开始本部分练习的形成性评价。注意，如果姓名尚未提交，则必须首先填写姓名后提交，姓名一旦提交则不可修改。如果有多人使用同一台机器，可以增加人名，每次使用时需要单击姓名的下拉按钮选择自己的姓名。建议每台电脑仅供一人使用。

具体做题界面如图 6 – 36 所示。

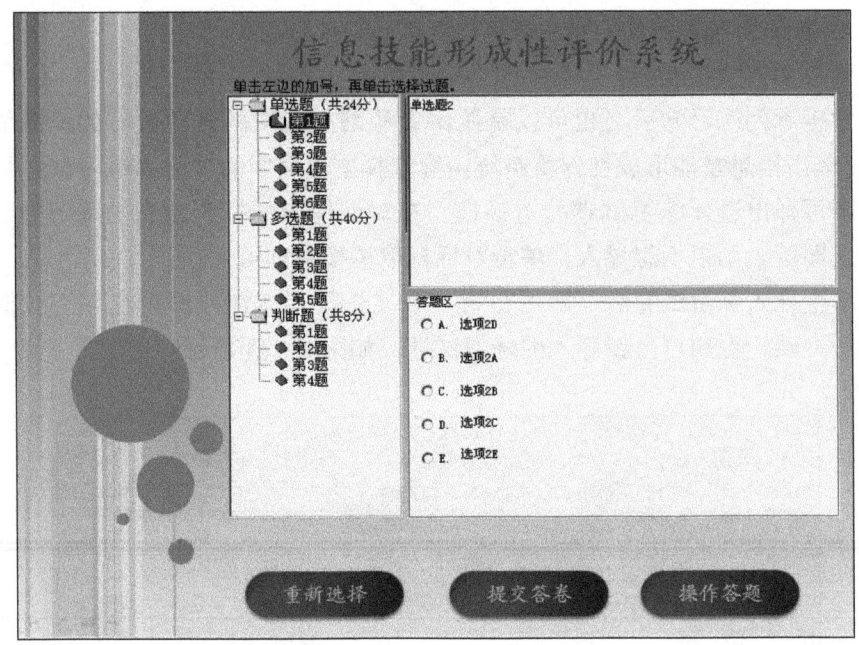

图 6 – 36　信息技能形成性评价系统的客观题做题界面

　　做完题目后，即可单击提交答卷按钮，这时系统会自动评价，并给出相应得分的对话框，单击确定后会出现评价结果画面。此时，可以具体查看每一道题的得失，尤其是做错的知识点。在学习认识到练习卷的问题后，可以在本界面上单击"继续形成性评价"，则会再次进入评价，由于上次评价已经有了相关评价信息，因此系统会弹出一个对话框，询问用户是否继续在上次评价的基础上进行评价。如图 6 – 37 所示，如果用户选择确定，则在上次评价基础上仅仅将做错的题目进行呈现，让用户做题；如果选择查看，则用户可以进而查看具体做题内容和评价结果；如果用户选择删除，则系统会删除刚才所做的评价信息，进而重新开始评价；如果用户选择取消，则回到信息技能形成性评价的选择主界面。

　　如图 6 – 38 所示，此次呈现的题目只有上次做错的题目，做对的题目不再呈现。再次提交，如果还有错误，仍然可以继续单击"继续形成性评价"，则会再次进入评价。如此循环，直到用户掌握了所有知识点。如果用户希望

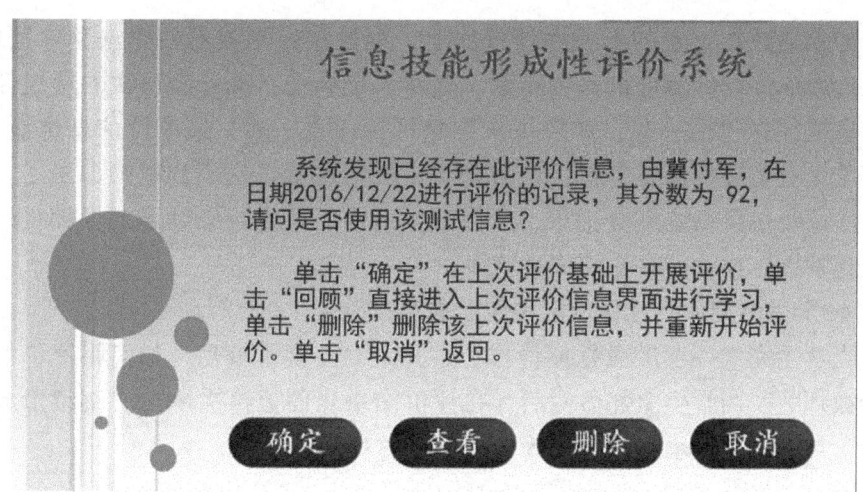

图 6 - 37　信息技能形成性评价系统继续评价询问图

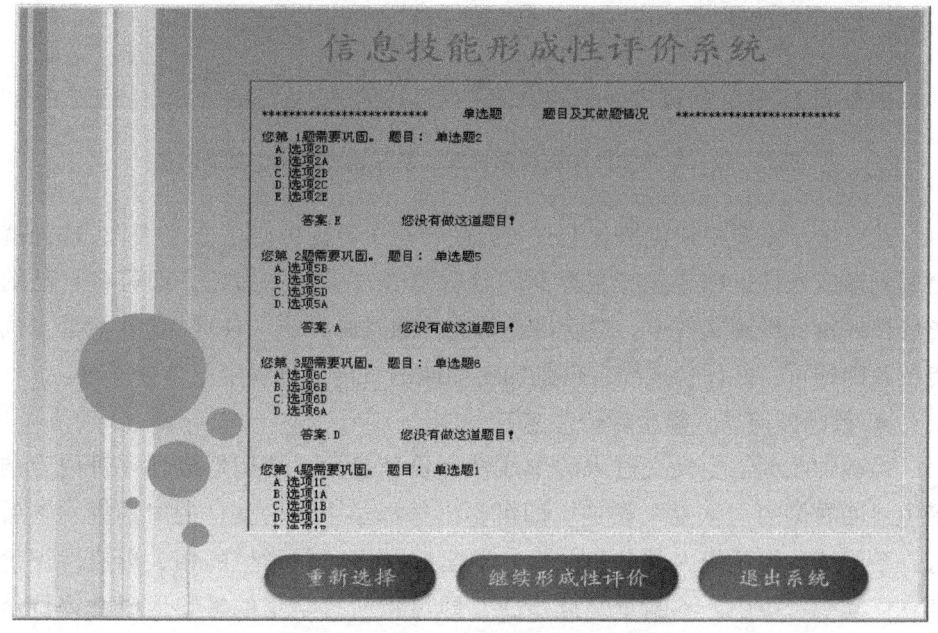

图 6 - 38　信息技能形成性评价系统的评价结果界面

退出，则直接单击"退出系统"即可。如果用户希望换个练习卷进行形成性
评价，则可以单击"重新选择"，系统会自动将评价练习卷定位到所使用练习
卷的下一个，如果已经是最后一个了，则会弹出提示。

如果是教师布置的形成性评价作业，则建议做题者不要单击删除按钮，每次的形成性评价信息都不要删除，这样系统会把本练习卷每次的形成性评价信息全部打包在一起。如果每次删除评价信息，则一条评价信息也没有，这样就无法将评价信息打包传给教师了，成绩也就传送不到教师那里了。由于每次评价信息系统都会记录，所以学生可以一直进行继续形成性评价，直到全部掌握该作业，再备份传给教师。

◆ 学生做完形成性评价后如何上交？

当学生完成一项形成性评价作业，并最终全部掌握后，如何将评价信息传给教师呢？当学生全部做对后，在评价结果界面上再次单击"继续形成性评价"按钮时，就会弹出如图 6-39 所示的对话框。

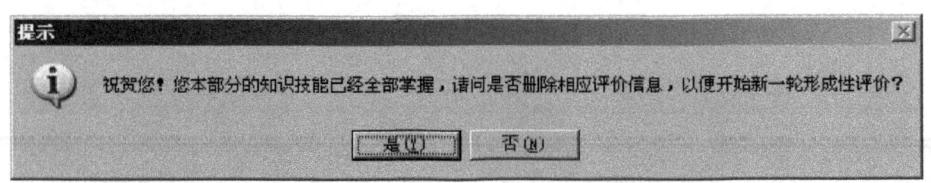

图 6-39　信息技能形成性评价系统删除相应评价信息询问图

此时由于需要将评价信息上交，因此在这个界面务必单击"否"，这样就会回到形成性评价内容选择主界面。然后单击"备份"按钮，即可将自己的形成性评价备份到文件中。然后将备份文件通过邮件或"QQ"或U盘等方式传给教师即可。此评价成绩备份是加密存储的，传递过程中不会被修改。

◆ 教师如何导入学生评价信息？

当教师收到学生提交过来的形成性评价信息后，使用形成性评价内容选择主界面右侧的"恢复"按钮，即可弹出选择学生备份文件的对话框，然后选择希望恢复到系统内的备份文件，单击确定即可将学生的相关形成性评价信息恢复到系统中。不断重复此步骤，即可将所有学生的答卷形成性评价信息恢复到系统中。

◆ 教师如何查看统计得知学生提交的成绩？

见图 6-40，教师将所有学生的形成性评价信息恢复到系统中后，单击统计按钮即可查看并统计所有学生的形成性评价成绩。如果希望查看每位学生每次形成性评价的具体信息，请单击"查看每人策略分"按钮。

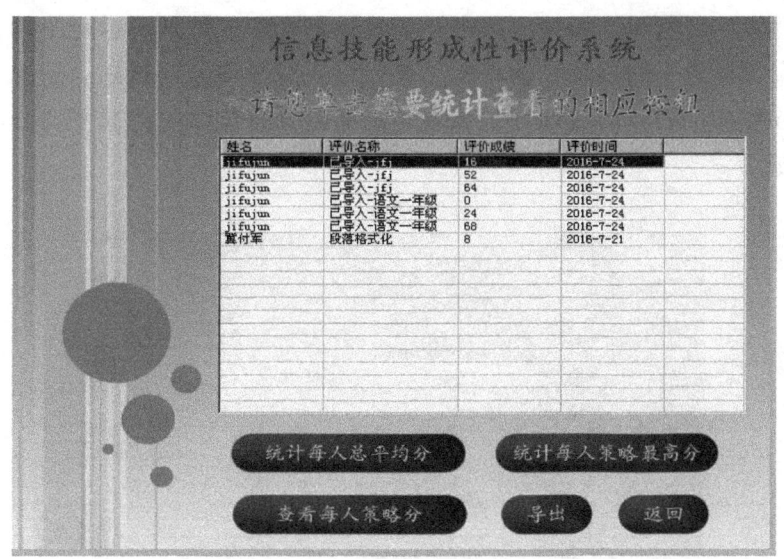

图 6-40 信息技能形成性评价系统统计所有学生各次形成性评价的成绩

如图 6-41 所示，如果希望看到每位学生在每轮形成性评价的最高分，请单击"统计每人策略最高分"按钮。取最高分的形成性评价原则，使得学生愿意主动多次进行形成性评价，以便拿到最高分，增强了学习动机。

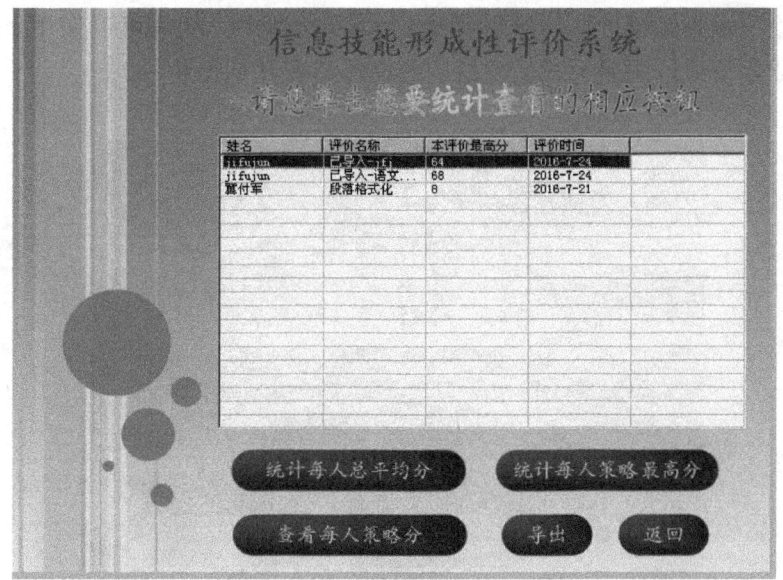

图 6-41 信息技能形成性评价系统统计每位学生在每轮形成性评价的最高分

如图 6-42 所示，如果希望进一步统计各轮形成性评价进行平均，从而得出每位学生的平时成绩，请单击"统计每人总平均分"按钮。系统会自动平均每位学生的各轮形成性评价成绩，进而得到每位学生的总平均分即平时作业总成绩。

图 6-42　信息技能形成性评价系统统计各位学生的平时成绩

以上三种查询统计，均可以导出到 CSV 文件中，从而可以使用 Excel 打开编辑或修改或以图表形式呈现最后的统计结果（见图 6-43）。

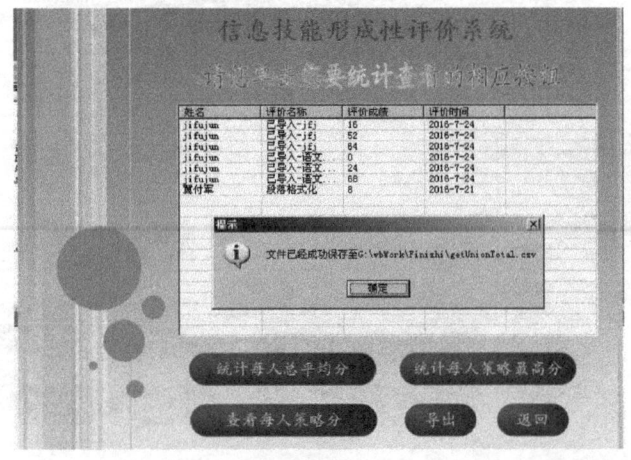

图 6-43　信息技能形成性评价系统将统计结果导出为 CSV 文件

◆ 自己使用本系统能够导入新的题目并使用形成性评价吗？能导入 Excel 文件内的试题吗？

两个都能。具体请见"教师如何布置形成性评价作业？"。

◆ 我能够查看以前做过的评价结果的具体情况吗？

能。在形成性评价内容选择的主界面上，选定自己的姓名后，单击"查看"按钮即可查看本人所有做过的形成性评价信息（见图 6－44）。

图 6－44　信息技能形成性评价系统查看本人所有做过的形成性评价信息

选定某一条具体的形成性评价信息后，如果希望查看该条评价信息的具体评价结果信息，请在图 6－44 界面上单击"查看"按钮，即可出现该条形成性评价信息的具体评价结果信息（如图 6－45 所示）。

◆ 本系统是否只能一个人用，可以用于多个人吗？

本系统可以多个人同时使用，互不干涉。如果涉及多个人使用，请使用形成性评价内容选择主界面的"增加"按钮来增加使用人。以后每次登录系统后，如果是多个人使用，则需要在姓名栏选定自己的姓名，然后再开始使用形成性评价。

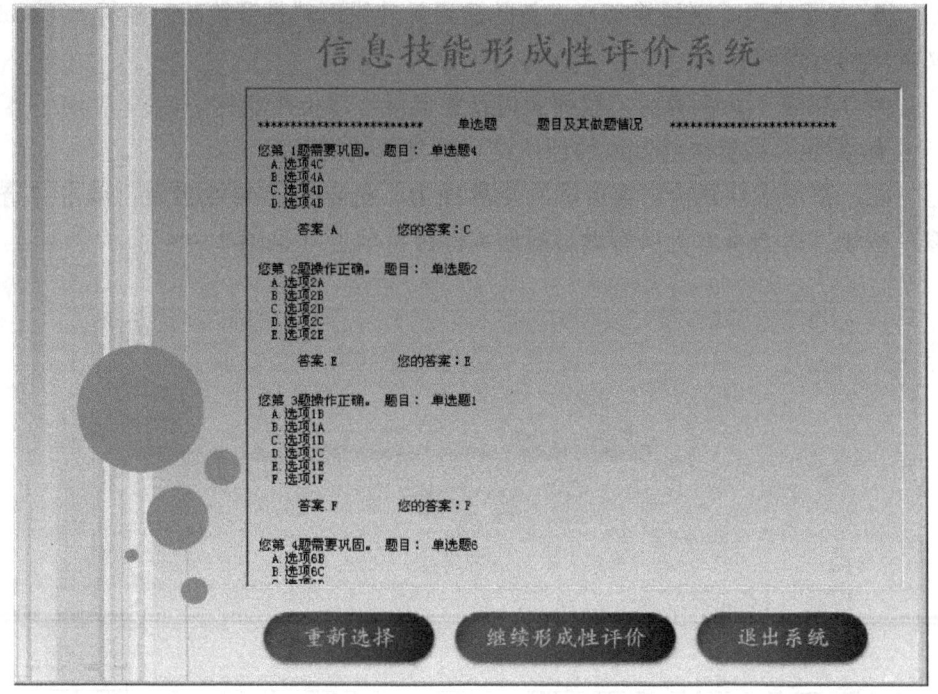

图6-45　信息技能形成性评价系统查看该条形成性评价信息的具体评价结果信息

◆ 本系统的备份和恢复是什么意思?

本系统的备份和恢复是指使用者做题的形成性评价信息的备份和恢复。主要用于使用者的形成性评价信息在不同计算机上的迁移。例如,在学校做完后,可以备份到 U 盘,拿回家后,使用恢复功能将评价信息恢复到家中的电脑上,则可以继续使用该形成性评价信息进行学习(需要学校电脑和学生家中电脑上都安装有本系统)。当教师布置了作业让学生做时,学生做完练习卷后,通常使用备份将形成性评价信息备份到文件中,然后传给教师。教师再使用恢复功能,将学生的形成性评价备份信息恢复到教师的电脑系统中,这样教师即可查看每位学生的形成性评价作业做题情况,并可以进行相关统计。注意,需要教师和学生机器上都安装有本系统。

◆ 本系统的统计和查看是什么意思?

统计主要用于教师统计每位学生的形成性评价相关信息,包括生成各位学生的总平时成绩。如果涉及多学科教师使用,可以在学生姓名后注明学科,这样,即可按照各自学科进行平时成绩的统计。统计功能有效运行的前提是

已经恢复了所有学生的备份文件。

查看主要用于当前使用者查看本人所有的形成性评价信息，还可以查看具体某次形成性评价的评价结果信息。具体请参见"我能够查看以前做过的评价结果的具体情况吗？"。

◆ 本系统的全部清空是什么意思？它与"清空此评价内容信息"有何不同？

全部清空是指清除本系统上所有使用者的形成性评价信息。不会删除已经提交的使用者姓名，仅仅删除全部评价信息。对于每位使用者来说，全部清空后，都是新的未使用系统，不存在任何评价信息。

"清空此评价内容信息"则特指使用者在选定具体的内容、侧重和单元后，清空该练习卷的所有使用者的形成性评价信息，不会影响到其他练习卷的形成性评价信息。需要注意的是，两个清空都是针对所有人的形成性评价信息的。

◆ 本系统的检查和制作练习试卷是什么意思？

检查和制作练习试卷，意思是指，当使用者或教师已经按照样例 Excel 文件出好具体的单选题、多选题和判断题时（具体请参见"教师如何布置形成性评价作业？"），则使用此项功能进行所出题目的检查，如果没有通过检查，则会弹出相应提示，提醒用户修改。

只有检查顺利通过后，方可制作练习试卷。此时会弹出对话框询问制作练习试卷的名称和位置，指定文件名称和路径后，一旦确定，则自动制作生成练习试卷到用户指定文件。如果取消，则不能制作练习试卷。此处制作生成的练习试卷，即教师用于布置的作业。教师可将此练习试卷文件分发给各位学生，学生可以在家或学校环境的任何电脑中导入此练习试卷并开始形成性评价。

◆ 本系统的导入练习试卷是什么意思？

导入练习试卷，是指当使用者拿到系统生成的练习试卷后，可以使用此项功能将练习试卷导入系统中。一旦导入到系统中，即可通过形成性评价选择主界面第一项选择的最后一个选项，找到已导入的练习卷，进而使用该练习卷进行形成性评价。

◆ 我在系统中输入本人姓名以后还能够更改吗？

第一次使用时，输入姓名提交后，姓名不可以更改。以后再次使用时，

系统会自动显示该姓名，不可以更改。即使更改，系统在开始形成性评价时会检查姓名是否已经提交，如果没有提交，则形成性评价不能进行。不可以更改姓名的功能，主要是满足使用固定姓名进行纵向形成性评价的需要。同时系统提供了增加人名的功能，允许多人使用同一个系统进行形成性评价。

◆ 我如何查看上次评价结果信息？

查看上次评价结果信息有两个方法，一个是选择和上次一样的形成性评价内容、侧重和单元，然后开始形成性评价，如果您没有删除上次的评价信息，则会弹出一个对话框，在框中选择查看即可查看上次的评价结果信息。

另一个方法，使用形成性评价选择主界面中的查看按钮，然后在多条评价信息的浏览框中，选定上次的评价信息，单击"查看"即可查看该评价信息的具体评价结果信息。

◆ 如果使用过程中遇到问题应该联系谁？

由于本人技术水平有限，时间仓促，不足之处在所难免，如果您遇到问题，望您及时反馈给冀付军，邮件 jifujun@ tsinghua. edu. cn， jifujun@ mail. bnu. edu. cn， jfj@ cueb. edu. cn， 或 jifujun@ uw. edu， 本人微信号 jifujun_ tsinghua，欢迎加我并与我联系。

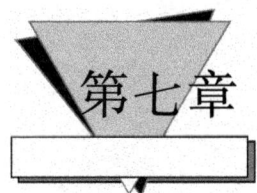

第七章

总结

第一节　信息技能形成性评价系统创新点

一、信息技能形成性评价系统创新点

信息技能形成性评价系统发展到今天，情境测验是它的一个特征，形成性评价成为它的一个新的鲜明特征。以形成性评价为核心，将命题工具、测验工具和统计工具有机地集成一个整体。信息技能评价不再一次化，而是实现了持续的、个性化的、专门针对问题的矫正性形成性评价，试卷获取、生成、下发、情境测验、答卷上交、成绩汇总、试题重现都可以通过系统实现。往常教师和学生只能将技能测评用于考试，师生个人均无法得知具体错误所在，更无从改正的现状问题得到了解决。一次次的人工评判作业，登记每次平时作业的分数，期末还得仔细汇总并统计得到每人的平时成绩，这些烦琐将不复存在，全部交由系统即可解决。

这是一款教学过程创新工具。技能考试软件解决了期末统测或考试的成绩评定，而本信息技能形成性评价系统则实现了学期学习过程中的知识点学习校正。从某种意义上来说，形成性评价比总结性评价更为重要，因此本形成性评价系统从提高教学质量、改善教学过程方面来讲，比考试软件更具有实践辅助意义。系统自动形成性评价极大地提高了准确率和效率。系统内置的多种组卷策略，尤其是随机策略，使得各台学生机题目互不相同成为可能，即使教师指定同样题目，题目呈现的顺序、选项出现的顺序也各不相同，很大程度上防止了作弊。

本系统突破了信息技术教学过程中缺乏形成性评价系统的局限性，实现了大学信息技能教育的计算机操作情境形成性评价，大大提高了教学过程的效率和准确性。本系统不仅支持信息技能领域的形成性评价，而且支持其他任何使用客观题目的学科在平常进行课堂练习的形成性评价。通过辅助生成练习卷和恢复学生评价信息，可以实现课堂的快速反馈。对于部分类型的操作题目可以实现自动生成。另一部分则可以实现边操作、边出题。不仅有随机策略，而且实现了固定策略的题目和选项的随机呈现和批阅。系统实现了多级的统计分析，实现了测试题目自动与知识点建立联系，并且有优良的可控性。教师可以指定各部分知识点的题目所占的比例，知识点类型可按用户

需要进行调整或增删，可以较好地实现死机续考。题库内客观题支持图形、特殊符号和语音，可以为其他学科的测评提供支持。

二、与相关信息技能评价软件的比较

有的软件考试设置比较全面，可以进行考场和座次的编排，可以在回收数据上进行选择。但是其未来发展空间也很大，例如，无论是服务器端还是考生客户端，其安装都非常麻烦；服务器端安装后需要共享目录；考试结束后，成绩上报、导出数据时有时会出现非法操作，即如果正在考试时服务器端因意外事故突然结束，则如果重新运行考试服务器端，而并不重新启动服务器，那么，考试结束后，成绩上报、导出数据时会出现"服务器不响应"；考试过程中服务器端也会发生没有任何提示就退出系统的情况，即如果在本次考试结束时收到的合法成绩与本次考试的人数不相等，就可能考试过程中服务器端没有任何提示而退出系统。同时，此类软件的客户端安装也很麻烦。如果使用远程控制的"安装软件"功能，需要将客户端安装文件夹中的setup1.lst 文件改名，把"通过远程安装 setup1.lst"文件改名为 setup1.lst，再通过远程安装；客户端登录网络时通过登录脚本文件运行服务器端文件，要使用软件提供的远程安装功能还必须设置服务器，具体的操作有：①在域控制器上设置脚本；②在域控制器上创建用户；③将脚本指派给用户或组账户。另外，在安装客户端后，客户端机器的"网上邻居"就被屏蔽掉了，需要运行安装目录下的 share.exe 工具并重新启动计算机，或卸载后，"网上邻居"才能自动重现。最后，还要设置服务器地址，服务器端机器和客户端机器安装完成后，则不能再安装防火墙。

有的软件界面美工做得很漂亮，且专门设立了考生验证库，但是其未来发展空间也很大。比如：需要在服务端完全共享 Receipt 目录，造成系统安全性能不好；操作题目没有分值提示，打字题目没有分值提示；测试完毕后考生无法看到自己的详细做题情况；组卷策略只有随机策略，没有固定策略，没有两者之间的相互转换，这样，老师就没有指定学生要考哪些题目的权力；在题库浏览中对于客观题看不见答案和选项；在查询成绩后，教师无法得知选定考生的详细做题情况；交卷端口用户不能设置，这样，万一所使用的端口已经被使用，则会出现意料之外的错误。

还有的软件优势在于具备历史数据分析模块并可进行成绩评估，对成绩

可描绘历次考试的成绩走势图，统计分析多次考试的综合情况，并形成成绩册；也可对某个学生的单次或多次考试情况进行分析。题库管理系统整合了计算机教育测量学方面的研究成果，利用科学的组织方式，管理和发布题库内容，INM 智能化、非线性多元组卷模板技术，使输入题库的内容成为一个动态的有机体，是经过严密的逻辑计算得到的具有动态、静态等值性的内容模板，还附加了试题制作工具，用户可以自行组织教学、测评内容。题库比较丰富：一期题库包括 Windows 操作系统、Internet Explorer、Microsoft Word、Microsoft Excel、Microsoft Access、Microsoft PowerPoint、Microsoft FrontPage、Outlook Express、计算机基础知识；二期题库包括 Microsoft Office 全真系列题库、金山 WPS、永中 Office、Photoshop/Flash/Authorware/Dreamweaver/3DMax 全真系列、编程系列题库。该软件未来发展空间是，改善相关操作环境为真实环境。目前的软件有的因为相关操作系统无响应，实际上成了假环境，会在一定程度上误导考生进行操作的死记硬背。往往不支持同一结果不同方式的操作或支持得不够全面。另外建议增加教师操作题出题系统，将标准化以外的题库从封闭改为开放。

另外，还有一些认证考试中心的考试软件，其优势是可考平面设计等，题库种类非常多，其未来发展空间，可以考虑提供教师出题工具，开放题库。另外由于其用于总结性评价，不能为课堂教学所用，建议以后考虑支持形成性评价，这样可以立即得到成绩反馈。

还有的系统是在大学信息技能教育专家和一线信息技术课教师的直接指导下研制的适合学校信息技术课使用的网络互动教学系统。它是技能测评自动化技术与信息技术课教学实际的完美结合。在建构主义关于情境创设理论的指导下，提供协作学习、师生互动平台，创设高度交互的真实环境。其优势在于内置了 100 多个教学任务和教学样例，另外，教师端具有用户管理等功能，学生端则具有协作学习等功能。同时，其未来发展空间，可以考虑提供教师出题工具，加强学生端的测评管理功能。

三、对本系统与国内外已有同类技术的综合指标对比

（一）信息技能形成性评价核心准确性

很多技能测评系统的知识评判只给成绩，不能反复进行形成性评价，用户对于所得成绩，不知究竟是自己做错了，还是系统评判错了。本系统敢于

把对知识点的评判向用户公开，期盼不断经历大量用户对知识点的评判反馈，不断进行测评核心的完善。目前的情境测评核心已较为完善和准确。

（二）出题部分的开放性

国内外很多考试系统，不允许用户出题，必须由厂家来出题；本系统允许用户自行出题，具有较大的开放性。

（三）系统统计自分级性

很多考试系统都是教委一个版本，学校一个版本；而本系统实现了自分级，教师和学生只用一个相同的版本即可，支持多级的统计分析。

（四）对形成性评价练习的支持度

本系统可以立即显示分数，学生做完练习后，还可以在学生机上具体显示出哪道题目错了，错在什么地方等，从而实现即时全面反馈，教师出题也方便，有固定策略支持，可以很容易实现即时出题、即时分发考试；而国内外大部分考试系统，只实现了总结性评价，不支持形成性评价，不能在学生机上立即给出结果和问题诊断。

（五）形成性评价题型全面性

系统有客观题、操作题、文字录入和主观题，支持随机策略，也支持固定策略，客观题支持文本，也支持图形；而国内绝大多数考试系统很少有全部支持的，一般来说，绝大多数都支持纯文本的客观题，一大部分支持操作题的模拟评判，一小部分支持情境自动评判，另一大部分支持作品题（任务题），全部支持的或因作者调研不足，目前尚未看到。

（六）组卷复杂度

大部分的考试系统支持随机策略，但是对于固定策略，则往往支持题目顺序随机，一般都没有做到选项也随机，很多支持操作题的考试系统，往往都不支持按比例抽取题目；本系统支持按照知识点权重来抽取相应量的题目。

（七）答卷的空间占用情况

一般通用考试系统由于只有客观题，有的还有类似简答的主观题，所以空间占用较少，很多支持操作题的考试系统，学生的答卷占据了较大的空间，有的一个学生就有5M；本系统只抽取关键信息，平均只有几个K，是同类考试系统中占据硬盘空间相当少的。

（八）对环境配置要求度

大部分考试系统要求安装 sql server，对服务器配置要求较高；本系统不要求 sql server，不需要服务器。

第二节 信息技能形成性评价发展方向和趋势

一、关于安装工程量上的改进方向

目前，推广该信息技能形成性评价系统遇到的最大困难在于安装施工量上的麻烦，如果安装在学校机房，它需要每个机器上安装一遍，因此，该系统下一步的发展方向就是设法降低安装实施量和升级实施量。作为安装在机房各个千差万别的机器上的一款测评软件，其稳定性应在实施过程中不断地提升，因而进一步增大系统的稳定性也是本系统下一步发展的具体考虑。

二、对其他学科的包容趋势

目前，信息技术测评工具可以对其他学科的部分客观题内容实现直接测评，以后信息技术测评工具的创新思想可以逐渐迁移到其他学科，最后使得所有学科都能够实现即出即测，即测即评。这样的结果，实际上也是信息技术和其他学科的一种高层次整合，可以真正使用计算机、使用网络通过形成性评价的具体实施来提高所有学科教学的效率和质量。比如，对于英语学科，尽管现有的测评系统已经可以将声音放入，但是还要加上多媒体控制器播放次数才能用于英语听力考试，还有，对于一个材料、多个题目的问题也要考虑进来。

三、纵向评价方面的趋势

当前的测验评价主要集中在横向的评价上，纵向上的评价很缺乏。如果只有横向评价，有些同学可能一直都被表扬，而另外一些同学可能一直都被批评。如果拥有纵向评价功能的话，则每个同学只要跟自己以前的情况相比有进步，就可以受到激励，从而能有效地促进每一个学生的发展。这正是本形成性评价系统开发的一个原因。

在导向性激励趋势方面，对不同分数、不同学生的不同进步，教师实现自己评价的手段目前还没有，考虑可以作为将来的发展补充，这样可以有效地实现教师的导向性激励。课堂测评还可以加强教师的导向性激励，并使得教师可以借助于测评工具将个别化的人文关怀、情感关怀给予每一个学生。

四、基于形成性评价的发展方向

首先是知识库的构造①。教学知识以超文本形式存放，供学生学习、查询。教学知识构造为总体线性、局部非线性的结构。总体线性结构按照课程的知识点结构组织，因为每一门课程都有其完整的知识体系。知识库的构造包括知识点库、知识点练习库、知识点关系库、策略库等。其中，知识点库包括本课程的所有各个级别的知识点；而知识点关系库则进一步包括内容关系和逻辑关系，内容关系是指谁包含谁、是否并行、适用组卷策略等，逻辑关系则是指记录整个课程知识点之间的各种逻辑关系，如上下级关系、组成关系、先后关系等；策略库是指挥如何运用关系库来解决形成性评价的抽取题目问题。

其次是学生模型库的构造。学生模型，依据学生和系统之间的交互作用及应答历史而形成，可以根据学生的学习情况动态地修改。系统通过学生模型可以有的放矢地进行个别化教学。学生模型库包括每位学生的知识级别、个体擅长特点以及学生信息表。其中学生信息表又包括各知识点使用率、错误率、知识点需要度、学习进度情况等。另外，还可以采取自适应测试系统，在自适应测试系统中，对于学生水平能力的评估，宜采用项目反应理论（IRT）的单参数模式。项目反应理论也称为潜在特质理论，是关于考生对试题的反应与考生潜在特征能力之间关系的理论，也是新近发展起来的理论②。

最后是教师模型的构造。教师模型用来根据学生模型和知识库的内容做出智能化的教学决策并完成智能导航，它主要完成对知识库、学生模型和评价的开放修改，指导系统更好地辅助教学。教师模型构造后可以及时收集学生的应答信息，并加以分析处理，评判学生的成绩，为不同的学生选择不同的教学内容，将学生不具备学习条件的知识点过滤掉，帮助学生分析错误原因，判断并标记出学生当前最需要学习的知识点，提供有针对性的个别辅导和适当的补习材料等。

① 刘国丽．基于 Web 的智能远程教学系统——学习《Visual Basic 6.0》［D］．河北工业大学，1999.
② 陈海燕，蔡自兴，蒙祖强．远程教学中课堂练习和自适应测试系统设计和实现［J］．中国教育信息化，2002（4）：47－48.

五、采用先进和可靠的 OLE 和 DDE 技术

将在 Word 环境中建立的数据（图片、数据、表格等）与数据库文件建立联系，把 Word 中的内容放到数据库中的特殊字段中，实现题图合一。采用 DDE 技术通过条件选择转换到 Word 中，充分利用其强大的编辑功能，这是题图合一的关键①。

六、对数学作业的批改

可以考虑通过巧妙的多步设问来实现计算机批改数学题。每道题目的正确答案是一个选项的数字序列，序列长度与该题分几步加以设问的步数相同②。

七、利用模糊技术抽取试题

在实际中，针对不同程度、不同阶段的考生，可能要生成具有不同难度的试卷，可以按照用户选择的某一难度系数选题，这样就可以使用户得到具有不同难度的试卷。但是这样得到的试卷中所有试题都将具有统一难度，最终使得试卷中的试题要难都难，要易都易，而科学、合理的试卷应该包含部分相对难题、部分相对易题，即正态分布，这样总体上是一套较难或较易的试卷③。

八、基于 XML 的网络题库

基于 XML 的网络题库不仅语义清晰、规范，有利于扩展和移植，同时也实现了数据的共享重用。它既能满足同一用户的不同应用需求，又能满足不同用户的应用需求。一份以 XML 形式存储的试卷数据，只需通过简单的 XSL 转换就可以用于教师、学生、试卷管理者、试卷统计者等。尽管网络试卷的表现形式不同，但数据本质相同④。

---

① 邵培基，郑伟红，杨为．通用题库管理信息系统的开发［J］．现代教育技术，1999（2）：25－26．

② 朱赋．关于 CAI 批改高等数学作业软件系统的研制与设想［J］．教学研究，2001，24（1）：62－63．

③ 王彪．模糊技术在题库管理系统中的应用研究［J］．中国教育信息化，2002（5）：49．

④ 孙永丽，刘成新．XML 技术及其应用［J］．中国电化教育，2002，19（3）：115－117．

九、信息技术评价多元化

教师不应依一张试卷来评价成绩，而应从多个方面以各种方式的多次评价来进行综合评价。首先考虑评价内容的全面化，要对一个学生的各种智力因素全面评价，如探索的积极性、操作技能、新颖的设计能力、审美能力、组织能力等。其次考虑评价的多次化，因为学生各方面的能力均有待于发展成熟，其表现具有不确定性。另外由于每次课程学习的内容不同，每次课的项目设计计划不同，学生智力因素的不同，再加上学生主观上的因素，那么每个学生在每个活动项目上的表现不会完全一致。所以，为了让每个学生都有充分的机会去表现其各自的学习方式和学习能力，评价的次数应增多，并实现多项目多评价。最后，要在评价方式上实现多样化，对学生学习过程中的书面作业、实践作业、项目制作、课题讨论、小型调查研究等各种形式进行考评。总之，考评的多元化是其为学生与教师提供客观有效反馈的保证。①

评价的目标是实施评价的前提，只有明确的目标，才能制定出科学合理的评价体系。信息技术教学的评价目标应该从学生、教师和信息技术课程本身这三方面出发，通过评价，达到促进学生素质全面发展、促进教师水平不断提高和促进课程不断完善的目标。要发挥评价的教育功能，从单纯检查学生对信息技术知识、技能的掌握情况，转变为运用多种方法综合评价学生在情感、态度、价值观，知识与技能，创新意识和实践能力等方面的变化与进步；要发挥评价的改进功能，从单纯通过考试对学生一个阶段的学习情况做鉴定，转变为运用多种手段进行过程性评价，及时发现学生学习中的问题，及时反馈与矫正，通过评价促进学生在原有水平上的发展。另外，教师要对自己的教学行为进行分析与反思，建立以教师自评为主，教师、学生共同参与的评价制度，使教师从多种渠道获得信息，改进教学方法，不断提高教学水平。同时，要促进课程不断完善。随着科学技术的不断发展，信息技术手段和信息技术教学的内容也在不断发展，要周期性地对课程实施中的问题进行分析评估，调整课程内容，改进教学管理，引进新的信息技术设备，形成课程不断更新和完善的机制。

要达到上述目标，评价中要坚持以下几个原则：全面性原则、客观性原

---

① 黄淑珍. 初中信息技术课程学习评价体系初探 [J]. 中国电化教育, 2002, 12 (1): 30 –32.

则和公开性原则。全面性原则是指要改变过去以信息技术结果的正确性作为评价依据的一元评价模式，增加对信息技术操作速度、对信息技术课程的态度、操作的规范程度和创新程度等评价指标，从而全面评价学生的信息技术水平。客观性原则是指评价要公正确切，实事求是，教师和学生不主观臆断或掺杂个人感情。公开性原则是指评价的过程和结果要公开，这样有利于被评价对象了解自己在一定范围内所处的位置，了解自己的长处和薄弱环节，形成紧迫感，在一定程度上起到激励作用，从而改进教师教与学生学的方法，提升信息技术课程的整体水平。

另外，还要改革和完善信息技术课教学的评价机制。目前，不少教师以为评价就是考试或测验。事实上，评价与考试有着本质上的区别：在指导思想上，评价的主要目标是改进或建议，而不是鉴定或选拔；在方法和技术上，评价不只是单纯的定量分析，而是发展到定量分析和定性分析相结合；在主体上，评价的主体不仅是学生个体，而且可以是教师个体或群体，也可以是学生群体等；在对象和范围上，评价从知识掌握程度检查，扩大到整个教学领域，包括学生掌握知识过程的评价和对教学过程的评价等。同其他课程教学相比，信息技术课教学更具有实践性和学生的参与性、创造性、合作性。因此，信息技术课的教学评价具有评价主体的多元性，评价内容的丰富性和灵活性，以及评价手段、方法的多样性。根据信息技术课教学评价的以上几方面的特点，提出以下几种评价方式，供参考。

第一，答辩评价。要求学生把信息技术教学中所完成的任务写成科技论文，可以是几个学生为一小组，由信息技术教师和学生组织答辩。这种评价方式，不仅重视学生解决问题的结论，而且重视得出结论的过程，有助于学生正确地评价自己和别人，同时鼓励学生间的合作，允许学生通过分工协作的形式共同完成任务。

第二，操作评价。信息技术课具有很强的实践性，因此，信息技术课教学评价更应突出信息技术的此特征。可通过不同层次信息技术（如基本信息技术、综合性信息技术、设计型信息技术和研究性信息技术等）的操作，评价学生分析问题、解决问题的能力；评价学生编排工艺的能力；评价学生是否掌握先进的工作方法以保证信息技术数据的精度、速度；评价学生的思维能力和创新能力，是否敢干、勇于创新等。

第三，"档案"评价。所谓"档案"，它的英语单词为"portfolio"，从语

义分析，有"代表作选辑"的意思，其目的是为了展示学生的学习进步状况。学生信息技术能力的形成是一个循序渐进的过程，需要在不断地导向、诊断、调整和强化中进行。针对学生参加信息技术课的表现、体验及取得的活动成果所进行的评价，是对学生参与活动的水平和质量的检验，评价的目的不仅在于促进学业成绩的提高（如知识水平的提高、应用能力的增强等），更重要的是促进学科素养的形成以及思想和情感的积极变化。为此，可以为每一个学生建立信息技术课"档案"，在这个特别的"档案袋"中，记录有学生的信息技术成果、上信息技术课时对学生的观察所做的记录、学生的自我评价等。定期展示"档案袋"中的内容，为学生的成长提供契机，培养学生自我反思和自我教育的习惯。

信息技术教学与理论教学相辅相成，构成完整的教学体系。信息技术教学的教学质量直接影响总体教学质量和学生的素质，信息技术教学的评价是教学过程的重要环节。要提高学生的信息技术能力和信息技术课教学质量，就要建立科学、宽松和完善的评价制度和评价方式，健全评价机制。

由此，测评系统可以向更高一层即评价层发展，并融合多种方式的评价，形成一个包括测评工具在内的多方位、多层次的评价系统。

十、实现对部分主观题目的计算机评判

实现对部分主观题目的计算机评判的编程原理或思路是：某些主观操作题目的人工评判仍然是有规律的，比如作品题目，总结出教师打分的规律，例如怎样的图文比例才算美观合理，恰当进行模糊判别，给出相关分数，并利用统计方法总结出规律性。再比如简答题目，就可以考虑使用关键词的方法来做。对于答案部分，应做成开放的可以不断补充的，一旦教师或学生提出异议，经审核可以作为正确答案的，立即补充到答案中去，再有类似答案，系统便可直接评判为"正确"。有的系统已经实现了英语作文的评判，本系统可以借鉴。

参考文献

［1］何克抗．从 Blending Learning 看教育技术理论的新发展［J］．国家教育行政学院学报，2005（9）：37－48.

［2］张莹．信息技术教师生存与发展访谈录［J］．中小学信息技术教育，2008（4）：7－10.

［3］李艺．高中信息技术会考研究的价值［J］．中小学信息技术教育，2003（11）：5.

［4］杜楚源．信息技术课程总结性评价与高中会考［J］．中小学信息技术教育，2003（11）：6－8.

［5］杜楚源，李艺．普通高中信息技术会考的设计与实施［J］．中小学信息技术教育，2003（11）：9－12.

［6］魏婷．大众信息技术工具使用频度调查举例与试卷结构设计［J］．中小学信息技术教育，2003（11）：13－16.

［7］魏婷，段青．会考实施反馈信息分析与总结［J］．中小学信息技术教育，2003（11）：17－19.

［8］钟和军．信息技术教师生存现状透视［J］．中小学信息技术教育，2002（11）：7－9.

［9］沈复兴，陈星火．中小学信息技术课程的问题与思考［J］．中国电化教育，2002（9）：17－20.

［10］孙波，傅骞，马晓强．用户操作序列分析在 Office 技能测评中的应用［J］．中国电化教育，2004（3）：84－86.

［11］冀付军，孙波，何克抗．基于网络的计算机技能测评工具的理论研究初探［C］．全球华人计算机教育应用大会第七届论文集，2003.

［12］陈丽．远程教学中交互规律的研究现状述评［J］．中国远程教育，2004（1）：13－20.

［13］Peter S. Temes，President．脱销与浪费：教室中的计算机［N］．冀付军，陈丽，译．中国教育报，2002－07－25（3）.

［14］乌美娜．教学设计［M］．北京：高等教育出版社，2001：225.

[15] 高振环，乌美娜．计算机技术整合于数学教学的教学模式分析［J］．中国远程教育，2001（3）．

[16] 陈琦，刘儒德．当代教育心理学［M］．北京：北京师范大学出版社，2001：63－345.

[17] 陈至立．抓住机遇，加快发展，在中小学大力普及信息技术教育［N］．中国教育报，2000－11－06.

[18] 何克抗．对我国中小学计算机教育现状的思考与分析——评联合国开发署首席技术顾问 Allen 博士的两篇考察报告［EB/OL］．http：//blog. sina. com. cn/s/blog_ 5f164d5101010wkt. html，2016－08－30.

[19] 何克抗．建构主义——革新传统教学的理论基础［J］．中学语文教学，2002（8）：58－60.

[20] 何克抗．论现代教育技术与教育深化改革（上）——关于 ME 命题的论证［J］．电化教育研究，1999（1）．

[21] 何克抗．论现代教育技术与教育深化改革（下）——关于 ME 命题的论证［J］．电化教育研究，1999（2）．

[22] 何克抗．信息技术与课程整合——深化学科教学改革的根本途径［EB/OL］．http：//www. tagxqedu. com/show. asp？ id＝5515，2016－08－30.

[23] 刘美凤，乌美娜．信息技术在国外中小学教育中的应用现状与研究的思考［J］．中国电化教育，1999.

[24] 李志河．发展性评价在中学信息技术课程中的应用研究［J］．电化教育研究，2010（4）：54－57.

[25] 何克抗．关于网络教学模式与传统教学模式的思考［EB/OL］．http：//www. etc. edu. cn/articledigest3/web － based － instructional － models － and ＿ traditional － models. htm，2016－08－30.

[26] 吕品．信息技术课程考试改革初探［J］．中小学信息技术教育，2002（5）．

[27] 冀付军，何克抗．信息技术教育课堂测评探索［J］．中国远程教育，2004（1）．

[28] 王一青．计算机考核要重实践能力、培养创新精神［EB/OL］．http：//www. pep. com. cn/xxjs/jszj/jywz/201008/t20100827＿ 785704. htm，2016－08－30.

[29] 冀付军．关于计算机新教材使用中技能测评问题的一些思考和实践

［C］. 北京市中职文化课新教材试用论文汇编〈实践与研究〉, 2003.

［30］黄道亮. 初中信息技术考试的改革实践［J］. 中国信息技术教育, 2003（11）: 22 – 23.

［31］周清, 尤清山, 那良玉. 现代远程教育中课程教学的组织实施［J］. 中国远程教育, 2002（10）.

［32］宋浩, 胡新生, 曾仲培. 基于网络的通用无纸化作业系统的设计与实现［J］. 中国远程教育, 2003（9）.

［33］余胜泉, 朱凌云.《教育资源建设技术规范》体系结构与应用模式［J］. 中国电化教育, 2003（3）: 51 – 55.

［34］柳栋, 等. 信息技术条件下的学习资源与资源库——概念、作用机理、分类和建设对策［EB/OL］. http://www. being. org. cn/theory/etw2003 – 2 – lst – ed. htm, 2005 – 12 – 10.

［35］祝智庭. 现代教育技术——走向信息化教育［M］. 北京: 教育科学出版社, 2002.

［36］汪蔚. 2004 关注教育信息化三大热点［N］. 中国计算机报, 2004 – 02 – 05.

［37］马宁, 余胜泉, 何克抗. 自主学习策略的设计和实现［J］. 中国电化教育, 2000（10）.

［38］张倩伟, 桑新民, 赵纳新. 让学生学会在协作中学习——信息时代《学习论》课程的教学探索［J］. 中国电化教育, 2000（10）.

［39］邵培基, 郑伟红, 杨为. 通用题库管理信息系统的开发［J］. 现代教育技术, 1999（2）: 25 – 26.

［40］张霞, 付克兰, 雷静, 等. 基于自适应项目反应的英语学习平台的设计与实现［J］. 校园英语旬刊, 2016（7）.

［41］孙元广, 王启荣. 基于 JAVA 的数据访问组件库研究［J］. 中国教育信息化, 2002（5）.

［42］申俊丽. 基于网络环境的大学英语教学形成性评价体系实证研究［J］. 校园英语旬刊, 2016（4）.

［43］谷佩, 杨立军, 张华. 提高大学信息技术基础课程教学能力研究［J］. 课程教育研究: 学法教法研究, 2016（8）: 35 – 35.

［44］杨秀波, 师书恩. 基于网络的多媒体教学软件评价系统的研究与设

计［J］．中国电化教育，2002（4）：44－46.

［45］冀付军，陈丽．乌托邦教育：数字时代学习的成功经历［J］．中国信息技术教育，2002（5）．

［46］李华．认认真真"当家" 轻轻松松考试——多元智能指导下的信息技术学习评价案例［J］．中国信息技术教育，2003（11）：24－25.

［47］兰昕姐．"能力比拼"的任务式考试［J］．中国信息技术教育，2003（13）：26.

［48］魏宏森，曾国屏．系统论［M］．北京：清华大学出版社，1995.

［49］阮滢，赵刘成，李谨．教育软件企业生存启示录［J］．中小学信息技术教育．2004（2）．

［50］祝智庭，刘姝弘．面向学科思维的信息技术课程设计［J］．中国信息技术教育，2015（22）：4－9.

［51］苗逢春．信息技术教育评价：理念与实施［M］．北京：高等教育出版社，2003.

［52］钟和军．信息技术教师生存现状透视［J］．中小学信息技术教育，2002（11）：7－9.

［53］信息技术教师的内心世界［J］．中国信息技术教育，2002（9）：19.

［54］许骏，柳泉波．IT技能测评自动化——理论·技术·应用［M］．北京：科学出版社，2001.

［55］陈惠敏．互动反馈系统在课堂教学中的应用研究［J］．中国现代教育装备，2014（2）：21－22.

［56］焦瑶光．基础教育课程改革中的信息技术与学科课程的整合：问题与对策［J］．电化教育研究，2004（12）：40－43.

［57］李克东．数字化学习（上）——信息技术与课程整合的核心［J］．电化教育研究，2001（8）：46－49.

［58］李克东．数字化学习（下）——信息技术与课程整合的核心［J］．电化教育研究，2001（9）：18－22.

［59］黄春梅．信息技术与语文学科教学有效整合的策略［J］．中国信息技术教育，2014（10）：87.

［60］齐玉斌，李国防，张海涛．基于广域网络的教学测试设计［J］．

中国教育信息化，2002（5）：51.

[61] 以专业化服务实现跨越式发展——简介校际通系列解决方案［J］. 中国信息技术教育，2003（4）：106.

[62] 郭存友. 在考试中学习 在学习中考试［J］. 中国信息技术教育，2003（13）：20-1.

[63] 郭存友. 当信息技术遭遇期中考试［J］. 中国信息技术教育，2003（13）：20-21.

[64] 萧枫，尧远. Visual Basic 实用技术精粹［M］. 北京：人民邮电出版社，1999.

[65] James W Cooper. Visual Basic 程序员的 java 开发指南［M］. 于冬梅，宋勇，译. 北京：中国水利水电出版社，1998.

[66] 网页制作网络编程系列编委会. Visual Basic 6.0 Web 编程［M］. 北京：中国人民大学出版社，2001.

[67] 王宇颖，侯爽，郭茂祖. 题库系统试卷自动生成算法研究［J］. 哈尔滨工业大学学报，2003（3）：342-346.

[68] 孙静，张颖，郭宝红. 自动试卷生成系统的开发［J］. 天津理工大学学报，2003（4）：88-90.

[69] 曾一，冉忠，郭永林. 试题库中自动组卷的算法及试卷测评策略［J］. 计算机工程与设计，2006（16）：3024-3027.

[70] 沈长宁. 计算机网络简明教程［M］. 北京：北京师范大学出版社，1998.

[71] 杜光胜，冀付军. 多媒体网络环境下的教学模式特征分析［J］. 石景山教育通讯，2002（3）.

[72] 李志平，刘敏昆，孙瑜. 基于 web 的智能教学系统研究［J］. 计算机工程与应用，2006（2）：208-210.

[73] 陈海燕，蔡自兴，蒙祖强. 远程教学中课堂练习和自适应测试系统设计与实现［J］. 中国教育信息化，2002（4）：47-48.

[74] 王海峰，冉茚，章怡. 几种开发通用题库管理系统方法的比较［J］. 计算机系统应用，2010（1）：204-207.

[75] 何建荣，高耀东，乔云芳. 按模板组卷型通用题库管理系统的开发与应用［J］. 内蒙古科技与经济，2010（12）：57.

　　[76] 张绍缔. 通用信息管理系统开发平台的设计与实践 [J]. 信息技术与信息化, 2011 (5): 32－33＋81.

　　[77] 张绍第. 通用信息管理系统开发平台的设计与实践 [J]. 数码世界, 2016 (2): 73－74.

　　[78] 朱赋. 关于 CAI 批改高等数学作业软件系统的研制设想 [J]. 教学研究, 2001 (1): 62－63.

　　[79] 王彪. 模糊技术在题库管理系统中的应用研究 [J]. 中国教育信息化, 2002 (5): 49－48.

　　[80] 孙永丽, 刘成新. XML 技术及其应用 [J]. 中国电化教育, 2002 (3).

　　[81] 黄淑珍. 初中《信息技术课程》学习评价体系初探 [J]. 中国电化教育, 2002 (3).

　　[82] 程建伟. 青少年的互联网使用偏好、信息技能及其对学业成绩的影响 [D]. 华中师范大学, 2008.

　　[83] 程建伟, 刘华山, 黄国辉. 中小学生信息技能现状调查与对策研究 [J]. 中国电化教育, 2010 (5): 102－105.

　　[84] 程建伟, 刘华山. 中小学生信息技能评估体系的研究 [J]. 中国电化教育, 2008 (6): 22－27.

　　[85] 赵国庆. 信息技能及问题解决意识培养——信息技术教育的双重使命 [J]. 中国信息技术教育, 2008 (8): 1.

　　[86] 刘彦姝, 唐乘花, 张克俭. 引入印度 NIIT 构建教学新模式 [J]. 计算机光盘软件与应用, 2012 (3): 232－233.

　　[87] 田祥宏, 陈爱萍. 构建 NIIT 嵌入式软件人才培养课程体系 [J]. 金陵科技学院学报, 2009 (2).

　　[88] 向毅, 彭军, 吴英. 普通高校应用型软件人才培养存在的问题及对策 [J]. 计算机教育, 2009 (22): 9－11.

　　[89] 赵春雨, 栗红霞, 李鸿宝. 我国软件教育的发展趋势 [J]. 黄河科技大学学报, 2005 (2): 118－119.

　　[90] 李蓟宁. 多途径教学方法在艺术设计专业计算机软件教学的应用 [J]. 艺术与设计: 理论, 2011 (9): 190－192.

　　[91] 邓子云. 高校软件教育的问题与对策分析 [J]. 高等继续教育学

报，2005（1）：6 - 7.

［92］熊英．试论计算机软件专业教学改革方向［J］．科技资讯，2011（19）：210.

［93］张洪洋．计算机应用软件教学的实践与探索——基于网络视频资源的小组合作教学模式［J］．现代教育技术，2008（11）．

［94］杨芙清．软件工程技术发展思索［J］．软件学报，2005（01）：1 - 7.

［95］王阳．裴斯泰洛奇的要素教育论——对我国当代职业教育的借鉴［J］．传奇·传记文学选刊：理论研究，2010（6）．

［96］Moss K，M Crowley. Effective Learning in Science：The Use of Personal Response Systems with a Wide Range of Audiences［J］. Computers & Education，2011，56（1）：36 - 43.

［97］Chen L. Enhancement of Student Learning Performance Using Personalized Diagnosis and Remedial Learning System［J］. Computers & Education，2011，56（1）：289 - 299.

［98］Horstmanshof Louise，Brownie Sonya. A Scaffolded Approach to Discussion Board Use for Formative Assessment of Academic Writing Skills［J］. Assessment & Evaluation in Higher Education，2013，38（1）：61 - 73.

［99］Landauer Thomask，Lochbaum Karene，Dooley Scott. A New Formative Assessment Technology for Reading and Writing［J］. Theory Into Practice，2009，48（1）：44 - 52.

［100］Warner Zachary. Adoption of Computer - Based Formative Assessment in a High School Mathematics Classroom［J］. Journal of Cases on Information Technology，2011，13（4）：9 - 20.

［101］Welsh Mary. Student Perceptions of Using the PebblePad E - Portfolio System to Support Self - and Peer - Based Formative Assessment［J］. Technology，Pedagogy and Education，2012，21（1）：57 - 83.

［102］Feldman Allan，Capobianco Brenda. Teacher Learning of Technology Enhanced Formative Assessment［J］. Journal of Science Education & Technology，2008，17（1）：82 - 99.

［103］Lekwa Adam. Technology - Enhanced Formative Assessment in Mathematics for English Language Learners［D］. ProQuest Dissertations & Theses - Grodworks，2012.

［104］ Roble Amanda. Unpacking the Formative Assessment Processes of Secondary Mathematics Teachers Who Use Wireless Networked Classroom Technology ［D］. ProQuest Dissertations & Theses – Gradworks, 2015.

［105］ Acosta Gonzaga Elizabeth. The Implementation of a Rich Formative Assessment Environment in Mathematics and Related Subjects ［D］. UK & Ireland: ProQuest Dissertations & Theses, 2015.

［106］ Timmers Caroline, Walraven Amber, Veldkamp Bernard P. The Effect of Regulation Feedback in a Computer – based Formative Assessment on Information Problem Solving ［J］. Computers & Education, 2015, 87 （C）: 1 – 9.

［107］ Liu Ming – Li, Mu Dan. The Method of Learning Formative Assessment in Distance Education ［R］. International Conference on Educational and Information Technology, 2010, 3: V3 – 113 – V3 – 116.

［108］ Nasser Ramzi. A Formative Assessment of Information Communication Technology in Lebanese Schools ［J］. International Journal of Education & Development Using Information and Communication Technology, 2008, 4 （3）: 63 – 77.

［109］ Terry Vendlinski, et al. Improving Formative Assessment Practice with Educational Information Technology ［J］. Journal of Systemics, Cybernetics and Informatics, 2010, 4 （6）: 27 – 32.

［110］ Chen Chih – Ming, Chen Ming – Chuan. Mobile Formative Assessment Tool Based on Data Mining Techniques for Supporting Web – based Learning ［J］. Computers & Education, 2009, 52 （1）: 256 – 273.

［111］ Hung Nguyen. On Semantic Model of Formative Assessment in Connection with Learning Ecosystem ［J］. International Journal of Information and Education Technology, 2016, 6 （1）: 54 – 57.

［112］ Heidi L Andrade, Gregory J Cizek. Handbook of Formative Assessment ［M］. New York: Routledge, 2010.

［113］ Webb M, Gibson D, Forkosh – Baruch A. Challenges for Information Technology Supporting Educational Assessment ［J］. Journal of Computer Assisted Learning, 2013, 29 （5）: 451 – 462.

［114］ Sheard Mary K, Chambers Bette. A Case of Technology – enhanced Formative Assessment and Achievement in Primary Grammar: How is Quality Assurance of

Formative Assessment Assured? [J]. Studies in Educational Evaluation, 2014, 43: 14 – 23.

[115] Karagianni Effimia. Employing Computer Assisted Assessment (CAA) to Facilitate Formative Assessment in the State Secondary School: A Case Study [J]. Research Papers in Language Teaching and Learning, 2012, 3 (1): 252 – 268, 315.

[116] Pachler Norbert, Daly Caroline, Mor Yishay, et al. Formative E – Assessment: Practitioner Cases [J]. Computers & Education, 2010, 54 (3): 715 – 721.

[117] Macgregor George, Spiers Alex, Taylor Chris. Exploratory Evaluation of Audio Email Technology in Formative Assessment Feedback [J]. Research in Learning Technology, 2011, 19 (1): 39 – 59.

[118] Lin Jian – Wei, Lai Yuan – Cheng. Online Formative Assessments with Social Network Awareness [J]. Computers & Education, 2013, 66 (8): 40 – 53.

[119] Rodrigues Fatima, Paulo Olireira. A System for Formative Assessment and Monitoring of Students' Progress [J]. Computers in Education, 2014: 30 – 41.

[120] Anders D Olofsson, J Ola Lindberg, Trond Eiliv Hauge. Blogs and the Design of Reflective Peer – to – peer Technology – enhanced Learning and Formative Assessment [J]. Campus – Wide Information Systems, 2011, 28 (3): 183 – 194.

[121] Michelle Kathleen Dunaway, Michael Teague Orblych. Formative Assessment: Transforming Information Literacy Instruction [J]. Reference Services Review, 2011, 39 (1): 24 – 41.

附录：信息技术教育软件开发术语表

（以字母或汉语拼音为序）

ADO（ActiveX Data Object）	ActiveX 数据对象
API（Application Programming Interface）	应用（程序）编程接口
application framework	应用程序框架
approximate string matching	模糊匹配
arbitrary precision arithmetic	高精度计算
ArithmeticException	算术异常
ArrayIndexOutOfBoundsException	数组索引越界异常
ASP（Active Server Page）	活动服务器页面
associative container	关联式容器（对应序列化容器）
authentication service	验证服务
AWT（Abstract Window Toolkit）	抽象窗口工具包
backward compatible	向后兼容，向下兼容
bandwidth reduction	带宽压缩
base class	基类
BCL（Base Class Library）	基类库
bin packing	装箱问题
binary function	二元函式，双参函数
binary operator	二元运算子，二元操作符
binary search	二分搜寻法，二分查找
binary tree	二元树，二叉树
browser – accessible application	可经由浏览器访问的应用程序
Call – level Interface（CLI）	调用级接口
cascading delete	级联删除
cascading update	级联更新
CIL（Common Intermediate Language）	通用中间语言，通用中介语言

class template partial specializations	类模板部分特化
class template specializations	类模板特化
ClassNotFoundException	类无法加载异常（类不能找到）
CLI（Common Language Infrastructure）	通用语言基础设施
client – server	客户机/服务器，客户端/服务器
CLS（Common Language Specification）	通用语言规范
code access security	代码访问安全
COFF（Common Object File Format）	通用对象文件格式
COM（Component Object Model）	组件对象模型
combinatorial problems	组合问题
Common Language Runtime（CLR）	通用语言执行层
computational geometry	计算几何
connected components	连通分支
constrained and unconstrained optimization	最值问题
CORBA（Common Object Request Broker Architecture）	通用对象请求中介架构
cryptography	密码
CTS（Common Type System）	通用类型系统
data connection	数据连接
Data Control Language（DCL）	数据控制语言
Data Definition Language（DDL）	数据定义语言
data dictionary	数据字典
data dictionary view	数据字典视图
data file	数据文件
data integrity	数据完整性
Data Manipulation Language（DML）	数据操作语言
data mart	数据集市
data member	数据成员，成员变量
data pump	数据抽取
data scrubbing	数据清理
data source	数据源
Data Source Name（DSN）	数据源名称
data structure	数据结构

续表

data table	数据表
data warehouse	数据仓库
data – aware control	数据感知控件
database	数据库
database catalog	数据库目录
database diagram	数据关系图
database file	数据库文件
database object	数据库对象
database owner	数据库所有者
database project	数据库工程
database role	数据库角色
database schema	数据库模式，数据库架构
database script	数据库脚本
data – bound	数据绑定
DataInputStream	二进制文件读取
DataOutputStream	二进制文件写出
dataset	数据集
DBMS（Database Management System）	数据库管理系统
DCOM（Distributed COM）	分布式组件对象模型
decision support	决策支持
Declarative Referential Integrity（DRI）	声明引用完整性
default constraint	默认约束
default database	默认数据库
default instance	默认实例
default result set	默认结果集
derived class	直接下层派生类
design by contract	契约式设计
design pattern	设计模式
determinants and permanents	行列式
DHTML（dynamic HyperText Markup Language）	动态超文本标记语言

续表

DIME （Direct Internet Message Encapsulation）	直接因特网消息封装
DISCO （Discovery of Web Services）	Web Services 的查找
discrete Fourier transform	离散傅里叶变换
distributed computing	分布式计算，分散式计算
distributed query	分布式查询
DNA （Distributed interNet Application）	分布式网间应用程序
DOM （Document Object Model）	文档对象模型
DP （Dynamic Programming）	动态规划
drawing trees	树的描绘
DTD （Document Type Definition）	文档类型定义
dynamic binding	动态绑定
dynamic SQL statements	动态 SQL 语句
EAI （Enterprise Application Integration）	企业应用程序集成（整合）
EBCO （Empty Base Class Optimization）	空基类优化（机制）
edge coloring	边染色
EDI （Electronic Data Interchange）	电子数据交换
end – to – end authentication	端对端身份验证
EOFException	文件结束异常
factoring and primality testing	因子分解/质数判定
feedback edge/vertex set	反馈边/顶点集
FileNotFoundException	找不到文件异常
finite state machine minimization	有穷状态机简化
function overloaded resolution	函式多载决议程序、函数重载解决方案
GAC （Global Assembly Cache）	全局程序集缓存
GC （Garbage Collection）	垃圾回收（机制），垃圾收集（机制）
generating subsets	子集生成
global scope resolution operator	全局范围解析操作符
graph isomorphism	图同构
graph partition	图的划分
graph problems—polynomial	图论多项式算法
GUI （Graphical User Interface）	图形用户界面
GUID （Globally Unique Identifier）	全球唯一标识符

Hamiltonian cycle	哈密顿回路
HTML（HyperText Markup Language）	超文本标记语言
HTTP（HyperText Transfer Protocol）	超文本传输协议
HTTP pipeline	HTTP 管道
IDE（Integrated Development Environment）	集成开发环境
IDL（Interface Definition Language）	接口定义语言
IllegalArgumentException	非法数据异常
immediate base	直接的（紧临的）上层
immediate derived	直接的（紧临的）下层
immediate updating	即时更新
implements interface	实现接口
implicit transaction	隐式事务
incremental update	增量更新
integrity constraint	完整性约束
InterProcess Communication（IPC）	进程间通信
InterruptedException	（线程）中断异常
intersection detection	碰撞测试
IOException	输入输出异常
JDK（Java Development Kit）	Java 开发工具包
JVM（Java Virtual Machine）	Java 虚拟机
knapsack problem	背包问题
linear programming	线性规划
longest common substring	最长公共子串
maintaining line arrangements	平面分割
matrix multiplication	矩阵乘法
medial – axis transformation	中轴变换
member access operator	成员存取操作符（有 dot 和 arrow 两种）
member function	成员函式，成员函数
member initialization list	成员初值列，成员初始值列表
minimum spanning tree	最小生成树

续表

Minkowski sum	闵可夫斯基和
most derived class	最末层衍生类别，最底层的派生类
motion planning	运动规划
Multidimensional OLAP（MOLAP）	多维 OLAP（MOLAP）
multithreaded server application	多线程服务器应用程序
Native Image Generator（NGEN）	本地映像生成器
nearest neighbor search	最近点对查询
network flow	网络流
NullPointerException	空指针异常
NumberFormatException	字符串到浮点数类型转换异常，数字格式异常
numerical problems	数值问题
object based	以物件为基础的，基于对象的
object model	物件模型，对象模型
object oriented	物件导向的，面向对象的
OOP（Object Oriented Programming）	面向对象编程
overloaded function	多载化函式，重载的函数
overloaded method	重载方法
overloaded operator	多载化运算子，被重载的操作符
overloaded set	多载集合，重载集合
overridden method	重写方法
partial specialization	偏特化，局部特化
pass by address	传地址
pass by reference	传引用
pass by value	传值
planarity detection and embedding	平面性检测和嵌入
point location	位置查询
polygon partitioning	多边形分割
random number generation	随机数生成
range search	范围查询
recursion	递归

续表

RuntimeExcepiton	运行时异常
scope operator	生存空间，生存空间操作符
scope resolution operator	生存空间决议运算子，生存空间解析操作符
sequential container	序列式容器，顺序式容器（对应联结式容器）
set and string problems	集合与串的问题
set cover	集合覆盖
set packing	集合配置
setDefaultCloseOperation	设置默认的关闭操作
setHorizontalAlignment	设置文本水平对齐方式
shape similarity	相似多边形
shortest common superstring	最短公共父串
shortest path	最短路径
simplifying polygons	多边形化简
solving linear equations	线性方程组
stack unwinding	堆叠辗转开解，栈辗转开解
standard library	标准程式库
standard template library	标准模板程式库
string matching	字符串模式匹配
subscript operator	下标运算子，下标操作符
Swing Java	Java 轻量级（GUI）组件
template argument deduction	模板引数推导，模板参数推导
template explicit specialization	模板显式特化
template parameter	模板参数
temporary object	暂时物件，临时对象
text compression	文本压缩
topological sorting	拓扑排序
transitive closure and reduction	传递闭包
traveling salesman problem	旅行商问题
UML（Unified Modeling Language）	统一建模语言

续表

VBI（Vertical Blanking Interval）技术	是在电视画面的逆程消隐期间传送计算机数据，这样不影响电视正常播出，又可将计算机多媒体信息随电视节目播出到其覆盖区域
vertex coloring	点染色
VERTICAL_ SOROLLEARAS_ ALWAYS	显示垂直滚动条
VERTICAL_ SCROLLEARAS_ NEEDED	当内容面板需要时出现垂直滚动条
VERTICAL_ SOROLLEARAS_ NEVER	不显示垂直滚动条
案例库	是指有现实指导意义和教学意义的代表性事件或现象
超文本（Hypertext）	是按照人脑的联想思维特点，非线性地组织管理信息的一种先进技术
传播	是由传播者运用适当的媒体，采用一定的形式向接受者进行信息传递和交流的一种社会活动
创新人才	是指具有创造意识、创造性思维和创造能力的人才，而其核心则是创造性思维
地网	指通过 Internet 连接的各种计算机网络
电视教材	是根据教学大纲的规定，采用电视图像和声音表达教学内容的一种音像教材
电子绩效支持系统（EPSS）	是一种软件系统，其中用户能够与系统进行交互以获得各种各样的当地的或者分布式的帮助和资源，以支持个人或者群体用户的学习、问题定向的思考和协作等活动。它强调把创造性的工作由设计者来完成，系统的目的在于用各种手段来提高设计者的绩效，而不是代替设计者的工作；与教学设计咨询系统和教学设计信息管理系统的区别在于，EPSS 不仅有指导和多种查询、输出功能，还在于其能全方位地提高教学设计者的绩效
电子书	是按照一定的结构组织而成的计算机可视化学习材料，包括电子百科全书、人物传记等
多媒体教学软件	是一种根据教学目标设计的、表现特定教学内容和反映一定教学策略的计算机教学程序。它可以用来存贮、传递和处理教学信息，能让学生进行交互操作，并对学生的学习做出评价
多媒体素材	是指传播教学信息的各种媒体的基本材料单元

续表

多指标评价	指把反映个体技能水平的多个指标综合起来，得到一个反映个体技能水平的综合指标
发现学习	是在教师不加讲述的情况下，学生依靠自己的力量去获得新知识、寻求解决问题方法的一种学习方法。发现学习的基本过程是掌握学习课题、制定设想、提出假设、验证假设、发展和总结。运用发现学习的要点是要有适当的设计；提供必需的资料和条件；不断地提问、引导和耐心地等待。
非良构领域知识	是将良构领域的知识应用于具体问题情景时而产生的，即有关概念应用的知识
非人力资源	主要是指教育信息、学习资源以及学习场所所构成的资源
个别化教学	就是一种适合各个学习者不同需要和特点的教学
广义的学习	指经验获得的过程，表现为个体对周围不断变化的环境或生活条件的一种适应活动。人类的学习是在生活中进行的，人们生活在一生的生活实践中，不断地积累经验知识，改变思想行为，增强文化素养
过程	是指为了达到预定学习效果而采取的一系列操作或活动，是一个包括输入、行为和输出的系列
积件	是由教师和学生根据教学需要自己组合运用多媒体教学信息资源的教学软件系统。积件系统由积件库和组合平台构成，包括教学信息资源、教学信息处理策略与工作环境
积件库	是教学资源和表达方式的集合，可将大量的知识素材提供给教师和学生在课堂教学中自由使用
基于 Web 的网络教学系统	是一整套提供网络教学服务的系统软件，它以网络课程为核心，在教学管理系统的配合下，合理有效地利用学科教学资源，为全方位地实施现代网络教学提供服务
基于网络的协作式学习	是指利用计算机网络以及多媒体等相关技术，由多个学习者针对同一学习内容进行交流和合作，以达到对教学内容比较深刻理解与掌握的过程
计算机辅助评价（Computer Assisted Assessment，简称 CAA）	指在评价学习者的知识、技能和能力的过程中引入计算机作为工具或手段，它引入了评价内容、方法和形式的深刻变革。从测评的内容和目标分类的角度来划分，CAA 可分为知识测评和技能测评两大类，它们共同构成能力素质测评的基础

续表

技术	企业绩效技术中的技术指应用科学的理论与方法，来解决如何提高企业组织中各级人员工作成效的使用技术，是一种系统方法运用的过程，它的重点在于对工作人员技能的提高和组织，而不是具体的工具和机器
绩效	指有目的、有技术的行为倾向和结果，是企业组织所期望的、符合总目标的业绩。它包括行为以及行为的成绩和效果
绩效技术	绩效是指人们在工作场所中通过一定的活动完成任务所形成的业绩或成果。绩效技术是指应用系统方法，通过对目标和行为的分析、设计、开发、实施、管理和评价，以达到工作业绩最大化的技术
绩效中心设计（performance－centered design，简称 PCD）	是以面向工作执行者（Performer－oriented）的观念来设计软件，即以工作的执行者的需求为出发点，并视用户为工作执行者而不仅仅是系统的使用者，目的在于支持用户的工作任务及提高其工作绩效
教材多媒体化	就是利用多媒体，特别是超媒体，建立教学内容的结构化、动态化、形象化表示
教师信息化专业发展	是以教师为主体的、以信息化教学设计和实施为核心的教师专业发展
教师专业发展	是以教师专业自主意识为动力，以教师教育为主要辅助途径，教师的专业知识、专业素养和信息素养不断完善、提升的动态发展过程
教师专业化	是指教师在整个职业生涯中，通过专门训练和终身学习，逐步习得教育专业的知识与技能，并在教育专业实践中不断提高自身的从教素质，从而成为一名合格的专业教育工作者的过程
教学策略	是在教学过程中，教师和学生为实现教学目的、完成教学任务而采取的程序、方法、形式和媒体的总体考虑，从而实现对教学活动的调节和控制。它具体体现在教与学的相互作用的活动中
教学大纲	是以纲要的形式规定出学科的内容、体系和范围，它规定课程的教学目标和课程的实质性内容，是编写教科书的依据，也是检查教学质量的尺度，对教学工作具有直接的指导意义
教学代理	是通过在交互式学习中与学习者进行交互，从而达到支持人类学习的自主代理。教学代理通过多种途径扩展并发展了关于智能导师系统的研究工作

续表

教学过程	是教学系统运动变化的过程，也就是教学活动的展开过程。教学过程是学生在教师指导下的一种特殊的认识过程，是学生个性全面发展的过程，主要表现为学生在教师有目的、有计划的指导下，积极主动地掌握系统文化科学基础知识和基本技能，发展能力，增强体质，并形成一定的思想品德的全面发展的过程；表现为师生之间相互作用的一种双边活动，即以学生为主体、以教师为主导的有别于其他社会活动的学与教的实践活动
教学过程的信息化管理	是利用计算机的数据统计分析和信息处理功能来支持教师对教学过程的管理职能，又称为计算机管理教学（Computer Managed Instruction，简称 CMI）
教学过程管理	教学过程是教学活动展开的过程。教学过程管理就是对这一过程所涉及的各种要素及活动的管理
教学结构	指在一定教育思想、教学理论、学习理论指导下的，在某种环境中展开的教学活动进程的稳定结构形式。即由教师、学生和教材（教学内容）、教学媒体这四个要素的相互联系、相互作用而形成的教学活动的进程的稳定结构形式，是四个要素相互联系、相互作用的具体体现
教学媒体	媒体是指承载、加工和传递信息的介质或工具。当某一媒体被用于教学目的时，则被称为教学媒体
教学模拟	是利用计算机建模和仿真技术来表现某些自然的、物理的或社会的系统结构和动态，为学习者提供一种可供他们体现和观测的环境
教学模式	是开展教学活动的一套计划或模型，是基于一定教学理论而建立起来的较稳定的教学活动的框架和程序，也就是各种教学活动有机地连接在一起从而组成的具有动态性的过程。从微观的教学活动的角度看，它具有变化性；但从宏观的过程的角度看，它又具有比较稳定的过程形式。一种教学模式由几种教学策略或教学方法实施的教学活动组成。教学模式是教学理论在某个具体领域的具体化，同时又直接面向和指导教学实践，具有可操作性，它是教学理论与教学实践之间的桥梁
教学目标	也称作行为目标，是对学习者通过教学将能达到何种状态的一种明确的、具体的表述
教学设计	又称为教学系统设计，是指主要依据教学理论、学习理论和传播理论，运用系统科学的方法，对教学目标、教学内容、教学媒体、教学策略、教学评价等教学要素和教学环节进行分析、计划并做出具体安排的过程

续表

教学系统	是指为了达到特定目的而由各组成要素通过相互联系、相互作用，有机地结合起来的、具有一定教学功能的整体。教师、学生、教学内容和媒体是构成教学系统的核心要素
教学系统方法	是一种系统地设计、实施和评价教与学全过程的方法
教学系统设计开发(Instructional System Design Development, 简称 ISDD)	指一种用于教学的设计、开发、实施和评价的系统化方法模型。对于教学设计，不存在唯一的系统化方法模型。这些设计模型以及它们描述的过程统称为教学系统开发。典型的 ISDD 主要阶段包括分析、设计、开发、实施和维护
教学系统开发模式（简称 ISD 模式）	是在教学系统开发的实践中逐渐形成的、再现教学系统开发的一种理论性的简化形式
教学系统设计（Instructional System Design，简称 ISD）	也称教学设计（Instructional Design，简称 ID），指运用系统论的观点和方法，以传播理论、学习理论和教学理论的原理为依据，对教学目标、教学内容、教学方法和教学策略、教学评价等环节进行具体计划，创设教与学的系统"过程"或"程序"，其根本目的是通过对学习过程和学习资源所做的系统安排，创设各种有效的教学系统，以促进学习者的学习。教学系统设计过程中不仅要把学习理论、教学理论与教学实践联系起来，而且还把这两种理论与教学资源的开发过程联系起来
教学系统设计理论	是关于如何规定、设计教学活动的理论，是一套用来决定在一定的教学条件下，为了使学习者达到特定的教学目标，应该采用什么样的教学策略与教学方法的系统化的知识体系。其主要任务就是要对影响教学系统设计的各变量之间的关系进行规定，确定为达到教学目标所应采用的教学策略，提出规定性教学设计理论
教学系统设计自动化	指能够有效地发挥计算机技术的优势，为教学设计人员和其他教学产品开发人员在教学设计过程和教学开发过程中提供辅助、指导、咨询、帮助或决策的过程
教学资源管理	教学资源管理是指通过对教学资源的计划、组织、协调和评价，以实现既定教学目标的活动过程。教学资源管理包括硬件资源的管理和软件资源的管理

续表

教学组织形式	教学组织形式是围绕一定的教学内容，在一定时空环境中，师生相互作用的方式、结构与程序。教学组织形式是围绕一定的教学内容而设计的，不同的教学内容必须要求与之相适应的组织形式；教学组织形式直接体现为师生相互作用的方式，这种作用方式既可以是直接的，也可以是间接的，既可在班集体中进行，也可在小组内或个体间进行；师生的活动必须在一定的时空背景中完成，且要遵循各种互动方式所要求的规范和程序
教育传播	是教育者按照一定的目的要求，选择合适的信息内容，通过有效的媒体通道，把知识、技能、思想、观念等传递给特定对象的一种活动，是教育者和受教育者之间的信息交流活动
教育机构	是决定教育内容、教学计划、教学大纲以及提供相应经费和教学环境的机构
教育技术管理	是管理在教育人培养人这一领域中的具体的、特定的应用，指教育技术应用领域的各级管理人员，通过计划、组织、协调和监督等一系列的方法、手段和制度来调度所有资源、协调各种关系，以便有效地达到既定目标的教育活动过程。其目的是充分调动教育技术系统内外的一切积极因素，全面提高工作效率和工作质量，发挥系统的整体功能，保证教育技术的有效展开，实现教育效果的最优化
教育评价	是指根据教育目标及其有关的标准，对教育活动进行系统的调查，确定其价值和缺点并据此予以调整的过程
教育信息化	是指在教育教学的各个领域中，积极开发并充分应用信息技术和信息资源，促进教育现代化，以培养满足社会需求人才的过程
教育信息资源	主要是指利用现代信息技术建设的、可采用数字化设备存储的数字化学习资源，包括教育资源、网络课程、资源建设评价、教育资源管理系统等
可用性	指测验的实际用途，它包括测验要易于管理、评分、解释和应用等
课程	指为了促进学习者的学习而制定的关于某一学科或多个学科的总体教学活动计划，其中既有活动内容的规定，又有活动时间和活动形式的规定

续表

课程开发	课程开发是指通过需求分析确定课程目标，再根据这一目标选择某一个学科（或多个学科）的教学内容和相关教学活动进行计划、组织、实施、评价、修订，以最终达到课程目标的整个工作过程
课程开发的过程	是一种通过需求评估，以确定适当的目标，然后针对某一学科或多个学科选择适当的学习活动加以组织、实施、评价、修订，以达到目标的工作流程，包括分析、设计、开发、实施和维护五个阶段。
课程信息化	是在信息技术文化中课程发展或者革命的过程，是将信息技术、信息资源、信息方法渗入到课程设计和课程操作中。课程设计主要指课程的目标、内容和资料的变革；而课程操作是指教和学的手段、方法及课程评价等的变革。即它意味着把信息技术、信息资源、信息方法和课程标准、课程内容、课程实施、课程评价有机结合在一起，对课程的各个层面和维度都产生变革影响，进而促进课程整体的变革而产生信息化课程。它是一种基于信息技术文化的课程研制理论和实践
良构领域知识	指有关某一主题的事实、概念、规则和原则，它们之间是以一定的层次结构组织在一起的
量规	是一种结构化的定量评价标准，往往是从与评价目标相关的多个方面详细规定评价指标，具有操作性、准确性高，主观与客观相结合的特点
流媒体	是指采用流式传输的方式在 Internet 播放的媒体格式。流媒体又叫流式媒体，它是指商家用一个视频传送服务器把节目当成数据包发出，传送到网络上。用户通过解压设备对这些数据进行解压后，节目就会像发送前那样显示出来
媒体（media）	是指信息的载体和加工、传递信息的工具，包含两层含义：一是指承载信息所使用的符号系统；二是指存贮和加工、传递信息的实体，如书本、计算机磁盘以及相关的播放、处理设备等
评价	是在量或质的记述的基础上进行价值判断的活动
前端分析（Front – end analysis）	是美国学者哈利斯（Harless, J.）在 1968 年提出的一个概念，指在教学设计过程开始的时候，先分析若干直接影响教学设计但又不属于具体设计事项的问题，主要指学习需要分析、教学内容分析和学习者特征分析

续表

潜件	指各种观念、方法、理论体系和相关科学的研究成果
情境化学习	就是利用多媒体计算机技术创设接近实际的情境进行学习，可以利用生动、直观的形象有效地激发联想，唤醒长期记忆中的有关知识、经验和表象，从而使学习者能利用自己原有认知结构中的有关知识与经验去同化当前学习到的新知识，赋予新知识以某种意义。情境化学习模式的主要方法有认知学徒、抛锚式学习等
权重	是根据组成事物的要素在整体中的地位和作用不同而赋予的一定数值
人力资源	指在学习过程中促进学习者学习的人
认知策略	是学习者借以调节他们自己的注意、感知、记忆和思维等内部心理过程的技能，也是学习者"使用脑子"管理或操作自己学习过程和解决问题的方式
认知工具	是支持和扩充使用者思维过程的心智模式和设备。在信息化学习环境中，主要指与通信网络相结合的广义上的计算机工具，用于帮助和促进认知过程。学习者可以利用它来进行信息与资源的获取、分析、处理、编辑、制作等，也可用来表征自己的思想，替代部分思维，并与他人通信和协作
软件	指与硬件配套的教学软件
软件资源	指各种媒体化的学习材料和支持学习活动的工具性软件，是教学资源的重要组成部分之一。
视觉教学	主要强调要向学生提供生动的视觉形象，使抽象的概念以具体形式呈现
视听教学	强调利用视听设施提供具体的学习经验，把视听教材看作教师教学的传递工具和辅助教学工具，不强调完整的教学过程
数字化学习	指学习者在数字化的学习环境中，利用数字化学习资源，以数字化方式进行学习的过程。它包含三个基本要素，即数字化学习环境、数字化学习资源和数字化学习方式
题库	是按照一定的教育测量理论，在计算机系统中实现的某个学科题目的集合，是在数学模型基础上建立起来的教育测量工具
天网	指卫星电视传输网

网络课程	是通过网络来传送和实施表现的某门学科的教学内容及相关教学安排的总和，它包括两个组成部分，按一定的教学目标、教学策略组织起来的教学内容和网络教学支撑环境
网络课件库	要求能够自成体系，又能独立使用
网络媒体	指通过计算机网络传播信息的文化载体
微型世界	是利用计算机建模技术构造一种可供学习者自由探索的学习环境，其基本特点是可交互、可操作、可建构
问题解决	指利用计算机作为解题计算工具，让学习者利用计算机的信息处理功能解决学科领域相关问题。通常有两种不同的做法：一是让学习者利用某种计算机语言来编制解决问题的程序；二是向学习者提供问题求解软件包
系统	是由若干相互作用、相互依赖的要素组成的具有特定功能的有机整体
系统方法	是运用系统科学的观点和方法研究和处理各种复杂的系统问题时形成的。系统方法是按照事物本身的系统性，把对象放在系统的形式中加以考察的方法，它侧重于系统的整体性分析，从组成系统的各要素之间的关系和相互作用中去发现系统的规律性，从而指明解决复杂系统问题的一般步骤、程序和方法
狭义的学习	即学生的学习，指学生在教师指导下进行的有目的、有计划、有系统地掌握知识技能和行为规范的过程
先行组织者	便于建立新、旧知识之间的联系，从而能对新学习内容起固定、吸收作用，这种引导性材料就称为"组织者"（organizer）。由于这种组织者通常是在介绍当前学习内容之前，用语言文字表述或用适当媒体呈现出来，目的是通过它们的先行表述或呈现帮助学习者确立有意义学习的心理导向，所以又被称为"先行组织者"（advanced organizer）
项目管理	项目是指致力于完成具有独特性的产品或服务的一次性工作。学校教育中的项目管理，是指对学校特定教育教学项目的计划、组织、监督与调控。项目管理在学校教育中主要应用于教学系统设计、教学资源开发、教育技术应用和教育改革实验等开发项目与研究课题
效度（validity）	也叫可据性，指一个测量的结果与该测验所要求测量内容的相符程度。效度有很多种，其中内容效度（内容可据性）指测试问题能否真正代表或推断测验编制者所希望测量的目标能力

续表

协作学习	指学生为达到共同的学习目标，最大限度地扩大个人和他人的习得成果，一起经历学习过程并共同进取的一切相关行为
信度（reliability）	也叫可靠性，指一个测验所测量结果的前后一致的程度
信息	信息是人、生物和自动机等控制系统所接收和加工的事物属性或运动状态。在教育教学领域又表示教学内容的信息、描述师生特征的信息、反映教学动态过程的信息等
信息安全	指个人、组织和国家在信息领域的利益保护状态。它涉及信息的保密性、完整性、可用性和可控性
信息道德	指在信息领域中用以规范人们相互关系的思想观念与行为准则
信息化	是将信息作为构成某一系统、某一领域的基本要素，并对该系统、该领域中信息的获取、分析、加工、传递和利用所进行的有意义活动的总称
信息技术	指能够支持信息的获取、传递、加工、存储和呈现的一类技术。其中，应用在教育领域中的信息技术主要包括电子音像技术、卫星电视广播技术、多媒体计算机技术、人工智能技术、网络通信技术、仿真技术和虚拟现实技术等
信息技术基础知识	指与信息获取、分析、加工、利用有关的知识
信息技术与课程整合	是指在学科教学过程中把信息技术、信息资源和课程有机结合，建构有效的教学方式，促进教学的最优化
信息素养	是指人所具有的对信息进行识别、加工、利用、创新、管理的知识、能力与情意等各方面基本品质的总和。信息化教育中的信息素养目标主要包括信息意识、信息道德与信息法规、信息能力等几个方面
信息资源	信息资源是指以文字、图形、图像、声音、动画和视像等形式储存在一定的载体上并可供利用的信息
形成性评价	是通过诊断教育方案或计划、教育过程与活动中存在的问题，为正在进行的教育活动提供反馈信息，以提高正在进行的教育活动质量的评价。形成性评价不以评价对象优良程度为目的，不重视对被评对象进行分等鉴定
虚拟实验室	是利用虚拟现实技术仿真或虚构某些环境，供学习者观察与操纵其中的对象，使他们获得体验或有所发现

续表

虚拟现实技术	指通过多媒体技术与仿真技术相结合生成逼真的视、听、触觉一体化的虚拟环境，使用户以自然的方式感知虚拟环境中的客体并进行体验和交互作用，从而产生身临其境感受的一种技术
学习测量与评价	是在对学习目标、学习过程、学习结果（现实的或潜在的结果）以及影响学习的各种因素做出量（或质）的记述的基础上进行的一种价值判断活动。学习测量就是对评价对象的现状、属性与规律做出客观的、定性或定量的描述，这种描述的结果是对测评对象的某些属性分配数值；学习评价是在学习测量的基础上，对评价对象做出价值判断
学习策略	主要指在学习活动中为达到一定的学习目标而应掌握的学习规则、方法和技巧，即学生能够自觉地用来提高学习成效的谋略，是一种在学习活动中思考问题的操作过程。学习策略包括认知策略、元认知策略和资源管理策略三部分
学习动机	指学生学习活动的推动力，又称学习动力。它决定个体活动的自觉性、积极性和选择性，动机水平的高低和强弱决定着个体活动的质量、水平和效果
学习风格	是指学习者身上一贯表现的带有个性特征的学习方式和学习倾向
学习环境	学习环境是指直接或间接影响个体及群体学习的全部外在因素。在学校教育中，学习环境主要包括校园、教室、图书馆、实验室和教学软件平台、学习工具、各种学习资源等硬软件物质条件，以及校风、学风、校园文化等精神因素。此外，家庭和社区通常被认为是学生的校外学习环境
学习需要	指学习者在学习方面的目前状况与所期望达到的状况之间的差距，也就是学习者目前的水平与期望学习者达到的水平之间的差距
学习资源	学习资源是指在学习过程中可被学习者利用的一切人力与非人力资源，主要包括信息、资料、设备、人员、场所等。在课堂教学中所利用的学习资源也称教学资源
因特网	是由分布在世界各地的大量计算机网络采用共同的传输控制协议/互联网络协议（TCP/IP）联结而成的，是网络之间的网络
因特网人力资源	包括网上教育教学机构的所有人员，如任课教师、教辅人员、行政管理人员以及能通过 Internet 联系到的各个领域的专家学者

续表

因特网软件资源	指和因特网硬件资源一起构成因特网正常运行空间的各种系统软件、应用软件、工具软件、教学软件等
因特网硬件资源	指构成因特网物理空间的各种硬件设备，如计算机设备和通信设备等
硬件	指技术设备和相应的教学系统
硬件资源	指学习进行过程中所需设备、设施、场所等看得见、摸得着的有形资源
有序	是指一个系统的性质、结构、功能，由简单向复杂、由低级向高级的发展
元方法	是在实践活动和思维活动的具体"方法"逐渐积累丰富的基础上产生的，是对方法本身的认识再认识、思考再思考、评价再评价
元认知策略	是有关认知的知识，即人们对于什么因素影响人的元认知活动的过程与结果，这些因素如何起作用，它们之间又是怎样相互作用等问题的认识；是对认知的调节（即元认知控制），即对认知行为的管理和控制，是主体在进行认知活动的全过程中，将自己正在进行的认知活动作为意识对象，不断地对其进行积极的、自觉的监视、控制和调节的过程
在线数据库	是有组织数据集合，通常包括图书馆目录和各种专门用途的数据库，如科技论文数据库、学位论文数据库、中国期刊网等
整合技术	指把信息资源、工具、在线帮助等功能综合在一个计算机系统环境中的方法。它的特征是学习者可以在各种信息资源中进行高度的交互活动
正、负反馈	一个控制系统既要有控制部分的控制信息输入到受控部分，更要有受控部分的反馈信息回送到控制部分，才能形成一个闭合回路。反馈分为两种，如果反馈信息能够加强控制信息的作用，则这种反馈称为正反馈；反之，如果反馈信息的作用与控制信息的作用相反，则这种反馈称为负反馈
知识管理	知识管理是指利用适当的技术、方法和机制来促进知识的有效生成、传播和利用的过程
知识经济	是西方科技高度发展的产物，是以知识创新为基础，以智力资源为依托，以高科技产业为支柱的后工业经济
直观教学	是通过运用事实事物的标本、模型、图片等载体传递教学信息，进行具体的教学活动

续表

智能超媒体	是将人工智能技术与超媒体技术的信息组织、管理方式结合在一起而形成的智能型知识（或信息）处理技术
智能导师系统	指具有某一领域的学科知识相关的教学知识，能对学生进行个别化教学，即能根据学生对知识的理解和掌握程度，选择相应的教学策略，在一定程度上模拟人类教学专家进行教学活动的软件系统
终身学习	终身学习是指社会每个成员为适应社会发展和实现个体发展的需要，贯穿于人的一生的、持续的学习过程
专业素质	指教师在从事职业向专业化发展过程中形成和不断增长起来的、保证教育教学任务出色完成的知识、技能、品德、观念、行为和个性等方面的综合特征
资源库管理软件	是服务器端管理软件，它负责整个资源库的管理和维护，同时提供和客户端浏览器的接口
自主学习策略	指为了激发和促进学生有效学习而安排学习环境中各个元素的模式和方法，其核心是要发挥学生学习的主动性、积极性，充分体现学生的学习主体作用
总结性评价	是在教育活动发生后关于教学效果的判断。它与分等鉴定、做出关于受教育者和教育者个体的决策、做出教育资源分配的决策相联系

图索引

后　记

　　写一本信息技能形成性评价系统方面的书，配以信息技能形成性评价系统光盘，切切实实为广大计算机基础课或信息技术课任课教师，提供一个优质免费的教学过程自动形成性评价和记录汇总并统计的软件，不但为信息技能学科所用，还能用于信息技术学科以外的其他学科，是我多年以来的愿望和美好梦想。

　　我从1997年开始在北京任教，计算机信息技术是我一直任教的学科。任教多年至深的感悟是，一线信息技术教师并没有合适的能够用于形成性评价的工具，大多是考试软件，无法用于教学过程，且往往比较昂贵，有的用起来也比较麻烦。其他学科教师听说有形成性评价系统也非常高兴，但是他们不知道哪里有他们非信息技术学科也能用的形成性评价系统，且非计算机学科教师往往很难用到机房。这就需要开发一款可以让教师在家或办公室布置完作业，上课时带给学生，学生可以在宿舍或在家完成作业的软件。

　　我自己在学习中以及辅导学生的学习过程中也常常想，如果能开发出来一款工具，能够辅助自我或学生，有的放矢地进行学习，自动将做错的题目重现再做，该多好！这样，我可以把学生学习过的所有知识点，比如数学、语文、英语等都做到题库中，然后就可以通过系统进行自助式地查漏补缺了，哪里薄弱容易出错，哪里就会再现增强巩固，包括我的英语学习、驾照考试等也都可以使用，这是多好的一个梦想啊！

　　向梦想出发，经过这两三年业余时间的默默开发，我终于在今年秋季完成了这项开发工作！真心希望它能为信息技术或非信息技术学科一线教师的教学过程形成性评价带来有益的帮助，真心希望它能为所有对学习巩固有需要者带来帮助。由于技术水平和开发时间有限，本系统对于非信息技术学科目前只能支持单选题、多选题和判断题的出题和形成性评价。

　　本书的出版，特别感谢首都经济贸易大学出版基金各位评审专家的支持，没有这份出版资助，这本书不可能这么快面世，非常感谢学校、科研处、出版社和信息学院及计算机系领导和老师的支持！在本书写作后期，出版社总编杨玲老师和总编室和叶老师及各位编辑老师对书稿进行了多方面的辛苦指导，在此特别表示感谢！

我要特别感谢家人。今年 6 月 2 日，孩子冀开元出生。这正是我写书的关键时期，家人给予了我极大的支持。几乎承担了所有家务，让我能够安心写书和做科研。孩子姥姥、姥爷自今年 3 月末就一直在北京照顾我们，孩子爷爷、奶奶在孩子出生和满月前后也在北京帮我们，还有我的爱人黄静给予了我最大的支持。爱人温柔贤惠，美丽端庄，妻儿老小是我坚强的后盾和前进的动力。由于本人同时开发软件编写代码，加上写书，整整历时近三年，工作量比较大，直到今年秋季终于完成初稿。

这是我的第一本专著，我想借这个机会，感谢教过我的诸多恩师们，是他们辛勤的汗水浇灌了我们年轻学子的成长！他们是小学教师郭凤芝、刘继华、张爱芝等老师，初中教师陈秀银、闫少信、薛洪先等老师，高中教师宋继焕、刘兰山、吕仁先、赵彦坤、高振环、陈占敖等老师，大学教师肖宗峰、邱维理、周尚意、仪垂祥、王静爱、葛岳静等老师，硕士教师何克抗、孙波、陈丽、裴纯礼、衷克定等老师，博士教师何克抗、黄荣怀、余胜泉、李芒、李玉顺等老师，博士后教师顾明、孙家广、王建民等老师，国外访学导师高大勇老师。愿恩师们身体健康，工作生活愉快！明年就是何克抗教授八十大寿了，何克抗教授尽管年岁较大，却依然不辞辛苦坚持到基础教育教学一线去听课和指导，为了祖国的教育事业鞠躬尽瘁。学生愿以此书作为对何克抗教授八十大寿的一份献礼！

非常感谢本书所引用文献或参考文献资料的作者们，感谢你们为本书的形成提供了研究基础！

本书同时得到北京师范大学付骞、马京、吴娟、赵国庆、赖彦斌、徐审、白海玲老师，首都师范大学孙众老师，中央电教馆杜光胜老师，《中国电子报》冯健编辑，总参 61 所张新强高工，美国田纳西大学访问学者郎为民博士、阙俊林、贾岭、耿亚光、王建、郭勇民、郭新立、郭俊龙、张宝、谢娟、区建锋、吴小天、杨洋、龙亮、华亚松、胡文、孔翔、李学锋、季晟等及首都经济贸易大学信息学院的殷笑语和孟颖、吴瑶等同学，对本书部分内容的修改意见，在此一并表示感谢。

2015 年本人在美国西雅图华盛顿大学公派访学一年，特别感谢北京市和单位给予的访学机会（北京市属高等学校教师队伍建设专项培训 2014 年中青年骨干教师一般国外访问学者研修培训项目，项目号：067145301400），感谢

领导同事和家人朋友的关心和支持，尤其要特别感谢导师高大勇院士的关心和帮助。在西雅图华盛顿大学撰写本书和研发系统期间，我与实验室同学结下了深厚的友谊，他们是孙思捷、舒志全、房词锋、张金源、任莘、潘家骥、彭骥、王佳、赵刚、黄昱、刁麓弘、侯致远、赵亚，感谢大家在西雅图期间对我的帮助和照顾！

本书配套光盘中的信息技能形成性评价系统为单机版。鉴于作者著述水平和系统开发水平有限，时间仓促，书中或光盘系统中不足之处在所难免，恳请各位专家和读者不吝指出。如果您有比较好的建议或意见，请与我联络。我的联络方式：电子邮箱 jfj@ cueb. edu. cn，jifujun@ tsinghua. edu. cn，jifujun @ mail. bnu. edu. cn，微信号 jifujun_ tsinghua，QQ 号 980389289。

欢迎您与我联络并多提意见，谢谢！

谨以此书献给所有关心、支持和帮助过我的人们！

冀付军　于北京
首都经济贸易大学信息学院
2016 年 9 月